세미오시스 학술총서 04

내러티브와 리얼리티

세미오시스 학술총서 04

내러티브와 리얼리티

세미오시스 연구센터

SEMIOSIS

HUiNE

목차

머리말 • iv

제 1 장 역사, 신화, 리얼리티
- 역사기호학 서설 ······························ 1

제 2 장 충신 불사이군의 상징적 서사와 리얼리티의 발현 ····· 63

제 3 장 탈북 서사와 현실 ······························ 97

제 4 장 단카로 읽는 재난의 서사
- 진재, 원폭, 그리고 전쟁의 기록 ················ 127

제 5 장 잉크 거울의 자화상과 허구
- 『에세』를 중심으로 ······························ 163

제 6 장 증거성과 기억의 내러티브
- 박완서의 자전소설
『그 산이 정말 거기 있었을까』를 중심으로 ········ 199

머리말

'세계·언어·삶의 세미오시스(semiosis)'를 아젠다로 하여 인문한국(HK) 사업을 추진하고 있는 한국외국어대학교 세미오시스 연구센터에서는 <세미오시스 학술총서>의 네 번째 책으로서 『내러티브와 리얼리티』를 내놓게 되었다. 이 책은 2단계 사업 주제 '횡단과 소통의 내러톨로지(narratology)'의 토대가 되는 '내러티브 세미오시스' 연구의 일환으로 기획되었다. 이 책에서는 '탈고전적'이고 '분과횡단적(transdisciplinary)'인 내러티브 연구의 흐름을 주시하면서, '내러티브 기호(narrative sign)'와 필연적으로 결부되는 사실과 허구, 진실과 거짓의 문제, 허구의 사실성, 자연성과 부자연성 등의 문제, 곧 통칭하여 '리얼리티'의 문제를 좀 더 근원적으로 '세미오시스(기호활동)'의 관점에서 성찰하고자 한다.

전통적로 내러티브는 실제로 일어난 일이 아닌 '허구'의 이야기와 거의 동일시되어 왔으며, 소설과 같은 픽션이 내러티브 연구의 중심이 되어 왔다. 그러나 실제 '사실'로부터 구성되는 비허구적 내러티브 양식들(역사서, 전기, 자서전, 회고록, 다큐멘터리 영화, 개인사 쓰기/말하기 등)도 수용자들에게 호소력이 있고 최근 내러티브 연구에서 빠뜨릴 수 없는 중요한 영역이 되고 있다. 이는 특히 포스트모더니즘에 이르러 전통적인 픽션-논픽션 구분을 거부하는 움직임과도 무관하지 않다. 모든 내러티브 텍스트는 허구적이라는 '범허구성(panfictionality)' 주장은 많은 논란을 불러일으켜 왔고, 특히 논픽션의 대표 격인 역사기술에서조차도 픽션의 경우와 다르지 않은 서사구조가 부여되고 해석 행위가 이루어지는 점이 강조되고 있다.

모든 기호가 그렇듯이 내러티브 기호도 사실/현실/실재의 '현전(現前: presentation)'이 아니라 '재현(再現: representation)'이다. 우리가 살고 있는 세계는 '실제' 세계가 아니라, 내러티브와 같은 재현 시스템에 의해 '구성'되는 세계이다. '한 사건이나 잇단 사건들의 재현'이라고 할 수 있는 내러티브는 인간 고유의 세계 모델링 시스템에 속하는 것으로서, 감각적 지각, 언어적-비언어적 세미오시스와 모델링의 과정을 통해 이해되고 구성되는 것이다. 내러티브적 재현에서는 선택을 통해 사건들이 선형적으로 단절된 연속체로 표현되더라도 해석에서는 이들 사이의 공백이 채워지고 인과성 같은 의미의 관계망이 구성된다. 실제를 사이에 둔 재현과 해석의 문제는 내러티브의 경우에 더욱 깊고 다면적으로 부각될 수 있을 것으로 본다.

***

이 책은 6개의 장으로 이루어져 있다. 각 장을 구성하는 논문들은 본 연구센터의 연구인력 3인과 외부 연구자 3인이 본 총서의 취지에 맞춰 작성한 것이다. 이 책은 역사적, 사실적 내러티브의 분석을 통해, 과거는 열린 해석의 대상이며, 어떻게 독해되느냐에 따라서 우리의 문화, 정체성, 미래 지향점이 정해질 수도 있음을 보이고 있으며, 시간을 관통하며 행동하는 우리가 우리 자신을 알아 가는 데 내러티브가 필요함을 역설하기도 하며, 내러티브가 세계의 사실에 대한 정보 제공의 기능만 하는 것이 아니라, 타인의 입장, 내면생활, 동기를 이해하고 공감할 수 있게 하는 정보도 포함하고 있음을 보이고 있다.

제1장 「역사, 신화, 리얼리티 - 역사기호학 서설」(송효섭)은 역사와 신화가 본질적 속성이 아니라 담론에서 상대적으로 드러나는 하나의 경향임을 전제하면서 모든 담론은 어느 정도는 '역사적'이고 어느 정

도는 '신화적'임을 역설하고 있다. 특히 역사로 규정되어온 담론은 그것의 특성상 신화로 변질된 가능성이 매우 크다는 것을 뮈토스와 로고스의 기호학적 상호작용을 통해 설명하고 있다. 최근 역사를 허구로 보는 포스트모더니즘 역사학자들의 담론에서 역사가 신화일 수 있음을 이미 전제하고는 있지만, 이 글에서는 역사가 사실로부터 출발한다는 점을 존중하여, 사실을 기호작용에 포함시키는 퍼스의 세미오시스 개념을 이끌어와 역사 기술의 중층성을 새롭게 기술해 보이고 있다. 이에 따라 역사의 기호작용 단계를 퍼스의 삼항성 범주로 요약함으로써, 각 단계에서 구현되는 리얼리티가 어떤 형상으로 드러나는지를 살펴보고 있다. 1차성으로서의 연보와 연대기는 모두 현실의 사건과 시간을 중심으로 한 것으로, 과거의 사실이 사실 그 자체로 드러나는 경향을 보여준다. 2차성으로서의 정통 역사는 이야기가 수사를 통해 표현되고 플롯으로 구성된 담화체를 말한다. 역사는 사실을 재현하는 것이 아니기 때문에 의미 해석이 요구되는데, 이것이 3차성으로서의 논증과 이데올로기에서 이루어진다. 이들 단계에서 구현되는 리얼리티도 각각 다르다. 사실이 중시되는 1차성의 단계에서는 담론이 사실을 재현했는가의 문제가 리얼리티를 좌우하는 반면, 구성된 서사로서의 2차성의 단계에서는 이야기의 시학이 발생시키는 효과로서 리얼리티가 드러난다. 역사에 대한 해석이 필요한 3차성의 단계에서는 그 해석의 타당성이 리얼리티를 좌우한다. 이러한 세 단계는 역사 담론에서 보편적으로 드러나는 것이지만, 개별적인 역사 담론에 따라 각기 다르게 드러남으로써 각기 다른 리얼리티를 구현하게 된다. 그리고 이러한 리얼리티로 인해 일어나는 뮈토스와 로고스의 상호작용 역시 다르게 나타난다. 이를 통해 이 글에서는 역사와 신화가 교착되는 지점의 다양한 형상들을 보다 선명하게 그려볼 수 있게 된다.

제2장 「충신 불사이군의 상징적 서사와 리얼리티의 발현」(한동민)에서는 고려말 삼학사 가운데 한 인물인 송산 조견을 통해 신화가 역사화하는 과정을 살펴보고 있다. 역사에서 충절의 인물, 특히 충신에 대한 현창과 기억은 당대를 뛰어넘는 것이다. 그 자랑스러움은 후대의 후손들에게 가문의 영광과 지역에 대한 자부심을 넘어 역사적 인물로 기림을 받는 중요한 자부심이다. 특히 조선시대는 유교적 충효사상과 성리학적 정통과 의리를 생명으로 여긴 사회에서는 더욱 그러하였다. 포은 정몽주로 대표되는 고려말 삼은과 삼학사 및 사육신 등 역사 속에 빛나는 충절의 인물들은 위로는 국왕으로부터, 아래로는 일반 백성들에게도 자랑스러운 존재로 부각되었다. 그러나 조선의 개국을 반대했거나 권력을 차지한 국왕을 반대한 인물들도 일정한 시기가 지나면 충절의 인물로 표상되기 시작했는데, 이는 후대 국왕들의 왕권 강화에 활용되는 것이기도 했다. 이에 조선 개국에 협조한 개국공신조차 불사이군의 충신으로 현창되며 서원에 배향되는 상황을 만나게 된다. 고려말 삼학사로 일컬어지는 송산 조견의 경우가 그러하다. 평양조씨 족보 등에 충절의 인물로 기재되고 이러한 가승은 다른 사람들의 저술에 인용되어 서술되면서 실제적 사건으로 역사화되어 갔다. 이에 확고한 사실로 각인된 채 서원에 배향되고 국왕의 인정 속에 충절의 신화가 완성되어 갔다. 이 충절의 신화는 조선후기 국왕들이 왕권강화의 기제로 활용하고, 각 가문과 지역의 사림들이 협력하여 역사적 인물 만들기 사업 과정에서 만들어졌다.

제3장 「탈북 서사와 현실」(김은정)은 1990년대와 2000년대에 북한을 탈출한 탈북자들의 내러티브를 중심으로 탈북 서사의 변화 양상을 보이면서 현실의 문제 속에서 남한이라는 공간이 탈북자에게 지니는 의미와 상징을 살피고 있다. 현재 남한에 소개되고 있는 문학, 영화 등 텍스트에 나타나는 탈북 서사는 굶주림이나 가난이 대부분을

차지하고 있다. 그러나 1990년대 중후반 탈북자들의 탈북계기가 굶주림과 가난이라는 경제적인 이유였다면, 2000년대 후반에 탈출한 주민들의 탈북서사는 좀 더 다양화되고 있다. 2000년 중반에 탈북한 신규 탈북자들의 서사와 1990년대 탈북자들의 탈북서사는 내용면에서 같으면서도 다르다. 탈북 서사의 변화는 현실과 직결되어 있다. 하나원을 나오는 순간 그들은 내러티브 속의 남한이 아닌 현실 속의 남한과 마주하게 된다.

제4장 「단카로 읽는 재난의 서사 - 진재, 원폭, 그리고 전쟁의 기록」(**박지영**)은 일본의 전통 단시형 문학인 단카(短歌)에 대해 논한 것으로, 극히 개인적 서정을 노래해온 단카라는 시형이 집적되었을 때 특정시대의 인간의 삶을 복원하고 증언하는 서사로 재구축될 수 있다는 점을 보이고 있다. 특히 단카가 지니는 기록성과 사실성, 시사성, 민중성과 같은 본질적 특성에 주목하여, 진재와 원폭, 전쟁 등 재난의 역사를 어떻게 담아내고 있는지 살펴보고 있다. 최근 동일본대진재 피재민들의 단카에서는 공적 미디어가 결하고 있는 감성의 레벨까지 포착하고 호소하는 힘이 보인다. 히로시마 원폭 체험자의 단카는 승자에 의해 축소되고 은폐되는 진실을 증언하며, 태평양전쟁기 학도병들의 노래는 질주하는 파시즘 속에 함몰되고 희생되어간 개개인의 자의식, 즉 무의식의 절규를 들려주고 있다. 나아가 전쟁의 세기를 통과하여 살아온 생환병들의 단카에서는 기억을 복원하는 힘 또한 확인할 수 있다. 이들 단카의 집적은 같은 분량의 산문으로 이루어진 서사와는 또 다른 미적 체험을 가능하게 하는 '감정의 서사'라고 할 수 있으며, 그 감정이 세계를 움직이는 위대한 사람들의 것이 아닌 이름 없는 민중들의 마음이라는 점에 의의가 있다. 단카라는 짧은 시형이 담아내는 '작은 이야기'는 역사의 이면에 존재한 순간순간의 '진실'로서, 잔혹한 세기를 살아온 인간의 삶을 있는 그대로 이해하기 위해 귀 기

울일 필요가 있다.

제5장 「잉크 거울의 자화상과 허구 - 『에세』를 중심으로」(서종석)는 몽테뉴의 『에세』를 중심으로 자전적 글쓰기에 나타나는 허구적인 요소에 대해 논하고 있다. 이 글은 특히 『에세』의 서문인 「독자에게」와 『에세』 1권 28장 「우정에 대하여」를 중심으로 논의를 한다. 「독자에게」는 짧은 텍스트이지만 몽테뉴가 『에세』를 어떤 목적과 마음으로 작성하게 되었는지 잘 드러나 있다는 점에서 살펴볼 의의가 있다. 아울러 「우정에 대하여」는 몽테뉴가 『에세』의 작성을 시작하게 된 큰 동기를 부여한 것으로 알려진 그의 친구 라 보에시와의 우정을 다루고 있다는 점에서 의미가 있다고 할 수 있다. 일반적으로 자전적 글쓰기는 글을 쓰는 작가와 글로 쓰인 작가의 삶 간의 일치를 생명으로 하는 것이다. 그렇게 해야만 독자의 신뢰와 윤리적 당위성을 얻을 수 있기 때문이다. 많은 연구자들은 오래전부터 자전적 글쓰기와 문학 장르와의 구분의 모호성에 대해 논해오고 있는데, 글쓰기를 통해 문학적인 허구가 자연스럽게 개입되고 개인의 역사성이 언제나 텍스트 속에서 사실과 일치하는 것이 아니기 때문이다. 이 글에서도 이 연장선 상에서, '문학적 자화상'으로 정의되는 『에세』가 글쓰기를 통해 어떻게 개인의 삶을 허구적인 요소들로 윤색하고 있는지, 그리고 글쓰기 행위를 통해 어떻게 허구적 존재가 탄생하게 되는지 살펴보고 있다.

제6장 「증거성과 기억의 내러티브 - 박완서의 자전소설 『그 산이 정말 거기 있었을까』를 중심으로」(안미경)에서는 자전적 글쓰기에 나타나는 경험의 서사화 원리와 언어적인 전략으로서의 증거성을 분석하고 있다. 자전적 글쓰기는 작가 자신의 삶을 회고적으로 기술한 글이다. 작가는 실제 경험에 대한 회상과 재기억 과정을 거쳐 과거의 기억과 경험을 언어로 재구성하게 된다. 작가는 경험을 산출하는 원리

로 '거리두기 원리'를 사용한다. 자신의 경험에 대한 '거리두기', 곧 '객관적으로 바라보기'가 이루어질 때 현재 자신의 모습을 성찰할 수 있고, 작가의 자신에 대한 객관적인 성찰이 과거 경험과 연결되고 미래의 자신의 모습을 구성하면서 서사화가 이루어지는 것이다. 이와 같이 자신의 경험과 거리를 두고 형상화하는 과정에서 필요한 언어적인 전략이자 장치가 '증거성(evidentiality)'이다. 자전적 글쓰기에서 작가는 증거성 표지를 이용해서 자신의 경험을 객관적으로 서사화 할 수 있다. 박완서의 자전적 소설 『그 산이 정말 거기 있었을까』의 서사화 원리 분석은 경험을 텍스트에서 언어로 재현할 때 '거리두기' 원리에 바탕을 둔 증거성을 이용하고 있음을 보여준다. 자신의 경험에 대한 '거리두기'가 이루어질 때 현재 자신의 모습을 성찰할 수 있고, 이러한 성찰이 과거의 경험과 연결 될 때 서사화가 가능한 것이다.

필자소개(가나다 순)

김은정

한국외국어대학교에서 국문학 박사학위를 받았다. 현재 한국외국어대학교 세미오시스 연구센터에서 HK교수로 재직하고 있다. 대표 업적으로는 저서 『사적 기록성과 미적거리의 길항』(2013)과 편저 『북한의 언어와 문학』(2006), 『북한문학의 지형도』(2008), 외저 『총서 '불멸의 력사' 용어사전』(2009), 『총서 '불멸의 력사' 해제집』(2009), 『북한의 문화정전 총서 '불멸의 력사'를 읽는다』(2009) 등이 있다.

박지영

한국외국어대학교 비교문학과를 졸업하고 한일 단시형문학의 비교연구로 박사학위를 받았다. 현재 동대학교 일본어대학의 강사로 재직하고 있다. 주요 논문으로는 「단카와 영화의 상호매체성 연구 - 데라야마 슈지의 가집 『전원에 죽다』의 영화화를 중심으로」(2012), 「식민지 조선의 만요슈 - 두 개의 국민과 문학전통의 교착」(2013) 등이 있고, 역서로 요사노 아키코의 단카집 『헝클어진 머리칼』(2009)가 있다.

서종석

한국외국어대학교 불어과를 졸업하고 파리 4대학에서 인지언어학으로 박사학위를 받았다. 현재 한국외국어대학교 세미오시스 연구센터에서 HK교수로 재직하고 있다. 주요 논문으로는 「Langage, invariants cognitifs et controle」(2004), 「확대위상모델을 기반으로 한 인지 불변소 연구」(2009), 「후각과 냄새 그리고 언어적 표상」(2012) 등이 있으며, 저서로는 『언어, 공간, 토폴로지』(2010) 등이 있다.

송효섭

서강대학교 국어국문학과를 졸업하고 같은 대학교에서 『삼국유사』에 대한 논문으로 박사학위를 받았다. 현재 서강대학교 국제인문학부 교수로 재직하고 있다. 주요 논문으로는 「글로컬 시대의 기호학」(2011), 「기호학과 비교신화학」(2012), 「아리랑의 기호학」(2012) 등이 있고, 저서로는 『신화의 질서』(2012), 『인문학, 기호학을 말하다』(2013) 등이 있다.

안미경

한국외국어대학교 영어영문학과를 졸업하고 같은 대학교 대학원에서 영어학 박사학위를 받았다. 현재 한국외국어대학교 세미오시스 연구센터에서 HK교수로 재직하고 있다. 주요 논문으로는 「From favor to cause: the English adposition thanks to and its Korean counterpart tekpwuney」(2010), 「Negotiationg common ground in discourse: a diachronic and discourse analysis of maliya」(2013), 「On the development of Korean 'SAY' evidentials and their extended pragmatic function」 (2014) 등이 있다. 주요 저서로는 『Emergence of Causality in Grammar』(2009), 『Semiosis of African American Religion』(2013) 등이 있다.

한동민

중앙대학교 사학과를 졸업하고 같은 대학교 대학원에서 한국근대 불교사에 대한 논문으로 박사학위를 받았다. 현재 수원박물관에서 학예팀장으로 재직하고 있다. 주요 논문으로는 「일제강점기 寺誌편찬과 한용운의 『乾鳳寺事蹟』」(2010), 「일제강점기 화성행궁의 파괴와 식민통치 기구의 설치」(2011), 「수원팔경의 역사적 전개와 근대적 변용」(2012) 등이 있고, 저서로는 『매산100년사』(2010), 『수원을 걷는다 - 근대 수원 읽기』(2012) 등이 있다.

I

역사, 신화, 리얼리티

1

역사, 신화, 리얼리티
- 역사기호학 서설

송 효 섭

> 사실 그 자체는 없다. 사실을 존재하게 하기 위해서 우리는 먼저 의미부터 제시해야 한다.
>
> - 프리드리히 니체

> 태양은 나에게 역사가 전부가 아니라는 것을 가르쳐주었다.
>
> - 알베르 카뮈

1. 역사와 신화

역사는 과거에 대한 기록으로 알려져 왔다. 과거는 시간의 축에 존재하는 것으로, 현재 및 미래와 연결되어 있다. 언어에서의 시제 역시 이러한 시간의 분절을 기초로 하고 있다. 이러한 분절의 보편성은 곧 역사가 갖는 보편성을 드러내는 것이다. 인간은 시간의 축에서 과거를 인식하고, 그것에 의미를 부여한다. 그러나 역사는 이러한 행위를 보다 유표적으로 수행하며, 또한 그것을 글로써 남긴다. 역사를 어떻게 보느냐에 따라, 그것이 단지 기록으로 남을 수도 있고, 끊임없는 기술 행위의 과정 안에 유동적으로 부유할 수도 있다. 최근 역사를 단지 기록으로 보는 관점에서 벗어나 역사를 담론 체계로 보는 관점으로 전환하고 있음은 20세기 인문학을 뒤흔든 이른바 '언어학적 전회'[1)]와 무관하지 않다. 이러한 전환은 역사가 본질적인 속성을 가진 실체가 아니라, 체계 안에서 얼마든지 위치를 뒤바꿀 수 있는 담화의 한 형태일 뿐임을 보여준다. 이는 역사가 단지 과거에 일어난 '사실' 혹은 '실제 사건'에 집착하지 않음을 말한다. 정확히 무엇이 일어났는지를 재구성하는 것이 역사의 목적이 될 수 없는 것은 역사 역시 기술되는 것이며, 그 기술이라는 커뮤니케이션의 행위에 관여하는 요소들이 복합적이기 때문이다. 야콥슨이 제시한 소통 모델에서의 여섯 요소[2)]들은 곧 역사가 기술되는 과정에 모두 관여하는 것이며, 이들이 어떤 방식으로 관여하는가에 따라 각기 다른 역사의 기술이 이루어지게 된다. 이러한 생각의 전환은 역사가 그것을 넘어서 보다 거시적인 담론체계 안에 존재함으로써 역사가 아닌 다른 무엇이 될 수 있음을 보여주는 것이며, 이로 인해 역사가 그것을 넘어 철학, 문학, 심

---

1) 리처드 로티가 편집한 The Linguistic Turn이라는 책을 통해 널리 알려진 이 개념은 오늘날 인문학이 언어에 대한 관심으로 이동하였음을 보여주는 것이다. 러셀과 비트겐슈타인과 같은 철학자들이 언어학에 대한 관심을 가져왔지만, 근본적인 사유의 패러다임이 전환된 것은 소쉬르의 기호학적인 개념들로부터 비롯된다. 언어는 기표와 기의로 이루어진 기호의 하나인데, 그간 인간이 추구했던 사실이나 관념들이 모두 이 기호 안의 기의의 체계 속에 편입됨으로써, 인문학의 모든 과제가 이러한 기호체계의 탐구를 통해 해결될 수 있는 길이 열리게 되었다. 역사학 역시 언어학적 전회를 통해 단순한 과거의 사실이 아닌 그것이 드러나는 가령 서사와 같은 언어체계를 탐구하는 방향으로의 전환을 맞게 된다. 오늘날 '담화'나 '담론'과 같은 용어가 널리 쓰이는 것도 그런 까닭이다. (Ed.) Richard Rorty, *The Linguistic Turn: Essays in Philosophical Method*, Chicago: The University of Chicago Press, 1992 참조.

2) 야콥슨이 제시한 소통 모델에서 언어적 소통에 관여하는 요소는 발신자, 수신자, 메시지, 접촉, 코드, 콘텍스트이다. Roman Jakobson, *Language in Literature,* (eds.) Krystyna Pomorska & Stephen Rudy, Cambridge & London: Harvard University Press, 1987, p.66.

리학, 인류학 등의 학문 영역과 담론을 공유하는 새로운 전환을 맞을 수 있게 된다.

이 글은 바로 이러한 전환의 지점을 조준하여, 거기에서 일어나는 역사의 변환을 미시적으로 탐색하고자 한다. 특히 역사와 신화 간의 관계에 대한 기호학적 관찰을 통해 이들이 상호작용하는 양상을 리얼리티의 문제와 관련시켜 탐색해 볼 것이다. 우리는 흔히 신화 시대와 역사 시대를 구분함으로써, 신화와 역사를 단절된 것으로 보는 관점에 익숙해 있다. 역사를 로고스로 신화를 뮈토스로 간주함으로써, 신화와 역사는 진화론적 틀 안에서 그것의 위상이 고착된다. 심지어는 신화를 문자 이전, 역사를 문자 이후의 산물로 봄으로써, 신화와 역사가 갖는 매체의 본질성을 강조하기도 한다. 그러나 기호학적 관점에서 이러한 본질성은 그것이 실현되는 담화 안에서 해체될 수밖에 없다. 신화와 역사 역시 소통의 관점에서 본다면, 다른 방식의 소통이 일어남을 보여주는 것이다. 그리고 이러한 소통은 이에 관여하는 요소들 간의 상호작용을 통해 일어나는 것이기에, 늘 상대적이며 변환 가능한 것이다. 그렇다면 신화적 소통이나 역사적 소통 역시 본질적으로 개념화시킬 수 있는 것이 아니라, 실제적인 담화에서 하나의 흐름이나 경향과 같은 것으로 기술해낼 수 있을 뿐이다. 역사와 신화라는 본질적 개념이 해체됨으로써, 모든 담화는 어느 정도 '신화적'이며, 어느 정도는 '역사적'이 된다. 우리가 흔히 역사라고 말하는 역사 담론에서 그것이 갖는 역사성은 유표화되지만, 그렇다고 이러한 상대성에서 벗어날 수 있는 것은 아니다. 이 글에서 역사와 신화를 파악하는 관점 역시 이에 따른다.

역사와 신화를 양항대립으로 전제하는 이 글에서 이러한 양항대립항은 단지 반대되는 것으로만 존재하지 않는다. 양항대립의 개념을 제안한 야콥슨 역시 양항대립에서의 항들 간의 반대 관계뿐만 아니라 통합 관계에도 관심을 가졌다. 그에 따르면 대립이란 하나의 항목이 '단의적이고 가역적이며 필연적으로' 또다른 항목을 불러일으키는 양향 관계이다.[3] 현상학이나 게슈탈트 심리학의 영향에서 비롯된 이러한 관점은 역사와 신화의 양향을 설명하는 데도 매우 유용하다. 이 글에서 역사와 신화는 단의적인 것으로 간주된다. 이는 같은 층위에서 구조적 관계를 갖고 있음을 말한다. 이는 역사와 신화가 대립관계를 갖는 층위가 구조적으로 설정됨을 뜻한다. 역사와 신화는 또한 가역적이기도 한다. 역사가 신화를 불러일으키듯, 신화 역시 역사를 불러일으킬 수 있는 것이다. 그리고 이러한 것은 필연적으로 이루어진다.

이와 같이 역사와 신화가 필연적으로 서로를 전제하는 개념으로 존재할 수 있다고 봄으로써, 이 글은 역사와 신화가 갖는 본질적 개념을 해체하는 새로운 사유를 촉발하고자 한다. 이에 따라 역사나 신화는 본질이 존재하지 않는 매우 허약한 것이며, 이 글에서 다루는 로고스로서의 역사는 언제든 뮈토스로서의 신화에 오염될 위험에 놓이게 된다.

역사를 하나의 산물이 아닌 기술의 행위로 본다면, 모든 행위에 목적이 있는 것처럼 역사를 기술하는 행위 역시 분명한 목적이 있다. 그러나 인간의 모든 행위가 그렇듯, 목적은 곧 그에 부합하는 결과로 이어지지 않는다. 역사에 어떤 로고스가 존재했든, 그것이 담론으로서 미치는 영향은 바로 그 로고스에만 그칠 수는 없는 것이다. 로고스가 뮈토스가 되는 지점 즉 역사가 신화가 되는 지점을 탐색하기 위해서는 먼저 역사 기술이 갖는 로고스적 성격이 무엇인지를 살펴야 한다. 역사가 탐색하는 의미는 여러 해석 가능성을 갖는 열린 의미이며, 논

---

3) Roman Jakobson, *Selected Writings 1*, The Hague: Mouton, 1971, p.421.

변의 대상이 될 수 있는 것이다. 옳고 그름에 대한 다양한 맥락에서의 해석과 판단이 가능하며, 그로 인해 역사의 기술은 다양한 양상으로 나타날 수 있다. 동양과 서양이 다르며, 고대와 근대 그리고 탈근대의 역사 기술이 다를 수밖에 없는 것은 역사가 추구하는 로고스가 다르기 때문이며, 따라서 이러한 로고스가 무엇인지를 밝혀야 이러한 로고스가 허물어지는 지점 또한 살필 수 있는 것이다. 따라서 이 글은 먼저 역사가 갖는 로고스로서의 성격을 밝힐 것이다.

이 글에서 궁극적으로 주목하는 바는 로고스와 뮈토스가 상호작용하는 양상이다. 이는 곧 역사와 신화가 상호작용하는 양상을 드러낼 터인데, 이러한 상호작용은 하나가 다른 하나로 환원되는 일방적 과정이 아니라, 서로가 서로를 증식시키면서 끊임없이 의미를 생산하는 기호작용으로 나타나는 것이다. 필자는 이미 뮈토스와 로고스의 상호작용이 신화를 생성하는 과정을 드러내는 모델을 제시한 바 있는데,[4] 이 글에서도 역시 이 모델에 근거하여 역사와 신화 간의 상호작용을 드러낼 것이다.

이러한 상호작용은 담화를 통해 구체화되는 것이기에, 이 글은 바로 이러한 상호작용이 일어나는 담화를 분석할 것이다. 상호작용은 의미를 생산하는 것인데, 이는 담화를 추동하는 어떤 힘이 작용하기 때문이다. 그 힘은 담화를 수용하는 수용자에 대한 영향으로 나타나는데, 여기에 관여하는 것이 바로 리얼리티의 문제이다. 역사적 담화는 실제로 도달할 수 없는 그 자체 바깥의 지시대상을 목적하는 유일한 종류이기에 담화구조에서 리얼리티가 어디에 위치하는지가 물어질 필요가 있다.[5] 담화가 보다 강력한 의미를 생산하기 위해서는 담

---

4) 송효섭, 『해체의 설화학』, 서울: 서강대학교 출판부, 2009, pp.43-53.

5) Roland Barthes, "Historical Discourse", (eds.) Mark Gottdiener, et al. *Semiotics IV*, London: SAGE, 2003, p.114.

화적 전략이 필요한데, 그 중 하나가 리얼리티를 현시하는 것이다. 역사 기술에서도 이러한 전략이 사용됨으로써, 역사는 그것의 수용자에게 절박한 것으로 받아들여진다. 그러나 바로 이러한 절박함은 거리를 두고 역사를 관찰할 수 없게 함으로써, 역사를 바로 나의 이야기로 전유하는 일종의 신화화가 생겨날 수 있다. 그렇다면 역사가 신화로 전환되는 지점에서 작용하는 것이 바로 리얼리티라는 가설을 세울 수 있다.

이러한 리얼리티는 매우 다양한 담화 전략을 통해 나타날 수 있다. 가령 그 중 가장 대표적인 것으로 서사를 들 수 있다. 역사가 서사적인가에 대한 물음은 역사학에서 끊임없이 제기되었다. 역사가 과거를 다룬다는 점에서 회고적인 시점을 갖는데, 이러한 시점에서 과거는 완결된 우주로 존재한다. 이는 역사가 어쩔 수 없이 서사와 연루되는 지점을 보여준다. 서사 역시 완결된 것이며, 그러한 완결성으로 인해 일정한 의미를 지향할 수 있다. 화이트는 역사적 재현의 세 가지 종류로 연보, 연대기, 그리고 정통 역사를 드는데, 이 중 연보와 연대기가 정통 역사가 될 수 없는 이유로 이들이 완전한 서사성을 구현하지 못함으로서 완결되지 않았다는 점을 든다.[6] 서사라는 완결된 우주가 사실을 재현한 것인가에 대해 우리는 회의적이지 않을 수 없는데, 그러한 점에서 역사를 사실의 기록으로 보는 전통적인 역사학의 입장은 더욱 완고히 서사라는 담화체로서 역사를 간주하기를 거부한다. 서사는 필연적으로 허구적일 수밖에 없다. 누가 서술하든 서술자는 서사에 내재하며 이는 실제 인물이 활동하는 현실세계와는 다른 세계

---

6) Hayden White, "The Value of Narrativity in the Representation of Reality", (ed.) *Mieke Bal, Narrative Theory: Critical Concepts in Literary and Cultural Studies IV*, London & New York: Routledge, 2004, p.61.

에 거주한다. 역사를 서사적인 것으로 보고, 그것이 허구적일 수 있는 것이라 한다면, 과연 거기에 리얼리티는 어디에 존재하는가? 그리고 이러한 허구화 과정에서 역사는 신화로 전환할 충분한 여지를 갖는 것은 아닌가? 이 글이 탐색하는 지점이 바로 여기에 있다. 신화는 역사를 자연화하는 것이라는 바르트의 언명[7]에서 우리가 읽어낼 수 있는 메시지는 역사가 신화에 매우 취약하며, 그 취약점을 우리는 역사의 담화에서 찾아야 한다는 것이다. 이 글의 목적은 이와 같이 역사의 로고스가 뮈토스로 전환하는 과정에 관여하는 여러 담화적 지표들을 찾아 그 실제적 기능을 밝혀내는 데 있다.

2. 로고스와 뮈토스

역사와 신화의 관계를 로고스와 뮈토스 간의 상호작용으로 살피기 위해서는 먼저 로고스와 뮈토스의 개념에 대한 고찰이 필요하다. 로고스와 뮈토스에 대한 고대 그리스의 용례는 로고스와 뮈토스를 양항대립으로 설정하고, 이들이 담론에서 복합적으로 실현되는 양상을 살피기 위한 단서를 제공한다. 헤시오드의 『신통기』와 호머의 시에서의 용례의 검증을 통해 링컨은 로고스와 뮈토스가 쓰인 맥락을 재구성한다.[8] 이에 따르면, 로고스는 주로 복수로 쓰이면서, "유혹적인"으로 수식되며, 잘못된 것과 연관되며, 술책이나 속임수의 낌새를 가지며, 약한 자의 담론이며, 명백히 "여성적인" 것에 연루되며, 군사적이

7) Roland Barthes, *Mythologies*, (trans.) Annette Lavers, New York: Hill & Wang, 1983, p.141.
8) Bruce Lincoln, *Theorizing Myth: Narrative, Ideology, and Scholarship*, Chicago & London: The University of Chicago Press, 1999, pp.10-17.

거나 법적인 충돌과는 반대되는 것으로 나타난다. 이에 반해 헤시오드에서의 뮈토스의 용례는 주로 솔직한 진리들, 강자의 담론, 명백히 "남성적인" 것과의 연루, 군사적인 공격의 맥락, 법적인 공격의 맥락을 드러내고 "속임을 당한"으로 수식된다. 여기에서 알 수 있는 것은 뮈토스가 실제적인 권위를 행사하면서, 군사적이거나 법적인 영향력을 발휘하는 담론인데 반해, 로고스는 방어적이며 외부의 권위에 의존하기보다는 말 자체의 힘에 의존하는 담론이었다는 것이다. 이러한 용례는 이후 로고스와 뮈토스의 일반적인 쓰임새와는 달라 보이지만, 그렇다고 해서 이러한 함의가 완전히 제거되지는 않는다. 헤라클리투스가 로고스를 단지 언어뿐 아니라 이성적 토론, 계산, 선택, 즉 말이나, 사고 그리고 행동에 표현된 것으로서의 합리성으로 간주했을 때,[9] 로고스는 보다 오늘날의 일반적인 용례에 가까워짐을 볼 수 있다.

로고스와 뮈토스의 개념이 시대에 따라 달리 쓰일 수 있음은 이들 양항의 개념에 시대에 따라 다른 가치가 부여되기 때문이다. 헤시오드에서의 용례에서 보았듯, 로고스와 뮈토스는 서로 경합적 관계에 놓여 있다. 이들에서 추출된 다음과 같은 대립적 자질들은 단지 자질의 차이를 드러내는 것이 아니라 특정 상황에서 일어나는 경합의 형상이 무엇인지를 보여준다.

강 : 약

진리 : 거짓

공격적 : 방어적

남성적 : 여성적

정직 : 교활

---

9) Ibid., p.18.

대략 추출된 이러한 양항대립의 패러다임을 통해 우리는 뮈토스와 로고스의 상호작용이 드러내는 세계의 모습을 그려볼 수 있다. 강자는 늘 정의를 대변하고 그의 힘을 통해 약자를 공격한다. 늘 방어적인 약자는 불의를 대변하고 교활한 술책으로 자신의 위기를 벗어나려 한다. 이러한 것이 남성과 여성이라는 젠더의 문제와 결합된 것 역시 주목할 만하다. 여기서의 힘은 주로 군사적이고 법적인 것인데, 이는 국가라는 조직에서 비롯된 힘으로, 개인보다는 국가에 가치를 둔 집단주의적 사유를 반영한다. 뮈토스에서 발휘되는 이러한 힘은 따라서 개인의 힘이 아닌 집단의 힘이며, 개인으로 볼 때 이러한 힘은 외부로부터 오는 것이다. 그리고 그 외부는 국가이며, 그 국가는 신성한 초월적 가치를 체현한 국가로 나타난다.

이러한 뮈토스가 단지 신화로 나타나고, 합리적으로 설명할 수 없는 거짓으로 간주된 것은 로고스가 갖는 힘을 강조한 근대적 사유의 소산이라 할 수 있다. 호머와 헤시오드로 대변되는 뮈토스가 헤라클리투스와 플라톤으로 대변되는 로고스로 전환되는 것은 상징적 담론에서 합리적 담론으로, 의인화에서 추상화로, 종교에서 철학으로의 전환과 밀접한 관련을 갖는다.[10] 세계는 언제나 강자가 이기지 않으며, 조직에 의한 완전한 지배가 이루어지지도 않는다는 것, 그리고 그러한 조직이 언제나 정의롭지도 않다는 사실을 알게 된 것은 인간과 개인에 대한 근대적 성찰에서 비롯된 것이라 할 수 있다. 국가는 정의롭지 않고 개인을 억압하기에, 이에 따른 개인의 방어는 오히려 정의로운 것이 될 수 있다. 약자의 입장에서의 개인은 자신의 방어를 위해 교활한 술책을 부리는 것이 아니라 정직한 방법으로 투쟁을 한다. 앞서 제시된 양항대립이 제시한 가지런한 가치체계가 뒤죽박죽이 되면

10) Ibid., p.3.

서, 로고스가 가졌던 나약함이 불안정한 세계를 살아가는 데 정당한 삶의 태도가 된다. 비로소 삶의 아이러니에 대한 인식이 싹튼 것이다.

그렇다고 해서, 로고스가 뮈토스를 극복하는 진보적이고 진화적인 과정으로 역사를 환원시키는 단순화를 범해서는 안 될 것이다. 국가의 초월적 지배와 거기에 부여된 정의의 가치는 국가주의라는 이름으로 여전히 존재하며, 그것이 유포하는 담론 역시 매우 강력하다. 물론 이에 저항하는 담론 역시 생산되는데, 이것은 완전한 로고스가 구현된 세상이 아닌 여전히 뮈토스와 로고스가 경합하는 상황을 보여주는 것이다. 문제는 뮈토스와 로고스가 그 자체 안에서 그와 대립되는 항을 생산하는 씨앗을 내재하고 있다는 것이다. 강한 것은 약한 것을 지배하려 하지만, 이로 인한 약자의 저항은 강자를 허물어뜨릴 수 있다. 정의의 가면을 쓴 집단은 약자에 의해 불의임이 탄로난다. 이에 따라 약자의 교활함은 오히려 정당화된다. 군사적이고 법적인 힘이 갖는 권위는 그것이 권력화됨으로써, 새로운 담론에 의해 비판을 받는다. 바로 이러한 아이러니칼한 상황은 어느 시대나 존재했던 보편적인 현상이기에, 우리는 이러한 보편적인 양상을 밝힐 필요가 있다.

오늘날의 관점에서 뮈토스와 로고스는 헤시오드 시대의 용례와는 다른 함의로 쓰인다. 필자는 뮈토스가 갖는 특성으로 초월성, 본질성, 이야기성, 구술성을 든 바 있는데,[11] 이는 로고스와 갖는 내재성, 형식성, 논변성, 기술성과 대립되는 속성으로 보인다. 이러한 것 역시 양항대립으로 계열화되는데, 이들 항목들이 헤시오드 시대의 용례와는 지속성과 함께 단절성을 드러내고 있다.

뮈토스가 강자의 담론이라는 것은 오늘날 뮈토스가 갖는 초월성과 관련된다. 뮈토스가 구현되는 것은 담론 내부가 아닌 외부로부터이다.

---

11) 송효섭, 『초월의 기호학』, 서울: 소나무, 2002, pp.23-27.

그것을 초월적 기원이라 하는 까닭은 그 외부의 힘이 검증되는 과정을 거치지 않기 때문이다. 따라서 그것은 강한 것이다. 뮈토스는 바르트가 말한 '자연화되는'[12] 것으로 나타난다. 강한 힘이나 권위에 무조건 의존하는 경향은 인간의 삶에서 찾아지는 보편적인 태도라 할 수 있다. 이러한 초월성을 갖는 뮈토스와는 달리 로고스는 내재성을 갖는다. 내재성이란 초월적인 기원을 외부에 두지 않고, 그 자체 안에서 가치를 만들어내는 것을 말한다. 로고스에 '말'이라는 뜻이 담긴 것은 말의 세계 속에서 모든 가치가 생성됨을 의미한다. 따라서 로고스는 설득을 위한 형식성을 갖추게 되며, 그 중 하나가 논변이 된다.

그러나 이러한 로고스는 헤시오드 시대의 용례처럼 약한 자의 것이다. 외부의 초월적인 힘에 기대지 않을 때, 담화는 스스로 독자적으로 생존해야 하며, 그것은 다른 담화의 공격으로 인해 허약한 상태에 놓인다. 본질은 변하지 않지만 형식은 상황에 따라 바뀔 수 있는 것은 그때그때의 상황에 대처하기 위한 일종의 술책과 같은 것으로, 이는 헤시오드 시대의 로고스의 개념과 일맥상통하는 바가 있다. 그런데 이것은 오늘날 이른바 상대주의적인 진리의 모습을 띠고 있다. 상대주의적 진리는 진리가 늘 가설에 머물 수밖에 없음을 말한다. 진리를 추구하는 과정의 이론 역시 이러한 가설을 벗어나지 않는다. 따라서 그것은 늘 논박의 대상이 된다.

오늘날 로고스는 헤시오드 시대처럼 약한 자의 담론으로 드러나지만, 이러한 담론이야말로 상황에 대처하는 생산성을 갖고 있기 때문에 역으로 진리의 모습을 갖게 된다. 이것은 오늘날 진리의 개념이 헤시오드 시대의 그것과 달라졌음을 의미한다. 헤시오드 시대의 뮈토스가 공격적이라 함은 그것이 그만큼 강력한 힘의 뒷받침을 받기 때

---

12) Barthes, *Mythologies*, p.141.

문이다. 힘은 진리이고 남성적이고 공격적인 것이다. 오늘날 뮈토스가 본질적인 것으로 드러나는 것은 이러한 힘에 대한 믿음이 남아있기 때문이다. 그러나 이러한 뮈토스의 본질성은 이제는 부여된 본질성에 불과하다. 오늘날의 관점에서 본질에 대한 믿음은 해체되기에, 형식으로서의 로고스가 그것을 다양한 방식으로 현시한다. 가령, 신에 대한 믿음을 뮈토스라 할 때, 그것은 본질적인 것에 대한 믿음이라 할 수 있다. 그러한 본질이 형상화될 때, 이야기나 도상 혹은 제의와 같은 모습으로 나타난다. 이야기는 그대로 믿어지는 것이며 도상은 그대로 현시하는 것이다. 제의는 관습적으로 행해지는 반복된 행위이다. 이들은 모두 지표적으로 연결되어 있는데, 그것이 가능한 것은 이들을 결착시키는 초월적인 힘이 있기 때문이다. 뮈토스가 인식과 행위를 호명하는 이야기로 나타날 수밖에 없는 것도 그런 까닭이다.[13] 문제는 오늘날 이러한 본질성이 이러한 기호학적 과정을 통해 기호체계로 편입될 수밖에 없다는 것이다.

이러한 양항대립이 구술성이나 기술성과 같은 매체의 문제와 연결되어 있음에 주목할 필요가 있다. 구술과 기술의 양항대립이 문화적 패러다임이 될 수 있는 것이 이러한 매체가 사유를 틀 지을 수 있는 힘을 가졌기 때문이다. 입과 귀를 통해 전달되는 구술 메시지에서 발신자는 분명한 실제의 누구이므로, 메시지는 그 발신자의 권위를 체현한다. 아버지의 목소리를 통해 들리는 말에는 아버지로서의 권위가 담겨있다. 그러나 글을 통해 전달된 메시지에서 수신자는 저자의 모습을 볼 수가 없다. 이때의 저자는 글을 통해 추론된 담론적 저자이며, 따라서 그의 권위도 실제의 저자로부터가 아닌 글 자체로부터 나올 수밖에 없다. 기술성이 갖는 이러한 로고스적 특성은 헤시오드 시

13) 송효섭, "뮈토스에서 세미오시스로: 신화 담론과 탈경계의 기호작용", 『기호학연구』 27집(한국기호학회, 2010.6), pp.49-54 참조.

대의 로고스가 갖는 약함, 방어적, 거짓의 속성과 상통한다. 글은 일단 쓰여 독자에게 읽히면 스스로를 방어할 수 없다. 따라서 글은 약한 것이다. 글은 또한 거짓을 말하기 쉽다. 글 자체가 실제 세계와 단절된 허구의 세계를 만들어내기 때문이다. 플라톤이 우려했던 글의 해악도 이에서 비롯된 것이다.[14)]

헤시오드 시대의 용례에서 본 남성과 여성의 양항대립은 오늘날 그 유효성을 많이 잃었지만, 그렇다고 해서 그것이 완전히 소거된 것은 아니다. 데리다가 말한 로고센트리즘의 해체는 곧 남근중심주의의 해체이며, 이러한 해체를 실현하는 것은 오로지 문자학을 통해서이다.[15)] 그런 점에서 데리다의 해체주의는 로고스의 해체이면서 한편으로는 그것의 극대화라 할 수 있다.

이와 같은 뮈토스와 로고스는 시대에 따라 다른 함의를 가지면서 인간의 사유를 지배해왔다. 문제는 이러한 뮈토스와 로고스가 분리된 본질적 개념이 아니라 담론 안에서 상호작용을 통해 의미를 구현하는 코드라는 점이다. 앞서 말했듯, 뮈토스와 로고스의 양항은 반대 개념으로 존재하는 것이 아니라, 서로가 서로를 촉발하는 역할을 한다. 뮈토스로서의 단군신화가 홍익인간의 이념으로 화하고, 이것이 국가의 정체성을 드러내는 상징으로 화하는 과정은 뮈토스와 로고스가 하나가 아님을 보여주는 좋은 예이다. 필자는 이러한 뮈토스와 로고스가 상호작용을 통해 증식되는 양상을 기호학적 모델로 제시한 바 있는데, 이에 따르면, 뮈토스와 로고스로 이루어진 로고스에서 뮈토스와 로고스가 극단적으로 증식되면서 그것을 품은 로고스를 뮈

---

14) Walter J. Ong, *Orality and Literacy: The Technologizing of the Word*, London & New York: Methuen, 1982, p.24.

15) 자크 데리다, 『그라마톨로지』, 김성도 옮김, 서울: 민음사, 1996 참조.

토스로 변화시킨다.[16] 이러한 과정이 끊임없이 지속되는 것은 인간의 사유 안에 존재하는 뮈토스의 경향을 보여주는 것이다. 인간의 마음 안에 독사나 도그마가 형성되는 과정, 나쁜 이데올로기에 맹목적으로 휩쓸리는 과정을 우리는 흔히 우리 자신 혹은 타인에게서 보는데, 이것이 뮈토스가 형성되는 과정이다. 이러한 과정을 제어하는 또다른 경향이 로고스를 형성하는 과정인데, 이는 뮈토스와는 반대의 경향으로 이것 역시 끊임없이 우리의 마음 안에서 진행되는 것이다. 이 글에서 로고스와 뮈토스에 대한 논의는 필자의 이러한 가설을 토대로 진행할 것이다.

3. 로고스로서의 역사 담론

앞서 제시한 로고스와 뮈토스 간의 상호작용이 모든 담론에 보편적으로 일어나는 기호작용이라면, 역사 역시 로고스이면서 뮈토스이다. 역사를 로고스로 규정한다 하더라도, 로고스는 뮈토스와 늘 상호작용하기 때문에 역사 역시 뮈토스가 될 수밖에 없다. 이는 역사를 뮈토스로 규정한다 하더라도 마찬가지이다. 그러나 역사는 로고스이면서 뮈토스라는 명제는 너무 보편적이어서 이 글의 논의에서 크게 유용하지 않다. 역사 담론이 갖는 특성이 로고스와 뮈토스 간의 관계를 어떤 형상으로 드러나게 했는가는 이 글에서 제기할 수 있는 보다 구체적인 물음이다. 이를 위해서는 먼저 역사 담론을 로고스와 뮈토스 중 하나로 규정하고 거기에 필연적으로 생겨나는 반대항의 발생과정을 살펴볼 필요가 있다. 그래야만, 로고스와 뮈토스 간의 상호작

16) 송효섭, 『해체의 설화학』, pp.43-53.

용이 역사 담론에서 구현되는 과정을 기술하는 것이 가능하다.

이 글은 역사를 먼저 로고스로 규정하는 방법론적 전략을 취한다. 그 근거는 여러 군데에서 찾을 수 있다. 역사에 대한 어원적 고찰은 이에 대한 단서를 제공한다.

동양에서 '사'(史)는 손으로 중(中)을 잡고 있는 형태이다. 여기서 중은 간책을 가리키는 중기(中旗)를 의미하며, 이를 쓰기 위해서는 한 손에 붓을 들고 다른 한 손으로 중을 잡게 되는데, 바로 이러한 형상을 '사'가 표현하고 있는 것이다.[17] 여기서 중요한 것은 붓으로 무엇인가를 쓴다는 의미가 '사'에 함의되어 있다는 것이다. 다시 말해 역사는 쓰여지는 것이며, 그것의 기술은 '중'이라는 말에 함의된 것처럼 공식적으로 이루어진다는 것이다. 서양에서는 호머에 의해 쓰인 histor란 말이 여러 종족들의 관습을 잘 아는 지혜 있는 인간을 의미했으며, 이오니아인들에게 이 말은 '질문' 또는 '조사' 등의 의미로 사용되었다.[18] 역사라는 말이 실제로는 철학이나 지식이라는 말과 크게 다르지 않은 것으로 간주된 셈이다. 이러한 어원을 통해 알 수 있는 것은 역사가 쓰여지는 것이거나 지식을 탐구하는 과정으로 간주되었다는 것인데, 이는 앞서 제시한 로고스의 특성에 매우 부합하는 것이다.

역사는 쓰여지는 것이라는 점에서 앞서 제시한 구술과 기술의 양항대립 가운데 기술의 항과 연루된다. 기술은 앞서 말했듯, 기록과는 다른 것이다. 동사적인 기술에는 행위가 내포되며, 그 행위는 앞으로 언제든 일어날 수 있는 것이다. 기술은 그 이전의 것에 대한 기술이라는 점에서 비판과 수정의 행위를 내포하지만, 그 기술 또한 언제든 비판과 수정을 받을 수 있는 개연성을 갖는다.[19] 한 마디로 이러한 기술

---

17) 유절, 『중국사학사 강의』, 신태갑 옮김, 서울: 신서원, 2000, pp.27-33 참조.
18) 이상신, 『서양사학사』, 서울: 신서원, 1994, p.16.
19) 헤겔은 역사 고찰의 세 종류로 a)사실 그대로의 역사, b)반성적 역사, c)철

은 옳고 그름을 가리는 것과 같은 논변의 형식을 띤다. 이때 논변은 역사 담론 내재적인 것으로, 초월적인 힘에 좌우되지 않는다. 이러한 점들은 모두 역사 담론을 로고스로 규정하는 근거들이 될 수 있다. 그러나 과연 거기에 그치는 것일까?

쓴다는 것은 문자를 사용한다는 것인데, 문자는 어느 시대든 누구나의 것은 아니었다. 문자를 사용하는 계층만이 역사를 썼다면, 당연히 그 계층이 갖는 권력이나 이데올로기가 거기에 반영될 수밖에 없다. 다시 말해 로고스로서의 역사 담론은 어쩔 수 없는 계급적인 질서라는 초월적인 힘의 지배를 받을 수밖에 없다. 이들이 제시하는 것은 단연코 본질적으로 것으로 받아들여져야 하며, 그것은 절대적 정의로 간주되어야 한다. 이 경우, 역사 담론에서 이야기는 그 자체로 사실로 간주되면서, 그에 대한 논변의 여지를 없앤다. 로고스로서의 역사 담론이 뮈토스의 유혹에 빠져드는 지점을 보여주는 것이다.

이러한 문제는 역사를 왜 쓰는가의 문제와 직결된다. 이러한 명분이야말로 역사 담론의 로고스를 구성하는 핵심적 요소이다. 이러한 명분이 기록된 사례들에서 우리는 역사 담론의 로고스와 뮈토스가 상호작용하는 양상을 엿볼 수 있다.

> A) 이 책은 사람들이 행했던 사실들에 대한 기억이 쇠퇴하지 않고 오래 보존되도록 하기 위해서, 그리고 그리스인이나 이방인이 보여주었던 위대하고 놀라운 활동들이 영광스러운 보상도 받지 못한 채 잊혀지는 일이 없도록 하기 위

학적 역사를 든다. 비판과 수정이 가능한 역사는 헤겔이 말한 반성적 역사 가운데 비판적 역사에 해당된다. 그러나 헤겔은 궁극적으로 정신이 세계를 이끄는 모습을 인식하기 위해 철학적 역사가 필요하다고 말하며, 거기에 관여하는 유일한 사상은 단순한 이성의 사상이라고 말한다. 역사가 로고스로 인식될 수 있음을 보이는 가장 전형적인 사례라 할 수 있다. G.W.F. 헤겔, 『역사철학강의』, 권기철 옮김, 서울:동서문화사, 2008, 11-16 참조.

해서, 그리고 동시에 그들의 불화의 원인이 무엇이었던가를 기록해두려는 희망에서 할리카르나수스의 헤로도투스가 조사 연구하여 발행한 책이다.[20)]

B) 이처럼 진리를 찾는 일은 사람들에게 귀찮고 마음이 내키지 않는 일로, 안이하게 통설에 기울고 마는 경향이 있다. 그러나 이런 어려움 가운데서도 기존의 여러 설을 바탕으로 지금까지 내가 끌어낸 결론을 믿고, 이들 사실에 관하여 시인들이 과장하거나 산문사가가 일의 진상보다도 귀를 기울이게 하기 위해 모은 것 따위를 신용하지 않고, 또 옛 일이라도 증명할 도리도 없는 채 미담으로 되어버린 사항 등을 진실로 생각지 않고, 고사에 대해서도 그에 상응하여 되도록 명백한 증거를 기초로 진실을 추구하는 것을 원칙으로 삼은 자에게 오류는 없을 것이다.[21)]

C) 지금 주상께서는 확실히 영명하십니다. 그런데도 그 성덕이 온 나라에 널리 퍼져 백성들에게 알려지지 못한다면 이는 담당 관리의 잘못입니다. 마찬가지로 제가 그 자리를 관장하면서 엉멍하면서 성스러운 황제의 덕을 기록하지 않거나 공신, 세가, 어진 대부들의 공업을 기술하지 않고 없앰으로써 아버지의 유언을 실추시킨다면 그보다 더 큰 죄는 없을 것입니다. 제가 옛 사건들을 서술하는 것은 지난 인물들의 행적을 정리하려는 것이지 창작을 하려는 것이 아닙니다.[22)]

D) 하물며 신라씨, 고구려씨, 백제씨가 나라를 열어 대치하였으나, 능히 중국에 예절을 갖추어 통하였으므로 범엽의 한서, 송기의 당서에는 모두 [삼국의] 열

---

20) 헤로도투스의 「역사」, M.I. 핀리 엮음, 『그리스의 역사가들』, 이용찬 김쾌상 옮김, 서울: 대원사, 1991, p.32.

21) 투키디데스, 『펠로폰네소스 전쟁사-상』,박광순 옮김, 파주: 범우, 2011, p. 34.

22) 사마천, "태자공자서", 『사기 본기 1』, 김영수 옮김, 파주: 알마, 2010, pp.122-123.

> 전이 있으나, [중국의] 국내 기사는 상세히 서술하고, 외국 기사는 소략하게 서술하였으므로 [우리나라 기사는] 상세히 실리지 않았다. 또한 그에 관한 옛 기록[古記]은 표현이 거칠고 졸렬하며, 사건의 기록이 빠진 것이 있으므로, 이로써 군주와 왕비의 착하고 악함, 신하의 충성됨과 사특함, 나라 일의 안전함과 위태로움, 백성의 다스려짐과 어지러움을 모두 펴서 드러내어 권하거나 징계할 수 없다. 그러므로 마땅히 세 가지 뛰어난 재주[三長之才]를 가진 사람을 얻어 능히 일관된 역사를 이루어 만대에 전하여 빛내기를 해와 별처럼 하고자 한다."[23]

이상의 인용은 모두 역사 기술에 대한 관점을 역사가 스스로 드러낸다는 점에서 메타역사적 기술이라 할 수 있다. 기호학적 관점에서 역사를 커뮤니케이션이라 한다면, 위의 인용은 메타커뮤니케이션을 드러내는 기술들이다. 이러한 기술이 중요한 것은 이들이 바로 로고스를 드러내는 것이기 때문이다. 사실이나 이야기를 기술할 때, 그 이야기에 거리를 두고 어떤 명분을 통해 진술한다면, 이는 사실이나 이야기 자체를 본질적인 것으로 받아들이는 뮈토스와는 대립적인 것이다. 앞서의 인용에서 이러한 로고스는 비교적 직접적으로 그리고 다양한 방식으로 드러난다. 이를 몇 가지로 요약해보기로 하자.

먼저 로고스는 사실에 대한 믿음을 바탕으로 한다. 사실은 거짓 혹은 허구와 반대되는 것이다. 사실이 기록될 수 있고 사실이야 말로 진리라는 믿음은 위의 인용에서 보편적인 전제가 된다. 사실은 '무엇이 일어난 것'에 그치지 않고, '무엇으로 인해 무엇이 일어났다'는 인과론까지 포함한다. 이러한 인과론은 필연적으로 역사를 서사의 형태로 진술하도록 한다. 그러나 이때의 서사는 결코 허구로서의 서사가 아

23) 김부식, "삼국사기를 바치는 글(進三國史記表)", 『역주 삼국사기 2』, 정구복 외 역, 성남: 한국정신문화연구원, 1997, pp.1-2.

니라 사실로서의 서사이다. A)에서 "사실들"뿐 아니라 "그들의 불화의 원인이 무엇이었던가"를 기록해두려는 의도는 B)에서 "명백한 증거를 기초로 진실을 추구하는 것을 원칙으로 삼는" 방식으로 실현될 수 있다. C)에서 "옛 사건들을 서술하는 것은 지난 인물들의 행적을 정리하려는 것이지 창작을 하려는 것이 아님"을 강조하는 것 역시 사실에 대한 집착이며, 이는 곧 허구에 대한 철저한 배제를 의미한다. D)에서 "군주와 왕비의 착하고 악함, 신하의 충성됨과 사특함, 나라 일의 안전함과 위태로움, 백성의 다스려짐과 어지러움을 모두 펴서 드러내는" 것 역시 사실로서의 역사를 진리로 보는 관점에 의거하며, 이러한 모든 의도는 기록을 통해 이루어진다. 이러한 사실에 대한 믿음을 바탕으로 한 로고스는 두 가지 방식으로 실현된다. 하나는 사실을 확실한 근거를 통해 기술함으로써 그것을 확정지으려는 실증적 태도이며, 다른 하나는 그러한 것이 투명한 언어를 통해 남겨질 수 있다는 형이상학적 태도이다. 언어 넘어에 존재하는 사실을 믿는 것이 형이상학적일 수밖에 없는 것은 실제로 우리가 언어 넘어서에 존재하는 사실을 본 적이 없기 때문이다. 과거를 다루는 역사의 경우는 더욱 그러하다. 이러한 두 가지 태도는 상반된 것이지만, 실제로는 결착될 가능성이 매우 크다. 실증적 태도는 어떤 형이상학적인 의미도 거부하는 것이지만, 그럼으로써 얻게 된 결론은 오히려 더 형이상학적이 되는 모순적 상황에 빠지는 것이다. 인과론적 사실의 경우, 결과로부터 찾은 원인은 실제로 복합적인 상황을 단순화시킨 관념에 불과한 까닭에 이러한 모순이 심화되는 것이다.

앞서의 인용에서 찾은 또 하나의 로고스 역시 이러한 모순과 깊이 관련되어 있다. 단순히 사실을 기록하는 데 그치지 않고, 그것에 의미를 부여하고, 그것을 널리 알리려는 태도에서 로고스는 일종의 교훈의 형태를 띤다. 로고스의 적극적 역할이 강조됨으로써, 이는 권위적 목소리를 띠게 된다. 권위적인 목소리는 당연히 권위적인 것을 내세우게 되는데, 위의 인용에서 이러한 목소리는 매우 보편적으로 나타난다. A)에서 "그리스인이나 이방인이 보여주었던 위대하고 놀라운 활동들이 영광스러운 보상도 받지 못한 채 잊혀지는 일이 없도록 하기 위해서"라는 목적은 역사의 주인공들의 위대함을 드러냄으로써 미래에 도덕적 가치를 전승하려는 의도에서 비롯된 것이다. C)와 D)에서 권위적인 목소리의 근원은 보다 분명히 제시된다. 동양에서 역사는 '왕도'를 구현하는 것이며,[24] 이에 따라 왕과 국가를 대변하는 사관이 역사를 기술하게 된다. C)에서 "영명하면서 성스러운 황제의 덕을 기록"하거나 "공신, 세가, 어진 대부들의 공업을 기술"하는 것, D)에서 "군주와 왕비의 착하고 악함, 신하의 충성됨과 사특함, 나라 일의 안전함과 위태로움, 백성의 다스려짐과 어지러움을 모두 펴서 드러내는" 것은 모두 이와 같은 왕도를 구현하기 위한 것인데, 여기서 왕도를 구현하는 대상과 그것을 구현하도록 하는 조종자가 모두 같은 이념에 따라 동일화되어 있다. 여기서 사관은 언어를 사용하는 자로서의 대변자 역할을 한다. 여기에서 우리는 앞서 말한 형이상학적 태도가 극대화되어 나타남을 볼 수 있다. 언어 넘어에 존재하는 어떤 '왕도'와도 같은 초월적 관념을 전제하고, 모든 것을 그것으로 환원시킨다는 점에서 이는 매우 형이상학적인 것이다. 이러한 도덕적 로고스의 구현은 앞서 말한 사실에 대한 실증적 태도를 기초로 한다.

---

24) 다음과 같은 사마천의 진술은 이를 잘 드러낸다.
"『춘추』는 위로는 삼왕의 도를 밝히고, 아래로는 인간사의 기강을 기리고, 의심나는 바는 구별하고, 시비는 밝히며, 결정하지 못하고 있는 것은 결정하게 하고, 선은 장려하고 악은 미워하며, 유능한 사람은 존중하고 못난 자는 물리치고, 망한 나라의 이름은 보존하게 하며, 끊어진 세대의 후손은 찾아 잇게 하고, 모자란 곳은 메워 주고 못쓰게 된 것은 다시 일으켜 세우는 바, 이것이야말로 큰 왕도입니다."
사마천, "태사공 자서", p.119.

지금까지의 논의를 통해 역사가 먼저 로고스로 규정되어야 할 방법론적 정당성이 어느 정도 입증되었다. 그렇다면, 이러한 로고스는 어떻게 구현되며, 그 구현 과정에 어떻게 뮈토스가 틈입하는지를 살펴볼 차례이다.

4. 역사 담론의 세미오시스

역사적 로고스가 구현되는 양상을 살피는 일은 역사 기술이 갖는 담론적 특성을 살피는 일이다. 역사가 과거의 사실을 다룬다는 전제가 여기서 다시금 환기된다. 그 사실은 무엇인가? 이에 대해 우리는 먼저 그 '사실'이라는 것이 역사가에게 경험적으로 전유되지 않는다는 전제를 할 필요가 있다.[25] 이 말은 역사가가 비록 그의 기술을 경험을 토대로 한다 하더라도, 그 경험이 사실과 어떤 매개도 없는 직접적 경험일 수 없음을 말한다. 역사가가 어떤 경험을 토대로 역사를 기술한다 하더라도, 일정한 매개를 통해서만 가능하다. 이 글에서 초점은 바로 이 '매개'에 있다. 이 매개를 언어라 할 수도 있고, 담론이라 할 수도 있고, 기호라 할 수도 있다. 20세기 이른바 '언어학적 전회' 이후 그것은 언어로 나타나며, 포스트모더니즘의 세례를 통해 담론이 되기도 한다. 이 글에서는 그것을 '기호'로 보려고 한다.

기호학에서 '기호'는 다른 두 가지 의미로 쓰인다. 이것은 오늘날 기호학의 두 주류가 갖는 상반된 특성을 드러낸다. 먼저 기호는 언어

25) 혹 역사가가 그가 본 사실을 그대로 기술하여 역사를 쓸 수도 있지 않는가 하는 의문을 제기할 수 있다. 그러나 한 개인의 경험 영역은 매우 협소하여 개인사라면 몰라도 정통 역사를 기술하는 데는 역사가의 직접 경험이 관여하기 매우 어렵다.

와 등치될 수 있다. 역사가가 쓴 역사는 언어로 이루어져 있기 때문에 그 자체로 기호 체계라 할 수 있다. 기호 체계는 분절 가능한 단위로 이루어져 있으며, 이들 간의 상관관계를 통해 보편적인 구조를 기술해낼 수 있다. 이러한 구조는 형태론적일 뿐만 아니라 의미론적이기도 하다. 이러한 보편적인 구조가 패러다임의 역할을 하면서, 수많은 사실들을 반복적으로 설명할 수 있다. 이러한 방식을 우리는 구조주의라고 말한다. 구조주의 기호학에서의 기호는 랑그에서만 활동하며, 기표와 기의 간의 자의적 관계를 통해 일정한 고정성을 갖는 체계를 만들어낸다.[26] 그러한 체계는 다양한 층위로 이루어져 있으며, 층위 내에서 혹은 층위 간에서 일정한 형식을 만들어내게 되는데, 이것을 우리는 코드라고 지칭한다. 기호를 언어와 등치시켜 보는 기호학의 입장은 결국 코드을 찾아 기술하는 것을 최종 목표로 삼는다. 역사를 기호로 본다면, 기의에 해당하는 것이 역사적 개념 즉 의미이며, 기표에 해당하는 것이 역사 담론이다. 적어도 구조주의적 관점에서 역사 기술은 지시대상을 포함하지 않는다. 이러한 입장은 포스트구조주의로 이어지면서, 사실을 배제하고 담론만을 통해 역사를 보는 화이트나 라카프라와 같은 역사이론가를 낳게 된다. 이 경우, 우리는 다음과 같은 질문을 진지하게 던져볼 수 있다. 사실을 배제한다는 것은 과연 타당한 것이며, 또한 가능하긴 한 것인가? 역사 기술의 특성상, 사실을 배제한 채 담론만으로 기술된 역사를 우리는 과연 역사라 할 수 있을까? '사실'이란 구조주의에서 그토록 철저하게 배제하려 한 파롤의 영역에 존재하는 것이기에, 그것은 '불가지의' 영역에 머물 수 밖에 없으며, 그런 점에서 구조주의 역사학이 갖는 근본적인 문제점이 드러난다.

---

26) Ferdinand de Saussure, *Cours de linguistique générale*, Paris: Payot, 1984, pp.100-101.

이에 따라, '사실'이 분명히 존재한다는 전제하에, 그것까지 포함한 역사 기술의 체계가 구안될 필요가 있다. 이는 '기호'가 갖는 또다른 의미, 즉 '세미오시스'를 통해 역사의 기술을 모형화하는 일이다.[27] 세미오시스로서의 기호는 단지 언어체계에 국한되지 않는다. 이러한 기호의 개념은 퍼스에 의해 제시된 기호의 다음과 같은 정의에 따른다.

> 기호 혹은 표상체는 어떤 측면 혹은 능력에서 누구에게 어떤 것을 나타내는 어떤 것이다. 그것은 누구에게 전달되는데, 이는 그 전달 받은 사람의 마음 속에서 등가적인 기호 혹은 그보다 발전된 기호를 만들어낸다. 그것이 창조한 기호를 나는 첫 번째 기호의 해석소라고 부르기로 한다. 기호는 어떤 것, 즉 그것의 대상을 나타낸다. 그것은 그 대상을 모든 측면에서가 아닌 어떤 종류의 관념에 의거해 나타내는데, 나는 그것을 표상체의 기반이라 부르기도 한다.[28]

이러한 기호 개념에서 앞서 구조주의 기호 개념과 결정적으로 다른 점이 몇 가지 찾아지는데, 바로 이것이 역사 담론의 특성과 긴밀하게 관련된다. 퍼스의 기호는 먼저 가리키는 어떤 것, 즉 대상을 전제로

---

27) '세미오시스'는 퍼스의 기호 개념을 규정짓는 용어로서, '기호작용' 정도로 번역될 수 있다. 그러나 퍼스의 기호학을 유표적으로 나타내기 위해 이 글에서는 세미오시스라는 용어를 그대로 쓰기로 한다. 퍼스는 세미오시스의 개념을 다음과 같이 표명한다.
"물리적이건 심리적이건 모든 역동적인 행위 혹은 거친 힘의 행위란 두 주체들 간에 일어나거나 아니면 어쨌든 이들 간의 행위의 결과로 나타난다. 그러나 내가 말한 세미오시스는 반대로 기호, 그것의 대상 그리고 그것의 해석소와 같은 세 개의 주체의 협력이거나 그것을 포함하는 행위 혹은 영향을 말하며, 이러한 삼항적 관계는 어쨌든 이항들 간의 행위들로 귀결될 수는 없는 것이다."
(Eds.) Charles Hartshorne & Paul Weiss, *Collected Papers of Charles Sanders Peirce 5*, Cambridge: Harvard University Press, 1965, p.332.

28) (Eds.) Charles Hartshorne & Paul Weiss, *Collected Papers of Charles Sanders Peirce 2*, Cambridge: Harvard University Press, 1965, p.135.

한다. 소쉬르는 기표가 기의를 가리킨다고 함으로써, 대상을 기호로부터 배제시켰는데, 퍼스는 이 대상을 기호작용 안으로 편입시킨다. 역사에서 대상이란 무엇인가? 말할 것도 없이 역사 기술의 토대가 되는 '사실'이다. 다시 말해, 세미오시스로서의 기호를 통해 역사를 기술한다면, 사실이 역사 기술 안으로 들어오는 셈이다. 그러나 그 방식은 앞서 역사적 로고스의 특성으로 간주되어온 실증주의나 형이상학과는 전혀 다르다. 여기에서 '사실'은 사실 그 자체가 아니고, 기호작용 안에서 기호에 의해 지칭되고 그로부터 새로운 해석소를 생산하는 과정 안에서의 사실이다. 그리고 이때의 과정은 형이상학적 언어관에서처럼 기호가 대상을 투명하게 재현하는 그런 기호가 아니다. 그 과정은 인간의 마음 속에서 등가적이거나 그보다 발전된 기호를 만들어내는 과정이며, 또한 어떤 종류의 관념에 의거해 나타내는 과정이다. 이와 같이 인간의 마음 속에서 어떤 방향을 갖고 기호를 해석하는 과정은 결코 투명한 재현성을 갖지 못한다. 한 마디로, 상황에 따라 대상은 다양한 방식으로 기호화되기 때문에, 매우 유동적이고 복합적이 될 수밖에 없다. 이것이 바로 퍼스의 기호학이 갖는 화용론적 측면이다.

이와 같은 논리를 따르면 역사를 기술하는 것은 대상을 통해 해석소를 생산하는 것으로, 사실을 통해 담론을 만들어가는 것이라 할 수 있다. 여기에는 인간의 마음, 즉 역사가의 주관이 개입하며, 또한 '기반' 즉 역사가가 처해있는 상황에서 빚어지는 어떤 관념의 지배를 받는다. 그러나 주의해야 할 점은 이러한 역사 기술이 주관적인 관념론이나 환원론적인 결정론에 빠지는 것이 결코 아니라는 점이다. 세미오시스로서의 역사는 그 자체로 독자적인 기호활동을 하는 것이며, 인간의 관념이나 상황은 이러한 기호작용 안에서 기호의 생산 활동을 돕는다. 역사의 기술에서 우리는 사실이라고 생각하는 것에 대한 일종의 직관을 통해 이러한 역사 기술의 방향을 잡을 수 있지만, 그것이 소통가능한 객관성을 획득하기 위해서는 그것이 기호작용을 통해 실현되어야 한다. 이때의 객관성은 절대적 객관성이 아닌 상대적 객관성이며, 이에 따라 관념론 역시 주관적 관념론이 아닌 '객관적 관념론'[29)]이 된다.

퍼스가 말한 기호는 기호와 대상 그리고 해석소의 삼항 간에 이루어지는 역동적인 생산작용을 의미한다. 기호는 멈추어진 것이 아니라 진행되는 것인데, 이는 우리가 역사를 기록이라는 명사가 아닌 기술이라는 동사로 이해하는 것과 상통한다. 이러한 삼항 간의 관계를 설명하기 위해서 퍼스는 삼항성의 범주를 제시하는데, 이러한 범주들의 목록은 사고의 논리적 분석으로부터 추출되고 존재에 적용되는 것으로 간주되는 개념들의 요약으로 이해된다.[30)] 그리고 이것을 퍼스는 "앞으로도 오랫동안 모든 학파와 부류의 철학, 수학, 심리학, 물리학, 역사학, 사회학 그리고 다른 어떤 분야든지 간에 인간의 합리성에 대한 전체적인 작업이 그것의 세부사항들을 채워나가는 것으로 나타날 아주 포괄적인 이론을 구축하기 위한" 기반으로 삼았다.[31)] 이러한 퍼스의 이상이 역사학에서 실현되었는지는 의심스러우나, 분명한 것은 이러한 삼항성의 범주를 통해 다양하게 나누어진 학문들이 일정한 논리체계를 통해 공유하는 진리를 탐색해볼 수 있게 되었다는 것이다. 그렇다면 역사담론을 이러한 기호학으로 모형화하는 일은 역사학 넘어서 인문학 일반의 이론을 구축하는 일이라 할 수 있다.

---

29) Christopher Hookway, *Peirce*, London: Routledge & Kegan, 1985, p.143.

30) (Eds.) Charles Hartshorne & Paul Weiss, *Collected Papers of Charles Sanders Peirce 1*, Cambridge: Harvard University Press, 1965, p.148.

31) "Preface", ibid., xii.

퍼스가 말한 삼항성은 1차성, 2차성, 3차성으로 구성된다.[32] 이러한 범주가 역사 담론에서 드러나는 양상을 살핌으로써, 역사의 기술이 세미오시스로 구현될 가능성을 탐색해보기로 하자.

1차성은 있는 그대로 존재하는 것 자체를 말한다. 붉은 장미가 있다고 할 때, 그 장미의 붉음은 그 자체로 거기에 있는 자질이다. 다음 기록을 살펴보자.

E) 제49대 헌강대왕 때는 서울로부터 지방에 이르기까지 집과 담이 연이어져 있었으며, 초가는 하나도 없었다, 풍악과 노랫소리는 길거리에 끊이지 않았으며, 바람과 비는 철마다 순조로웠다.[33]

F) 이 산들이 만들어낸 섬들과 바다를 굽어보는 단구들에서 페니키아의 도시들이 탄생한 까닭에 페니키아도 지중해적인 성격을 짙게 띠었다. 따라서 하늘에서 내려다볼 때 풍경은 아주 단순하면서도 지중해와 사하라는 뚜렷한 대조를 이룬다. 하나는 푸른빛을 띠는 반면, 다른 하나는 하얀색에서 노란색과 황토색 그리고 오렌지빛으로 조금씩 변해가기 때문이다.[34]

E)에서는 신라 헌강대왕 시절의 평화스러움을 말하고 있다. 실제로 이 시절이 평화스러움이라는 자질을 갖고 있었다고 전제할 때, 그 평화스러움은 1차성이 된다. F)에서는 페니키아가 갖는 지중해적 성격을 말하고 있는데, 이것 역시 이 시대 페니키아가 그러한 성격을 갖고 있다고 전제함으로 그 성격 자체가 1차성이 된다. 이러한 전제된 것이 없었다면 위의 기술도 이루어지지 않았을 것이라는 점에서 1차성의

32) Ibid., pp.148-180.

33) 일연, 『삼국유사 1』, 이재호 옮김, 서울: 솔, 1997, p. 265.

34) 페르낭 브로델, 『지중해의 기억』, 강주헌 옮김, 파주: 한길사, 2012, p.61.

기호는 다음 단계의 기호 생성을 위한 토대가 된다.

2차성은 어떤 상태에 가해지는 행위를 통해 그 상태가 변하는 움직임을 말한다. 아침에 잠에서 깨어났을 때, 나의 잠자는 상태는 어떤 충격으로 인하여 깨어난 상태로 변한 것이다. 우리의 삶을 수놓는 수많은 이러한 순간들이 우리의 삶을 구성하며, 역사 역시 이러한 순간들로 기술되는 것이다.

G) 여름에 제나라가 여를 쳤으나 이기지 못하고 서를 구원하고서 돌아왔다. 가을에 적이 진나라를 침범해서 호주, 수탁을 빼앗고 분수를 건너서 곤도에 이르렀다.[35)]

H) 겨울이 되자 트라키아 지방의 헤라클레이아에 대해 아이니아스, 돌로프스, 멜리스 및 테살리아의 몇몇 도시가 공격을 가했다.[36)]

이러한 기록들은 역사 기술의 가장 기본적인 것으로 간주된다. 이러한 것을 '사건'이라고 하는데, 사건은 어떤 행위를 통해 사태의 변화가 일어난다는 점에서 2차성의 범주에 든다. 전통적으로 역사는 사건 중심으로 기술되었고, 거기에서 중요한 것은 기술될만한 의미 있는 행위일 것이다. 그러나 행위는 주로 위대한 개인에 의해 이루어짐으로써, 그의 힘이 행사되는 정치적 군사적 사건을 중심으로 역사가 기술된다. 이러한 사건으로서의 역사에 반대하는 역사 기술 태도가 등장한 것은 그것이 인간의 보편성을 드러내기에는 너무 국지적이라

35) 『춘추좌씨전』, 권오돈 역해, 서울: 홍신문화사, 1994, p.129.
36) 투키디데스, 『펠로폰네소스 전쟁사-하』, 박광순 옮김, 파주: 범우, 2011, p. 62.

고 여겨졌기 때문이다.[37)]

퍼스가 말한 3차성은 앞서의 2항 관계 간에 존재하는 어떤 의미 같은 것을 말한다. 내가 누구에게 선물을 준 것은 하나의 사건이다. 그러나 이 사건에서 중요한 것은 내가 그 선물을 준 의도일 것이다. 즉 선의의 표하기 위해 그것을 했다면, 나는 그 선물에 어떤 의미를 부여한 것이다. 3차성은 이와 같이 정신적인 요소를 내포하고 있다. 역사의 기술에서 당연히 이러한 3차성은 중요하다. 역사가 사건을 기술한다 하더라도 그것은 그 사건의 의미를 역사적으로 밝히기 위한 것이다.

> I) 보다 단순화된 표현 방법으로의 복귀는 중세의 미술사가들에게 보다 복잡한 형식의 구성을 실험하는 새로운 자유를 주었다. 이러한 방법들이 없었더라면 교회의 가르침은 결코 가시적인 형상으로 번안될 수 없었을 것이다.[38)]

> J) 하늘의 이치로 말하면 양은 굳세고 음은 부드러우며, 사람으로 말하면 남자는 존귀하고 여자는 비천하거늘 어찌 늙은 할멈이 안방에서 나와 나라의 정사를 처리할 수 있겠는가? 신라는 여자를 세워 왕위에 있게 하였으니, 진실로 어지러운 세상의 일이다.[39)]

I)에서 단순한 표현 방법으로의 복귀, 보다 복잡한 형식의 구성에 대한 실험, 그리고 교회의 가르침의 가시적 형상으로의 번역이라는

---

37) 사건 중심의 역사에 대한 거부를 기치로 내세운 역사학으로 아날학파, 통계사, 정신사가 있다. 사건 중심의 역사가 짧은 시간 범주로 기술된다면, 이들 역사학에서 기술하는 역사는 긴 시간 범주로 기술된다.
Paul Ricoeur, "Excerpts from 'The Eclipse of Narrative'", (ed.) Robert M. Burns, *Historiography: Critical Concepts in Historical Studies II*, London & New York: Routledge, 2006, pp.305-317참조.

38) E.H. 곰브리치, 『서양미술사』, 백승길 이종숭 옮김, 서울: 예경, 2009, p.183.

39) 김부식, op.cit., p.102.

세 개의 사건은 인과적으로 연결되어 있다. 곰브리치라는 미술사가는 미술사에서 일어난 2차성으로의 사건에 3차성으로의 인과론을 부여한 것이다. J)는 사론, 즉 사건에 대한 사관의 논평을 말하는데, 이것은 신라 선덕왕이 여성이라는 사실에 대해 사관 나름의 의미를 부여한 것이다. 역사가가 사건에 의미를 부여하는 것은 자연스러운 일인데, J)의 경우는 이러한 의미부여가 논평이라는 형식으로 보다 직접적으로 드러나고 있다.

이상의 논의를 통해 볼 때, 삼항성의 각 범주들은 각각 분리되어 존재할 수 없는 것들이다. 즉 앞서 예시한 시대의 상황, 그 상황을 변화시키는 사건, 그리고 그것에 부여되는 의미는 필연적으로 연결될 수밖에 없다. 여기서 분명한 것은 역사 기술 역시 기호작용이라 할 때 3차성으로 존재할 수밖에 없다는 점이다. 그리고 이러한 삼항성을 토대로 한 기호작용은 '무한한 세미오시스'로 존재하는 것이기에, 궁극적으로 완결된 지점이 존재하지 않는다는 것이다. 역사 기술이 도달하고자 하는 목적을 사실에 두거나 형이상학적 관념에 둘 때, 이들은 모두 완결된 것을 전제로 한다. 그러나 역사 기술을 이러한 세미오시스로 본다면, 그러한 완결지점에 도달하는 것은 불가능한 일이다. 세미오시스로서의 역사 기술이 실증주의나 형이상학의 굴레에서 벗어날 가능성을 보여주는 것은 그 때문이다.

퍼스는 이러한 삼항성의 범주를 바탕으로, 기호의 분류 체계를 완성한다. 역사 기술이 기호로 이루어진 것이라면, 그 기호작용이 어떤 방식으로 이루어지는지를 알기 위해서는 이러한 퍼스의 기호 분류체계가 매우 유용하다.

그 1차성의 기준은 기호 그 자체가 단순한 자질인가, 실제적 존재인가, 일반적 법칙인가인데, 이에 따라 기호를 자질기호Qualisign, 실재기호Sinsign, 법칙기호Legisign로 분류한다. 2차성의 기준으로는 기호와 대상의 관계에 대한 것인데, 기호가 그 자체로 어떤 특성을 갖는 것으로 이루어지는가, 그 대상과 어떤 실재적 관계를 갖는 것으로 이루어지는가, 기호가 대상과 어떤 법칙적 관계를 갖는가에 따라, 도상기호Icon, 지표기호Index, 상징기호Symbol를 구분한다. 3차성의 기준은 기호와 해석소 간의 관계에 대한 것인데, 해석소가 기호를 가능성의 기호로 표상하는가, 사실의 기호로 표상하는가, 합리성의 기호로 표상하는가에 따라, 잠재기호Rheme, 사실기호Dicisign, 논항기호Argument로 구분한다.[40] 여기서 일단 1차성의 기준에 따른 기호의 분류는 문제시되지 않는다.[41] 역사가 무엇인가를 나타내고, 그것에 의미를 부여하는 작업이라면, 먼저 2차성의 기준에 의해 어떻게 나타내는가, 3차성의 기준에 의해 어떻게 해석하는가에 따라 역사 기술의 기호작용을 설명해볼 수 있을 것이다. 앞서 삼항성의 범주를 설명하기 위해 제시한 사례들 역시 이에 따른 것이다.

역사가 언어로 쓰여진다는 점은 감안하면, 먼저 도상기호[42]로서의 역사 기술을 상상하기는 쉽지 않다. 그러나 그러한 역사 서술의 가능

---

40) (Eds.) Charles Hartshorne & Paul Weiss, *Collected Papers of Charles Sanders Peirce 2*, pp.142-146.

41) 굳이 이러한 기호분류 체계를 통해 역사를 본다면 다음과 같은 기호작용을 추출할 수 있을 것이다. 한 권의 역사책이 내 손에 있다고 하자. 여기서 자질기호란 무엇인가? 이 책이 역사책으로서 갖는 성질을 말할 것이다. 그것은 이 책의 내용에 잠재해 있는 것이다. 이 책은 글자로 이루어진 실제적 존재이며, 이것은 우리가 보고 만질 수 있는 것이다. 이것은 실재기호로 역사가 존재하는 한 양상이다. 이 책이 나름대로 논리적인 구성을 하고 있다면, 이는 이 책이 갖는 법칙기호로서의 성질이다. 그러나 이러한 기호의 성질은 이 책의 자질만을 말해줄 뿐, 이 책이 담고 있는 내용과 구성방식을 구체적으로 보여주지 않는다. 다시 말해 이 책이 읽히기 이전 하나의 사물로 존재하는 책이 갖는 특수한 성질이기 때문에, 역사 담론의 기호작용을 다루는 데는 크게 중요하지 않을 것으로 보인다.

42) 도상기호란 기호가 그것이 가리키는 대상과 유사한 자질을 가짐으로써, 대상을 나타내는 기호를 말한다. ibid., p.143.

성이 전혀 없는 것은 아니다. 퍼스는 도상기호의 하위범주로 이미지, 도표, 은유를 들었는데,[43] 이 중 도표와 은유가 역사 기술에 작용할 수 있다. 역사 기술에서 가장 흔하게 드러나는 것이 연대표를 제시하는 것이다. 이러한 연대표는 역사적 사실과 유사한 형식을 갖는데, 가령 먼저 일어난 사건을 도표의 상부에 위치시키는 것과 같은 방식이다. 필자는 『삼국유사』 처용랑 망해사 조의 기록을 통해 당시의 공간을 도표화시켜 제시한 바 있는데,[44] 이것 역시 이러한 사례에 속한다. 은유 역시 도상기호의 하나인데, 가리키는 대상이 유사성을 토대로 한 수사적 표현을 통해 드러나는 것을 말한다. 역사 기술에서 은유를 포함한 비유법의 가능성을 적극적으로 피력한 화이트에 따르면, 비유법은 19세기 유럽에서 형성된 역사적 사고의 중요한 형식들을 규정하는 한 방법을 제시한다.[45] 이는 비유법이 단지 장식적인 수사에 그치지 않고, 인간의 사유를 규정하는 보편적 형식이 될 수 있으며, 그것이 역사 담론에 반영됨으로써 역사 담론이 갖는 도상기호로서의 특성을 드러냄을 말한다.

역사가 갖는 지표기호로서의 성격도 가정해볼 수 있다. 가령 '한국사'는 한국의 역사인데, 이에 따라 한국사는 한국이라는 국가의 실제적 영향을 통해 기술된 것이라 할 수 있다. 이때 한국사가 한국을 나타냄으로써, 한국사와 한국은 공통적 자질을 갖게 되고, 필연적으로 도상기호가 되지만, 그 도상기호는 대상 그 자체와 단지 유사해서는 안 되고 기호가 대상에 의해 수정된 것이어야 한다.[46]

43) Ibid., p.157.

44) 송효섭, "다이어그램을 통한 처용설화의 기호학적 분석", 『시학과 언어학』 제20호(시학과언어학회, 2011.02), pp.183-198.

45) 헤이든 화이트, 『메타 역사 Ⅰ』, 천형균 옮김, 서울: 지식을만드는지식, 2011, p.89.

46) (Eds.) Charles Hartshorne & Paul Weiss, *Collected Papers of Charles*

역사가 갖는 상징기호로서의 성격은 분명해 보인다. 역사는 사실을 나타내는 과정에서 일반적 법칙을 가정한다. 역사학에 대한 역사학 즉 메타-역사학은 이러한 법칙이 무엇인지를 밝혀내는 것이다. 이러한 법칙은 절대적인 것이 아니다. 동양과 서양이 다르고, 고대와 근대가 다를 수 있는 것은 이러한 법칙이 고정된 규범이 아니라 상황에 따라 달리 생성되는 코드임을 말한다. 이러한 코드에는 형식, 양식, 스타일, 수사학 등과 같은 개념이 모두 포괄된다. 동아시아의 역사 기술에서 편년체니 기전체니 하는 양식도, 서구의 역사학에서 아날학파니 정신사니 하는 개념도 모두 역사가 상징기호이기 때문에 생겨날 수 있는 것들이다. 이 글에서 중점적으로 밝히는 뮈토스와 로고스의 코드 역시 이에 포함될 수 있다.

2차성의 범주를 통해 구분된 기호들에서 일어나는 기호작용은 기호와 대상 간에 이루어진다. 다시 말해 역사 기술과 그것의 사실 간에 일어나는 것으로 역사가 사실을 어떻게 나타내는가의 문제와 직결되어 있다. 이 문제는 역사 기술에서 가장 기초적인 문제이긴 하지만, 역사 기술이 이에만 그치지는 않는다. 역사는 사실을 나타내지만, 단순히 나타내는 데 그치지 않고, 거기에서 새로운 기술을 만들어낸다. 역사는 단지 기록이 아니라 기술 즉 쓰는 행위를 포함하기 때문이다. 쓰는 행위 속에는 텍스트를 읽고 해석하는 행위가 모두 포함된다. 따라서 3차성의 범주를 통해 분류된 기호들로서 역사 기술을 살펴야 할 필요가 생긴다.

3차성의 범주를 통해 기호를 분류하는 데 가장 핵심은 해석의 문제이다. 이를 위해서는 먼저 역사는 해석이라는 전제가 필요하다. 해석은 의미를 부여하는 것이고, 따라서 거듭 새롭게 쓰여질 수 있는 것이

Sanders Peirce 2, p.143.

다. 그중 잠재기호는 그것의 해석소에게 자질적 가능성의 기호로 남아있는 기호를 말한다.[47] 역사가 수많은 문장으로 쓰인 것이라면, 그중 한 문장 혹은 한 단락을 임의로 추출해서 읽어볼 수 있다. 앞뒤의 맥락이 제거된 상태에서 이것은 그러그러한 사실을 나타낸 문장으로 보이지 역사의 한 대목으로 보이지 않는다. 이는 역사가 될 가능성이 있는 잠재기호로서의 텍스트이며, 이러한 해석 이전의 상태가 역사 기술의 기호가 될 가능성은 희박하다.

사실기호란 기호가 그것의 해석소에게 실제적 존재의 기호로 해석되는 기호를 말한다.[48] 이는 실제적으로 역사라는 기호가 역사책으로 존재한다는 것을 전제하는 것이다. 역사책에 쓰인 문장들이 하나의 전체를 이루어 실제적 존재가 되고 이는 해석소를 생산하는 기호 작용에 참여할 준비를 갖춘 것이다. 퍼스에 따르면 이는 일종의 잠재기호인데, 왜냐하면 이것 역시 실제적 존재이기는 하지만, 아직은 '이것은 역사책이다'와 같은 수준의 해석에 머물러 있기 때문이다.

역사 기술의 기호적인 특성을 본격적으로 드러내는 것은 그것이 논항기호의 역할을 할 때이다. 논항기호란 기호가 그 해석소에게 법칙의 기호인 기호를 말한다.[49] 역사책을 읽으면서 거기에서 다양한 법칙을 찾아내는 것은 역사의 해석에서 핵심적인 것인데, 이것이 바로 논항기호로서 역사를 읽는 일이다. 논항기호의 해석소는 그것을 논항기호들의 일반적 부류의 한 사례로 나타내는데, 전체로서의 그 부류는 언제나 진리를 지향하는 경향이 있다.[50] 이를 역사 기술로 바꾸어 말하면 우리가 역사를 통해 해석한 법칙은 매우 일반적인 것으로 우리

47) Ibid., p.144.
48) Ibid.
49) Ibid.
50) Ibid., p.145.

가 흔히 말하는 진리로 간주될 수 있는 것들이다. 논항기호로서 역사를 해석하는 것은 따라서 역사가 단지 사실을 재현하는 것이 아니라, 어떤 검증될 수 있는 진리를 담고 있음을 말한다.

이러한 퍼스의 기호 분류는 기본적인 범주로 존재하는 것이고, 그것이 기호작용으로 실현될 때에는 이들 기호들 간의 다양한 결합이 이루어질 수 있다. 역사의 로고스를 다루는 이 글에서 역시 역사 담론의 기호가 복합적임을 가정하고, 이러한 복합성이 역사의 로고스를 구현하는 데 어떻게 작용하는지를 살필 것이다.

역사가 사실을 근거로 한다면, 그 사실은 대상으로 기호작용에 참여한다. 따라서 역사의 로고스를 살피기 위해서는 역사 그 자체로 존재하는 양상이 아닌 역사가 무엇을 표현하였는가에 관심을 갖게 된다. 무엇을 표현하였는가는 어떻게 표현하였는가의 문제와 필연적으로 연결되고, 이에 따라 무엇을 어떻게 표현하였으며, 그것의 논리는 무엇인가의 문제로 귀착된다. 이것은 퍼스가 말한 삼항성에 따른 과정이며, 앞서 밝힌 역사담론의 여러 기호학적 성격을 통해 로고스가 구현되는 과정이다.

5. 로고스의 구현과 신화의 생성

역사에서 로고스를 구현하기 위한 방식으로 서사의 문제를 제기하는 것은 앞서 제시한 퍼스의 기호 범주와 밀접한 관계가 있다. 사실이라는 대상을 가리키는 방식 중 하나로 그것을 사건화하는 것이 있으며, 그 사건을 연결하면 서사가 된다. 그런데 이러한 서사로 인해 역사의 로고스는 해체되면서 뮈토스로 변질될 위험에 처하게 된다. 대상에서 사건으로 그리고 서사로 진행하는 과정은 곧 기호가 대상을 가리키면서 해석소를 생산하는 과정이다. 그 과정을 어느 정도 분석적으로 행할 수 있는 것도 역사 담론이 퍼스가 말한 논항기호로서의 성격을 갖고 있기 때문이다. 그러나 그 분석이 이야기에 대한 것이라면, 거기에는 일종의 추론의 과정이 개입한다. 어떤 서사가 어떤 이념을 나타내기에 적절하게 만들어졌다면, 그것은 그 서사가 독자에게 사실적인 것으로 받아들여졌기 때문이다. 서사가 사실적이면 사실적일수록 그것에서 발생하는 이념은 더욱 강력하게 전달된다. 이것이 바로 리얼리티의 문제이다.

역사적 로고스의 생성을 세미오시스로 볼 때, 우리는 이러한 세미오시스의 과정을 어떻게 기술할 수 있을까? 다시 말해 기호가 해석소로 생성되는 과정은 대상에 대한 해석이 끊임없이 이루어지는 과정일 터인데, 그러한 과정을 기술하기 위한 전략은 과연 무엇인가? 우리는 이를 위해 다시금 역사 담론이 갖는 특수성의 문제로 돌아올 필요가 있다. 밍크의 주장에 따르면, 철학자는 '이것의 진짜 자질은 무엇인가?'를 묻고, 과학자는 '이것이 어떤 일반화나 일반 이론 안에 속하는가?'를 묻는 반면 역사학자는 '이것이 특정 맥락, 과거, 현재, 그리고 미래에 어떻게 위치지어지는가?'를 묻는다. 그리고 이것을 범주적, 이론적, 형상적인 것으로 명명한다. 한 마디로 역사는 범주적이거나 이론적이기보다는 형상적인 것이고, 그 형상적 이해는 서사에 의해 이루어진다는 것이다.[51] 바르트 역시 역사가는 역사 기술에서 자신을 어떤 객관적인 존재로 드러냄으로써, 마치 지시대상이 스스로 말하는 것과 같은 인상을 주는 지시적 환상을 만들어낸다고 말한다.[52] 이

51) W.H. Dray, "Narrative Versus Analysis in History", (ed.)Robert M. Burns, *Historiography: Critical Concepts in Historical Studies IV*, London & New York: Routledge, 2006, p. 342.
52) Barthes, "Historical Discourse", p.110.

것 역시 역사가의 역사 기술에서 서사가 필연적으로 개입하는 과정을 말한 것이다. 문제는 이러한 서사가 어떤 방식으로 개입하는가가 될 것이다. 왜냐하면 역사는 앞서 밝혔듯이 논항기호의 성격도 함께 갖고 있기 때문이다. 논항기호로서의 역사는 논증과정을 내포하거나 그것을 촉발시킴으로써, 역사가 지향하는 의미를 추론할 수 있게 한다. 이것은 로고스로서의 역사의 성격을 강하게 드러내는 것이다. 이러한 역사의 여러 층위들, 가령 서사와 논증과 같은 층위가 같은 역사 기술의 담론에서 상호작용한다면, 이들은 길항관계가 아닌 상보관계에 놓일 가능성이 크다. 역사는 일단 사실을 전제하기 때문에, 그것은 부정적이기보다는 긍정적일 수밖에 없는데,[53] 바로 이 점 때문에 역사 기술은 그것에 존재하는 상반되는 속성을 통합하여 긍정적인 방향으로 추진하는 속성을 갖게 된다.

역사 연구의 개념화를 위해 화이트가 제시한 구분은 연대기, 이야기, 플롯구성의 형식, 논증 형식, 이데올로기적 의미에 대한 형식인데,[54] 이러한 구분을 통해 역사 기술의 범주 안에 상반된 뮈토스와 로고스가 상호작용하는 양상을 기술해낼 단서를 찾을 수 있다. 이러한 구분에 연보를 덧붙여, 연보로부터 이데올로기적 의미에 대한 형식에 이르는 과정에 작용하는 논리를 추적해볼 수 있다. 이들 구분의 각 항목이 곧 역사 기술의 형식을 대표하는 것은 아니지만, 이들 중에 어느 것에 초점이 맞추어지는가에 따라 다른 역사 기술이 드러나는 것은 사실이다. 어찌 보면 역사 기술에는 이러한 항목들이 모두 포함되어 있다고도 할 수 있다.

53) Ibid., p.112.
54) 화이트, 『메타 역사 I』, p. 21.

5.1. 연보

연보란 연대기적인 순서에 따라 기록된 사건들의 목록을 말하는데, 여기에는 어떤 서사적인 경향도 존재하지 않는 반면, 연대기는 이야기를 말하려 하지만, 서사성을 갖지 못해 거기에 이르지 못한 것을 말한다.[55] 화이트가 예시한 『쌩 골의 연보』를 인용하면 다음과 같다.[56]

K) 709. 혹한. 고트프리드 공작 죽다.

710. 흉년으로 식량이 부족

711.

712. 전국에 홍수

713.

714. 궁정의 우두머리, 피핀 죽다.

715. 716. 717.

이러한 기록에서 어떤 서사적인 흔적도 찾을 수 없다. 서사에 필수적인 서술자가 드러나지 않으며, 이에 따른 서술의 행위 역시 나타나지 않는다. 굳이 서사의 흔적을 찾는다면, 연대가 될 터인데, 이러한 연대들이 연대기로서 조차 그 역할을 하지 못하는 것은, 그 연대에 해당하는 사건들이 전혀 서사적으로 연결되어 있지 않기 때문이다. 기록된 연대는 그것이 일어난 사건을 기표로 한 기의로 존재할 뿐이다.[57] 그렇다면, 이러한 연보에서 중요한 것은 이러한 기표와 기의 간의 표상 내지는 재현 관계이다. 이러한 기술에서 찾아낼 수 있는 욕망

55) White, “The Value of Narrativity in the Representation of Reality”, p. 61.
56) Ibid., p.63.
57) Ibid., p.65.

은 재현의 욕망이며, 그 재현은 사실에 대한 재현으로 나타난다. 이는 역사적 로고스의 가장 기본적인 경향으로서의 실증주의를 보여준다. 위에 기술된 사건들 간에는 인과론을 비롯한 어떤 관련성도 드러나지 않는다. 우리가 사는 현실세계는 어쩌면 그런 모습과 비슷해 보이기도 한다. 수없는 사건들은 어떤 필연성도 없이 일어날 수 있기 때문에, 나약한 인간은 거기에 운명론이나 목적론과 같은 이념을 부여하기도 한다. 어쩌면 위의 기록은 이러한 현실을 그대로 표현하고 있으며, 그런 점에서 리얼리티를 구현하고 있다고도 할 수 있다. 만일 이것을 역사적 로고스라 한다면, 우리는 이러한 사실에 대한 욕망이 고착되면서 그것이 사실에 대한 믿음 혹은 진리에 대한 맹목적인 믿음을 낳을 수 있음을 지적할 수 있다. 다시 말해 가장 사실에 충실한 것처럼 보이는 기록이 실상은 가장 사실과는 거리가 먼 기록일 수도 있다는 것이다. 이것이 바로 뮈토스가 싹트는 지점이다. 『삼국사기』의 연표나 『삼국유사』의 왕력 편의 기술은 바로 이러한 연보를 보여주는 것인데, 여기에서의 목적 역시 어떤 연도에 어떤 사건이 일어났음을 보여주는 것일 뿐, 사건들 간의 연결을 드러내지는 않는다. 따라서 이들 사서에서 이 부분은 전체의 일부로서, 나머지 부분들에 대한 보완적 역할을 보여줄 뿐이다. 즉 연보는 사건이 일어난 시기에 대한 확정이라는 실증적 지식을 제시함으로써 역사의 로고스를 완성시키고 있는 것이다. 연보가 갖는 이러한 역할에도 불구하고, 연보 자체에서 우리는 그로부터 피어나는 뮈토스를 감지할 수 있다. 연보는 모든 것을 기록한 것이 아니라, 기록자가 중요하다고 생각한 사건만을 기록한 것이다. 『삼국사기』나 『삼국유사』와 같은 사서의 연보에서는 주로 왕이나 국가 간의 관계에 대한 것이 주로 기록되어 있다. 이것이 서사화되어 기록되었을 때 나타날 수 없는 것은 이들 기록이 갖는 절대성이다. 앞서 말했던 것처럼 연대는 사건의 기표로 고정되며, 그로 인해 그 연대는 다른 복합적인 역사적 의미를 가질 수 있음에도 불구하고, 그 사건으로 환원되어 의미화된다. 특히 정치적 사건이 절대화됨으로써, 그 뮈토스는 정치 신화의 체재를 굳건히 하는 데 기여한다. 이 경우, 이러한 뮈토스가 그것의 수용자에게 진실로 받아들여지는 리얼리티를 구현하는 모습을 볼 수 있는데, 이 경우 리얼리티는 기표와 기의 혹은 기호와 대상 간에 일어나는 재현의 관계에서 구현되는 리얼리티라 할 수 있다. 사건 자체는 고립됨으로써 리얼리티를 구현하지 못하지만, 그것이 연대라는 굳건한 고리에 연결됨으로써, 마치 리얼리티가 존재하는 듯한 환상을 갖게 한다. 이것을 우리는 연보라는 역사가 만들어낸 신화라 말할 수 있다.

5.2. 연대기

이러한 연보에 비해 보다 서사성을 띤 형식으로 나타나는 것이 연대기이다. 연대기는 연보에 비해 서사적 체재를 갖춘 것이다. 중심적인 주체가 있고, 전쟁이나 성전을 치르는 개인, 마을 혹은 지역이 나오며, 군주국가, 교회제도, 수도원 등과 같은 기관도 나온다.[58] 이러한 것은 연대기가 그것이 기술하는 대상에서 비롯된 시간의 단위를 적용하고 있음을 말한다. 예를 들어, 그저 서기 몇 년이 아니라, 조선 시대 혹은 영조 시대 등과 같이 구분하는 것은 그러한 것이다. 가령 다음 기록을 보자.

ㄴ) 고국양왕의 이름은 이련〈혹은 어지지라고도 하였다.〉이고 소수림왕의 아우이다. 소수림왕이 재위 14년 만에 죽었는데 아들이 없었으므로 아우 이련이

58) Ibid., p.71.

즉위하였다. 2년(385) 여름 6월에 왕은 군사 4만 명을 내어 요동을 습격하였다.[59)]

이러한 기록은 소수림왕과 광개토왕의 기록 사이에 존재하는데, 이러한 왕위의 승계는 연대기적으로 기술된다. 이른바 편년체라고 하는 동아시아의 역사 기술 방식은 이러한 연대기적인 기술이라 할 수 있다. 『춘추』나 『사기』와 같은 중국의 역사서는 물론 『삼국사기』와 『삼국유사』 그리고 『고려사』에 이르기까지 이러한 연대기적 기술은 일반화되어 있다. 역사의 기본적인 축으로 연대기가 인식되었음을 알 수 있는 것이다. 그러나 이러한 연대기만으로는 정통 역사가 될 수 없음 또한 사실이다. 『사기』나 『삼국사기』에서 채택된 기전체라는 서술방식은 이러한 연보는 물론 연대기를 보완하여 보다 정통 역사 기술에 다가가기 위한 전략을 보여준다. 연대기가 갖는 문제점은 이것이 연보적인 기술의 연장에 불과하다는 데 있다. 이는 K)와 L)을 비교해보면 알 수 있다. 이들 모두 서사로서 부여될 수 있는 의미가 드러나지 않는다. 다만 L)이 K)에 비해 구체적이며, 왕이나 국가 혹은 전쟁 등과 같은 사건들 위주로 배열되고 있다는 점이 다를 뿐이다. 이른바 기전체라고 지칭되는 역사 기술 방식은 이러한 연대기적인 기술에 다른 방식의 역사 기술을 덧붙여 보완한 것이다. 기전체를 창안한 사마천의 『사기』에서 본기, 세가, 연표, 서와 같은 분절은 연대기와 같은 통시적 축과 더불어 연보적인 정보, 그리고 사건에 대한 논평 등을 모두 통합함으로써, 연대기를 넘어서 정통 역사의 서술을 지향하고 있는 것이다.

이러한 연대기 역시 역사적 로고스를 구현하기 위한 중요한 전략이기는 하지만, 이 역시 연보와 같은 방식으로 뮈토스를 생산할 수 있

---

59) 김부식, op.cit., p.340.

다. 사실의 절대화가 어쩌면 통시적인 시간의 축을 통해 더욱 강화되었다고 할 수 있다. 연보가 연대와 사건 사이의 재현관계에 초점을 맞춘 것이라면, 연대기는 사건과 사건 사이의 연결에 보다 초점을 맞춘다. 어떤 사건이 언제 일어났는가가 중요한 것이 아니라, 어떤 사건이 어떤 사건의 앞 혹은 뒤에 일어났는가가 중요한 것이다. 리얼리티 역시 이러한 사건들 간의 연결 관계에서 드러난다. 다만 그 연결 관계가 얼마나 연대기적 질서에 충실했는가가 이러한 리얼리티의 구현을 좌우할 것으로 보인다. 이러한 연대기는 인과론에 지배될 가능성이 크다. 연대기 역시 연대기 사가가 연대기적 의미를 갖는 것으로 간주되는 사건을 배열한 결과이기 때문이다. 인과론이 갖는 문제점은 그것이 사건들 간의 단선적인 연결로 환원될 수 있다는 점이다. 이러한 점은 인과론이라는 로고스가 갖는 취약성을 드러낸다. 연대기적 시간은 실제로 우리가 인지하는 보다 복합적이고 다양한 시간관과 거리가 있으며, 오로지 역사를 하나의 흐름으로 기록함으로써, 그것을 절대화시키는 결과를 낳는다. 주로 왕조나 국가 중심의 정치사에서 이런 기술이 선호되는 것은 결국 역사는 권력을 가진 자에 의해 기록됨을 보여주는 것이며, 이것이 또한 정치 신화를 만들어낸다.

5.3. 이야기와 플롯

이야기와 플롯의 구분은 러시아 형식주의자들에서 비롯된 것으로, 오늘날 서사학에서 보편화된 개념이다. 이야기가 줄거리에 가까운 개념이라면 플롯은 줄거리를 새롭게 구성한 결과로 나타나는 것이다. 따라서 플롯이 담화에 현시적으로 드러나는 것이라면, 이야기는 그로부터 추출된 것이기에 추상적으로 나타난다. 「홍길동전」의 줄거리는 「홍길동전」을 읽어야 찾아낼 수 있다. 이러한 줄거리가 다양한 플롯을 통해 다양한 주제를 구현할 수 있다면, 이러한 플롯은 주제와 직결되는 것이라 할 수 있다. 이와 같이 어떤 메시지가 어떤 형식을 가짐으로써 갖는 효과를 연구하는 학문을 시학이라 한다면, 이러한 시학은 플롯을 포함하여 수사, 문체, 기법 등과 같은 것을 모두 연구할 수 있다. 이러한 것은 이른바 예술성을 가진 것으로 간주되는 시, 소설, 연극, 영화 등과 같은 예술 장르에만 해당되는 것은 아니다. 역사 역시 이러한 시학의 대상이 될 수 있으며, 이러한 역사시학적 연구가 역사가 정통 역사로서 갖는 의미를 더욱 구체적으로 밝혀낼 수도 있다.

이에 따라 먼저 우리는 역사가 사실을 토대로 한 이야기라는 가설을 세워볼 수 있다. 그런데 이러한 가설은 역설적으로 역사가 허구일 수 있다는 점을 드러내기도 한다. 바르트가 지적했듯, 역사 담론은 일종의 모조수행적fake performative인데, 왜냐하면 거기에서 묘사적 요소라고 주장하는 것이 사실은 특정 발화행위의 권위적인 성질을 표현한 것에 불과하기 때문이다.[60] 앞서 인용 A) B) C) D)에서 역사가가 자신의 역사 기술에 대한 메타적인 기술을 하는데, 이는 역사가 어떤 기획에 따라 서술됨을 말한다. 이러한 기술의 사건이 곧 바르트가 말한 특정 발화행위와 같은 것인데, 이에 따라 이른바 사실은 어떤 방식으로든지 왜곡되거나 변형된다. 그것은 역사가 상상력과 이데올로기의 산물로서 허구적인 이야기가 될 수밖에 없는 이유를 말해준다.[61] 그렇다면 이러한 이야기는 역사의 로고스를 형성하는 데 어떻게 기여하며, 거기에서 우리는 어떤 리얼리티를 찾을 수 있을까?

먼저 이야기로서의 역사는 앞서 말한 역사가 이룩할 로고스를 뒷받침하는 역할을 한다. 동아시아의 역사를 왕도의 역사라 할 때 그 왕도라는 로고스는 추상적이고 형이상학적인 까닭에 구체적인 형상

60) Barthes, "Historical Discourse", p.114.
61) Ibid.

을 통해 드러나야 한다. 이야기는 바로 그 형상을 갖는 것이다. 모든 이야기는 'X는 Y하다'와 같은 문장의 연결로 이루어지는데, 여기서 X와 Y는 구체적인 상황에서 형상을 구현하는 것이다. 이러한 형상이 로고스에 기여하는 까닭은 로고스라는 추상적인 관념을 구체적으로 제시하기 때문이다. 이에 따라 그 수용자는 이러한 이야기의 독해를 통해 추상적인 로고스에 도달한다. 역사가 갖는 알레고리적인 성격으로 인해, 이러한 독해는 필수적인 것이라 할 수 있다. 이러한 과정을 로고스가 뮈토스에 의해 보강됨으로써 그 로고스가 더욱 강력해진 경우라 한다면, 이러한 로고스가 극대화될 때, 그것은 다시금 뮈토스로 전환되는 계기를 맞는다. 이것이 역사가 신화가 되는 지점이며, 이때 이러한 전환을 추동하는 역할을 하는 것이 바로 그것이 구현하는 리얼리티이다. 앞서 이야기가 필연적으로 허구화될 수밖에 없음을 말했는데, 이러한 허구화된 서사가 리얼리티를 가질 수 있음은 리얼리티라는 것이 담화와 사실 간의 지시 관계에서 드러나는 부합성에 관한 문제만은 아님을 발하는 것이다. 이는 사진처럼 대상을 똑같이 그린 그림을 두고 리얼리티가 있다고 말하지 않는 것과 같다. 오히려 리얼리티는 현실과는 달리 완결된 어떤 이야기 안에 존재하며, 그러한 리얼리티가 영향을 발휘하는 것 역시 이러한 이야기의 패러다임이 있기 때문이다. 가령 행위의 방식-목적 구조가 현실의 삶에는 부재한 이야기의 발단-전개-결말 구조의 자질을 드러낸다고 할 때,[62] 이러한 행위 구조와 이야기 구조 간의 필연성 역시 리얼리티를 드러내는 것이다. 그런가 하면, 이야기가 소통되는 상황에 참여하는 여러 요소들 간의 갈등과 조정을 통해 이야기가 연출되는 상황 역시 소통이 이루어

62) David Carr, "Narrative and the Real World: An argument for continuity", (ed.)Robert M. Burns, *Historiography: Critical Concepts in Historical Studies IV*, p.365.

지는 공동체 안에서 그에 부합하는 리얼리티를 구현할 수 있다. 플롯은 이와 같이 서사 혹은 서사의 소통상황 안에서 이루어지는 구조적 조정의 문제와 관련된 것이다. 어떤 플롯이 어떤 이념을 표출하는 데 더 효율적인가와 같은 물음이 역사 기술에서 끊임없이 제기됨으로써, 이야기로서의 역사는 플롯으로서의 역사로 현시된다. 이러한 플롯으로서의 역사는 역사가 허구임을 더욱 명확히 드러내지만 역사가 서사로서 갖는 성격은 더욱 강화된다. 역사는 하나의 완결된 서사로 구성되면서, 그 안에서 새로운 세계를 구현하는데, 그 세계 안에서의 다양한 요소들 간의 정합성은 그것의 리얼리티를 강화시킨다. 플롯은 시학의 문제이므로 역사 담론에 드러나는 플롯 역시 역사 시학을 통해 기술할 수 있는데, 이는 역사가 갖는 로고스를 더욱 강화시킨다. 가령 「춘향전」의 플롯을 어떻게 구성하는가에 따라 「춘향전」의 주제가 달리 나타날 수 있는 것과 마찬가지이다. 이와 같은 리얼리티는 단지 이야기 자체가 구현하는 리얼리티보다 한층 강화된 것이기에, 역사적 로고스를 극대화시켜 뮈토스로 전환시키는 데 기여할 수 있다. 고도로 잘 연출된 「춘향전」이 주는 리얼리티로 인해 우리는 「춘향전」이 강조하는 주제를 비판 없이 수용하여 그것을 믿음의 대상으로 삼을 수 있다. 바그너의 악극 「반지」는 고도로 잘 연출됨으로써, 독일의 민족주의에 신화를 덧씌우는 역할을 한다. 역사 담론 특히 사마천의 『사기』를 비롯한 동아시아의 전통적인 역사 담론은 기전체라는 고도의 플롯을 채용함으로써, 왕도의 이념을 왕도의 신화로 변화시킨다.

5.4. 수사

그러나 플롯만이 이야기를 현시하는 방식은 아니다. 플롯이 이야기의 분절 단위를 새롭게 배치함으로써 생겨나는 것이라면, 이는 자연적인 시간에 따른 줄거리를 변형시킨 것이다. 다시 말해 자연적 시간의 기호와 서사적 시간의 기호가 충돌함으로써 보다 강력한 주제 형성의 효과를 거둘 수 있다. 이와 같은 원리로 생겨나는 것이 수사이다. 수사 역시 서사 자체 혹은 서사가 소통되는 상황에 관여하여 그것의 의미를 변화시키고 해석소를 생산하는 역할을 한다. 역사 기술에서의 수사에 대한 관심은 역사가 무엇을 나타내는 것이 아니라 어떤 방식으로 표현되는 것이라는 생각에서 비롯된다. 기호학적으로 수사는 기호들 간의 충돌에서 빚어지는 효과를 목적으로 한다. 가령 은유를 구성하는 원관념과 보조관념은 이질적일수록 더욱 강력한 수사적 효과를 발휘한다. 화이트는 비유법이 19세기 유럽에서 형성된 역사적 사고의 중요한 형식들을 규정하는 방법을 제시한다고 한다.[63] 은유, 환유, 제유, 아이러니와 같은 수사법이 19세기 역사 담론의 논증 형식, 그리고 이데올로기와 어떤 관련을 맺고 있는지를 살핀 그의 연구는 수사법이 단지 기법의 차원에 머무르는 것이 아니라, 전체적인 담론 체계에서 보다 본실석인 역할을 담당하고 있음을 보여준다. 수사가 단지 텍스트를 표상적이고 보고적인 것으로 해석하는 데 저항하여, 텍스트가 어떻게 그것에 표상된 현상들에 대해 비판적이거나 잠재적으로 변형적인 관계를 가질 수 있는 지를 보여줄 수 있다는 라카프라의 견해[64] 역시 정통 역사가 갖추어야 할 조건이 무엇인지를 보여준다. 역사에서 수사를 읽어내는 것은 역사 담론이 전달하는 메시지를 일방적으로 전달 받는 것이 아니라, 그러한 메시지와 대화적 관계에 놓이는 것이기에,[65] 우리는 역사 담론을 퍼스가 말한 기호작용으

63) 화이트, 『메타 역사 Ⅰ』, p.89.
64) Dominick LaCapra, *History & Criticism*, Ithaca & London: Cornell University Press, 1985, p.38.
65) Ibid., p.36.

로 기술할 수 있음을 다시 한번 확인할 수 있다. 이것은 곧 수사가 연출하는 리얼리티가 역사 담론의 메시지에만 국한되지 않고 발신자와 수신자 간의 소통 상황 전체에 작용함을 보여주는 것이다. 수사를 통해 언어의 기능이 확대됨으로써, 언어가 실제 발화되는 상황에서 지표적인 작용을 하게 되고 이로써 리얼리티가 극대화되는 것이다. 가령 『삼국유사』에서 한시의 형태로 제시되는 찬은 이것의 극단적인 사례를 보여준다. 『삼국유사』에 기록된 인물이나 사건을 찬양하는 운문 형태의 이러한 기록은 주로 비유적으로 제시되는데, 이것은 그것이 놓인 맥락에서 수행적 역할을 담당함으로써 리얼리티를 극대화시킨다. 여기에서 시는 단지 야콥슨이 말한 시적 기능뿐 아니라, 감정표시 기능, 욕구적 기능, 지시적 기능, 친교적 기능, 메타언어적 기능까지 함께 수행한다.[66] 이와 같은 수사의 수행적 능력은 그러나 로고스를 넘어 뮈토스를 촉발할 위험을 함께 갖는다. 동양과 서양을 막론하고 역사의 기술이 제왕이나 영웅의 행적을 기리기 위한 것일 경우, 발신자는 수사를 통해 감정을 과도하게 표현하고, 이를 통해 수신자로 하여금 욕구적 기능을 촉발토록 한다. 이때의 수사는 대상에 대한 비판적인 거리를 유지하지 못하고, 이로 인해 메시지는 대화적 언어가 아닌 권위적인 목소리로 수신자에게 전달된다. 수사에 실린 이러한 목소리는 그 어떤 목소리보다도 리얼리티를 구현하며, 로고스의 메시지를 뮈토스의 메시지로 전환시킨다. 역사를 신화화하는 데 관여하는 수사의 역할을 엿볼 수 있는 것이다.

66) Jakobson, *Language in Literature*, p.71.

5.5. 논증

역사는 이야기이기도 하지만, 화이트의 말처럼 논증 형식으로 드러나기도 하고 이데올로기적 의미에 대한 형식으로 드러나기도 한다.[67] 화이트는 19세기 역사학을 네 가지 논증형식으로 구분하여 설명하지만, 이 글에서는 일반적으로 역사 기술이 갖는 논항기호로서의 성격에 보다 주목하고자 한다. 어떤 역사든 역사는 일정한 목적을 위해 기술된다. 이러한 목적이 바로 역사적 로고스를 구성하는 것임을 앞서 논한 바 있는데, 이러한 목적이 바로 역사가 내세우는 가설이기도 하다. 이러한 가설은 증명을 필요로 하며, 역사 기술을 그러한 증명의 과정으로 본다면, 역사 담론이 갖는 논항기호로서의 성격을 유추할 수 있다. 그렇다면 이러한 역사 담론의 논증에 쓰이는 추론법은 어떤 것일까?

먼저 연역법을 생각해볼 수 있다. 확고한 전제를 세우고 그것을 역사적 사실을 통해 증명해가는 방식이다. 앞서 말했지만, 역사가들은 역사를 쓰기 위한 목적을 분명히 한다. 예를 들어 헤로도투스가 "그리스인이나 이방인이 보여주었던 위대하고 놀라운 활동들이 영광스러운 보상도 받지 못한 채 잊혀지는 일이 없도록 하기 위해서"[68] 역사를 썼다면, 이러한 목적에는 '그리스인이나 이방인의 놀라운 활동이 영광스럽다'와 같은 명제가 함축되어 있는데, 이것은 역사의 기술 과정에서 변질될 수 없는 것이다. 그렇다면, 역사는 이러한 명제로부터 시작하여 이러한 명제로 결론짓는다. 이는 역사가 갖는 알레고리로서의 성격을 말해주는 것인데, 어떤 역사 기술에서든 이러한 추론의 형식을 찾아볼 수 있다. 이러한 연역법이 갖는 문제는 모든 기술이 결국

---

67) 화이트, 『메타 역사 I』, p.21.
68) 헤로도투스, op. cit.

전제로 환원된다는 점에 있다. 역사가 갖는 다양한 형상이 선험적인 명제로 환원된다면 그 역사 기술이 과연 현실에 부합한 것인지 의구심을 가지지 않을 수 없다.

다음은 귀납법을 가정해보기로 하자. 역사가 사실에 토대를 두는 것이라 할 때, 이러한 사실들은 모두 논증을 위한 기본자료가 된다. 이러한 사실들을 일반화시켜 어떤 명제를 이끌어낸다면, 이는 그야말로 사실에 입각한 논증이 될 것이다. 선불리 전제를 세우지 않고 역사적 현상을 관찰한 결과 이끌어낸 결론이기에, 신뢰할만하고, 특히 그 사실이 실증적으로 합당하다면, 더욱 그러할 것이다. 이것 역시 역사 기술에서 보편적으로 드러나는 추론의 방식이다. 그러나 어떤 전제 없이 사실을 관찰하는 것이 과연 가능할까? 그리고 그러한 사실들로부터 이끌어낸 결론이 모든 현상에 일반화시킬 수 있을 만큼 확고한 것인가? 결국 귀납법을 통해 추론된 결론은 어디까지나 개연적인데 그치는 것임을 주지할 필요가 있다. 동아시아의 사서에서 흔히 나타나는 논평은 기술된 구체적 사건으로부터 결론을 이끌어내는 것인데, 대개 이 경우 그 결론을 절대적인 것으로 제시한다. 귀납적인 결론이 개연적임에도 불구하고 그것을 절대화하는 것은 추론이 갖는 로고스적 성격이 뮈토스로 변질되는 양상을 보여주는 것이다. 이 경우, 귀납법은 연역법과 순서만 바꾸었을 뿐 동질적인 것임이 드러난다.

마지막으로 가추법을 살펴보기로 하자. 퍼스가 든 예는 다음과 같다.

이 가방에서 나온 콩들은 모두 희다

이 콩들은 희다

따라서 이 콩들은 이 가방에서 나왔다[69]

69) (Eds.) Charles Hartshorne & Paul Weiss, *Collected Papers of Charles Sanders Peirce 2*, p.374.

이 추론의 첫 번째 단계는 일반적 법칙을 제시하는 단계이다. 이 법칙은 경험적으로 만들어진 것이다. 그리고 그것에 의거해 현재에 있는 어떤 현상을 해석한다. 선험적 규칙에서 출발하는 연역법과는 달리 가추법에서 규칙은 경험적이다. 이것을 통해 현재의 현상도 그러리라 추측하는데, 문제는 그렇게 해서 나온 결론이 그저 개연적인 데 불과하다는 것이다. 현재 앞에 있는 콩들이 그 가방에서 나왔으리라고 확실히 단언할 수 없는 것이다. 그렇다면 이러한 추론은 '그렇게 한번 생각해본 것'에 불과할 수도 있다. 셜록 홈즈가 어떤 여성의 소매가 닳았다고 해서, 타이피스트였다고 추정했을 때, 이 추정은 결코 확실한 것이 아니다. 맞을 수도 있지만, 소매는 다른 이유로도 얼마든지 닳을 수 있기 때문이다.[70] 따라서 이러한 추론법은 다시 규칙에 대한 재점검을 요구하고, 이러한 과정은 끝없이 반복될 수 있기 때문에 일종의 순환적 추론법이라 할 수 있다. 이러한 추론법은 언제나 경험에서 우러나오는 발상을 정당화시키는 과정을 보여주기 때문에 인문학적 사유의 가장 보편적 방법이라 할 수 있다. 어떤 텍스트를 읽는 일, 그리고 무엇인가를 쓰는 일도, 모두 이러한 발상에서 비롯된 것이며, 그 발상을 절대화하지 않고, 계속 그것에 대해 비판적으로 사고함으로써, 환원론적인 귀결에 빠져들지 않는다. 앞서 연역법이 어떤 절대적 명제를 제시한다는 점에서 형이상학적 경향을 드러내는 것이라면, 귀납법은 구체적인 사실을 중시한다는 점에서 실증주의적 경향을 드러내는 것이다. 역사 담론에서 이러한 경향은 모두 절대화를 지향함으로써, 역사적 로고스를 뮈토스로 변질시킬 위험에 빠뜨린다. 그러나 가추법은 역사 담론을 대화적인 과정으로 만든다. 사실은 기술될 수

---

70) (Eds.) Umberto Eco & Thomas A. Sebeok, *Dupin, Holmes, Peirce: The Sign of Three*, Bloomington & Indianapolis: Indiana University Press, 1983, pp.19-28 참조.

없으며 그것에 대한 경험만이 기술될 수 있다. 역사가가 역사를 기술할 때, 그것은 당연히 역사가가 가진 직관, 상상력, 세계관 등에 따른 것이다. 그러한 바탕에서 해석이 이루어질 때, 그 해석은 퍼스가 말한 '기반'에 의거한 것으로 가변적이고 유동적인 것이다. 또한 이는 인식론적인 것이면서 화용론적인 것이기도 하다. 가령 푸코의 역사 기술은 담론의 질서를 세워나가는 과정인고로, 이를 위해서는 '사실'이 아닌 '언어'에 대한 해석이 필수적이다.

> M) 어쩌면 확인 삼아 『해몽의 열쇠』중 한 문단을 인용해 볼 수도 있을 것이다. 이 문단은 개인을 성 관계 속에서 능동적 주체로 구성하는 것과 사회적 활동 영역 속에 위치시키는 것 사이의 소통을 보여준다. 책의 또 다른 한 단락에서는 꿈에 나타난 다양한 신체 부위들의 의미를 밝히는 것이 문제가 된다.[71)]

푸코가 기술하는 성의 역사는 성에 대한 담론의 역사이다. 따라서 거기에는 필수적으로 담론에 대한 해석이 요구된다. 아르테미도로스의 『해몽의 열쇠』라는 문헌에 대한 해석에서 푸코는 여러 가지 가설들을 내세우는데, 이러한 가설이 절대적인 것이 아님은 물론이다. 어차피 사실이 아닌 인식의 여러 지표들을 탐색하는 것이고, 그것 역시 담론 체계를 구성하는 과정이라면, 거기에는 형이상학적 관념도 실증적 사실도 존재할 여지가 없다. 다만 정당한 추론을 통한 담론의 생산만이 있을 뿐이다. 역사 기술에서 중요한 것은 이와 같이 끊임없이 계속되는 담론의 생산이다. 역사는 계속 쓰여지는 것이며, 그러함으로써 역사 담론은 그 시대의 다양한 담론들 간의 대화의 장으로 자리잡을 수 있다.

---

71) 미셸 푸코, 『성의 역사 3』, 이혜숙 이영목 옮김, 파주: 나남출판, 2006, p.51.

논증은 로고스적인 것이지만, 앞서 말했듯 연역적인 추론과 귀납적인 추론의 경우 뮈토스에 빠질 위험을 내포하고 있다. 이러한 논증은 그 나름의 형식적 완결성을 내세움으로써, 리얼리티를 구현한다. 우리는 완결된 형식에 내재한 리얼리티를 통해 그것을 절대적으로 신뢰한다. 이것이 역사가 신화로 변질되는 지점이다. 그러나 가추법은 완결된 추론이 아니기에 그러한 리얼리티를 구현할 수 없다. 그렇다면 가추법에서의 리얼리티는 이러한 완결성에서가 아닌, 과정에서의 리얼리티라 할 수 있다. 이러한 리얼리티는 진행되는 현재에 구현되는 것이기에 현실의 여러 가변성을 잘 드러낸다. 쉽사리 신화로 변질되지 않는 역사의 로고스는 이러한 과정의 리얼리티를 통해 구현되며, 이것을 통해 우리는 정통 역사의 이상적 형상을 상상해볼 수 있다.

5.6. 이데올로기

화이트는 역사적 설명의 이데올로기적 측면은 현재의 사건을 이해하기 위해서 과거의 사건에 관한 연구로부터 끌어낼 수 있는 역사적 지식과 의미의 본질이라는 문제에 대해서, 독특한 위치에 있는 역사가의 가설에 나타난 윤리적 요소를 반영한 것이라고 한다.[72] 그리고 이러한 설명이 '과학'이나 '사실주의'의 권위를 강조하는 논증 형태로 나타난다고 말한다.[73] 이는 앞서 말한 역사 담론에서의 논증이 자연스럽게 이데올로기를 드러내는 과정임을 지적한 것이다. 그러나 실제로 이데올로기가 이러한 논증 형태로만 표출될 수 있는지는 의심스럽다. 우리가 다루어온 역사 기술의 여러 단계적 측면들 모두에서 드러나는 로고스와 뮈토스의 상호작용은 이들 역시 이데올로기의 현시

---

72) 화이트, 『메타 역사 I』, p.55.
73) Ibid.

에 관련됨을 말해준다.

이데올로기는 화이트가 말한 이른바 '윤리적 요소'보다 더 부정적 함의를 갖는 것으로 받아들여졌다. 그것은 과학이나 분석의 차원을 넘어서는 것으로 일종의 "과학적 객관성으로부터의 일탈"[74]로 간주되었으며, 증오, 욕망, 근심 또는 두려움과 같은 개인적 감정의 압력에 의해서 심리적으로 "기형화"되는 불행한 속성을 지니는 것이기도 하였다.[75] 역사가가 어떤 윤리적 태도를 가지고 역사를 기술할 때 역사는 이러한 윤리적 요소를 반영하는 알레고리의 성격을 띤다. 이러한 것은 역사가 논증을 통해 윤리적 명제를 증명해가는 논항기호의 성격을 보여주는 것이지만, 앞서 말했듯 이러한 논증은 쉽사리 신화에 노출되기 쉽다. 그 논증이 연역적이거나 귀납적일 경우는 더욱 그러하다. 이러한 과정에서 해석의 과정이 중요한 것이 아니라, 기계적인 형식 논리에 의한 결론의 도출이 중요하다. 이데올로기가 현실의 복합적 맥락 안에서 작동하기보다 이와 유리된 선험적 관념으로 드러난다면, 그것의 적용은 일종의 강압이나 명령처럼 부자연스러운 방법을 통해 이루어질 수밖에 없다. 이데올로기에 대해 부정적 함의가 덧씌워지는 까닭이 여기에 있다.

이런 까닭에 이데올로기의 문제를 다루는 데는 보다 섬세한 방법론적 전략이 요구된다. 기어츠가 적절하게 지적하듯이, 이데올로기가 도대체 어떻게 정서를 의미로 변화시켜서 사회적 존재로 만드는가 하는 문제가 짧고 단순히 다루어지게 된 것은, 특정의 상징과 특정의 긴장(또는 이익)을 나란히 배열해놓고 전자가 후자의 파생물인 것을 단지 상식처럼 보이도록 한 조잡한 고안물 때문이다.[76] 이러한 것은 과

74) 클리퍼드 기어츠, 『문화의 해석』, 문옥표 옮김, 서울: 까치, 1999, p. 236.
75) Ibid., p.235.
76) Ibid., p.247.

정을 생략한 환원론적이고 결정론적 방식으로 이데올로기를 설명하는 것인데, 역사 담론의 기술이나 그것의 해석에서 흔히 빠지기 쉬운 함정이다. 이를 극복하기 위해서는 역사 담론이 갖는 중층적인 복합성을 기술해내야 하며, 이러한 복합성이 닫혀진 체계에 머무르지 않도록 해야 한다. 앞서 역사 담론의 여러 단계적 측면을 기술한 것은 이와 같이 켜켜이 쌓인 담론의 층들이 각인되면서 역사 담론을 이룸을 보여주는 것이고, 이러한 것들이 역사 담론의 해석에서 고려된다면, 이러한 환원론에서 벗어날 수 있을 것으로 보인다.

역사 담론은 사실을 토대로 하고, 그것이 서사로 구성되는 과정을 필수적으로 거친다는 점에서 형이상학적 환원론에 빠질 가능성이 적은 것처럼 보이지만, 실제로는 이러한 사실에 대한 토대나 서사적 구성이 역으로 형이상학적 관념에 대한 믿음을 촉발할 수도 있다. 초월적 관념이 구체적인 서사로 드러날 때 거기에는 그것에 대한 해체도 함께 일어난다. 전형적으로 종교에서의 성스러운 관념은 성스러운 신화를 통해 드러나지만, 그 신화가 일종의 의인적anthropomorphic 성격을 띰으로써 신의 인간화라는 해체의 과정을 피할 수 없다. 그러나 이러한 신화는 인간들로 하여금 성스러운 존재에 대한 믿음을 더욱 강화시킨다. 이러한 역설이 역사 담론에서도 그대로 드러난다. 역사가가 어떤 윤리적 목적을 가지고 역사를 기술했을 때, 그 역사는 그 윤리적 관념을 알레고리로 표출한 것이다. 그러나 그것이 사실이라는 토대와 서사적 구성의 과정을 거침으로써, 윤리적 관념의 완전한 표출에 이르지 못한다. 역사의 로고스는 그러나 그러한 역사적 사실과 서사에 대한 믿음을 강요함으로써, 그것을 뮈토스로 변질시키기도 한다. 오늘날 역사는 특히 국가주의 이념과 맞물려 많은 논란을 빚는데, 이때 국가주의의 이데올로기는 역사의 기술을 통해 신화로 표출된다. 바르트가 말한 2차 체계로서의 신화가 형성되는 과정 역시 일종의 탈

역사화의 과정인데, 이는 부르조아의 이데올로기에 의해 결정되는 것으로, 이데올로기가 신화를 형성하는 토대가 됨을 보여준다.[77)]

이러한 과정에서 현시되는 리얼리티는 매우 복합적이다. 이데올로기 자체가 리얼리티를 가질 수는 없기 때문에, 우리는 그러한 이데올로기가 작용하는 담론에서 그것을 찾아야 한다. 로고스가 뮈토스로 변화하는 것은 어떤 힘이 작용하기 때문이다. 이데올로기를 믿음의 체계라 한다면, 리얼리티는 그것의 내부에서 작동한다. 신화의 역할이 역사적인 의도를 자연적인 것으로, 우연한 것을 영구적인 것으로 만드는 부르조아 이데올로기의 한 방식이라 할 때,[78)] 리얼리티는 바로 이러한 부르조아 이데올로기 안에서 작동하는 것이다. 우리는 사회 안에 유포된 담론에서 마치 상품을 파는 광고처럼 하나의 관념을 포장하는 그럴듯한 수사나 서사를 얼마든지 찾을 수 있다. 이들이 바로 신화를 조장하는 리얼리티이며, 역사가가 어떤 목적을 갖고 역사를 쓴다는 점에서, 그의 담론에 이러한 리얼리티가 드러날 개연성을 간과할 수 없는 것이다.

6. 세미오시스와 리얼리티 효과

역사 담론은 사실을 토대로 한다는 점에서 이야기로 드러날 수밖에 없는 필연성을 선험적으로 내재하고 있다. 그러나 역사는 또한 스스로 이야기이기를 거부하는 속성을 함께 갖고 있다. 이러한 모순된 성향이 역사 담론에 반영됨으로써, 역사 담론은 매우 복합적인 성격을 띠게 된다. 역사 담론에서는 이 글에서 전제한 로고스와 뮈토스의

---

77) Barthes, *Mythologies*, pp.137-138.
78) Ibid., p.142.

상호작용이 그 어떤 담론보다도 활발하게 일어날 수 있고, 또한 그로 인해 역사가 신화에 감염되어 변질될 위험성이 매우 크다. 역사가 신화가 된다 하더라도, 여전히 그것을 역사로 믿음으로써 역사와 신화 간의 모순이 지속되는데, 이와 같이 역사와 신화를 구분하는 문제는 그것에 대한 해석이 어떻게 이루어지는가에 달려있다. 사실에서 출발해 그것을 이야기화하고 또 거기에 대해 어떤 의미를 부여하는 데 이르기까지의 모든 과정을 기술해낼 수 있는 모형을 구안하는 것은 역사 담론이 갖는 특성을 설명하는 데 필수적이다. 이를 위해 이 글에서는 퍼스의 삼항성의 기호범주 모형을 이끌어옴으로써, 사실을 파롤로서 배제하지 않고 하나의 대상으로 기호작용 안에 포함시키는 역사 기술의 모델을 구안해 보았다.

퍼스의 삼항성의 범주는 거시적이면서도 미시적으로 적용될 수 있는데, 이는 이러한 범주가 그저 현실을 분류하는 데 쓰이는 것이 아니기 때문이다. 퍼스가 주장하듯, "모든 인간의 합리성에 대한 전체적인 작업이 그것의 세부사항들을 채워나가는 것으로 나타날 아주 포괄적인 이론"[79]으로 구축된다는 것은 그것이 다양한 범위에서 다양한 방식으로 적용됨을 말하는 것이기 때문이다. 이 글에서는 역사의 기호작용 단계를 연보, 연대기, 이야기와 플롯, 수사, 논증, 이데올로기로 나누어서 살펴보았다. 이러한 과정이 단계적일 수 있음은 이러한 진행이 사실로부터 점차 멀어져가는 과정을 보여주기 때문이다. 연보가 사실에 가장 집착한다면, 이데올로기는 사실로부터 가장 먼 관념으로 나타난다. 그렇다면, 역사 담론은 연보에서 이데올로기로의 단선적인 진행을 보이는 것일까? 지금까지의 논의에서 보았듯, 이들 단계는 결코 단선적일 수 없다. 각 단계마다 구현되는 리얼리티와 이로 인해

79) "Preface", (Eds.) Charles Hartshorne & Paul Weiss, *Collected Papers of Charles Sanders Peirce 1*, xii.

빚어지는 뮈토스와 로고스 간의 상호작용이 드러나며, 그것은 다른 단계와 관계되기도 하지만 그것이 일방적인 전제적 관계를 갖는 것은 아니기 때문이다. 또한 역사 담론이 이들 중 어느 한 단계에 초점이 맞추어질 수도 있다. 연보만을 역사라 주장할 수도 있고, 이데올로기를 주장하는 논변도 역사라 주장할 수 있다. 실제로 수많은 역사의 기술은 이들 가운데 어느 단계에 초점을 맞추어 기술된 것이다.

그러나 이 글에서는 이 단계들 역시 퍼스의 삼항성의 범주로 요약해보기로 한다.

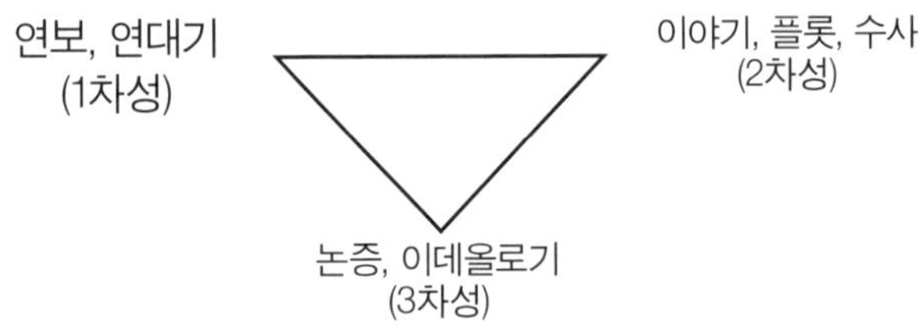

1차성으로서의 연보와 연대기는 모두 현실의 사건과 시간을 중심으로 한 것이다. 다시 말해 과거의 사실 그 자체로 드러나는 경향이 있는 것이다. 화이트는 이러한 것들이 정통역사가 될 수없는 까닭으로 그것이 서사로서 의미가 부여되지 않기 때문이라고 한다.[80)] 그렇다면 정통 역사가 되기 위해서는 사실이라는 잠재적인 것이 서사라는 실체로 드러나야 하는 것이다. 2차성으로서의 정통 역사는 이야기가 수사를 통해 표현되고 플롯으로 구성된 담화체를 말한다. 이것은 곧 역사 텍스트 자체이기도 하다. 이러한 정통 역사는 해석 가능한 역사를 말한다. 역사는 사실을 재현하는 것이 아니기 때문에, 의미 해석이 필요한데, 이것이 3차성으로서의 논증과 이데올로기에서 이루어진다.

---

80) White, “The Value of Narrativity in the Representation of Reality”, pp.61-62.

이들 각 단계에서 구현되는 리얼리티도 각각 다르다. 사실이 중시되는 1차성의 단계에서는 담론이 사실을 재현했는가의 문제가 리얼리티를 좌우하는 반면, 구성된 서사로서의 2차성의 단계에서는 이야기의 시학이 발생시키는 효과로서 리얼리티가 드러난다. 역사 텍스트에 대한 해석이 필요한 3차성의 단계에서는 그 해석의 타당성이 리얼리티를 좌우한다. 앞서 말했듯, 이러한 3단계는 역사 담론에서 보편적으로 드러나는 것이며, 각각의 역사 담론에 따라 각기 다른 리얼리티가 구현된다. 그리고 이러한 리얼리티로 인해 일어나는 뮈토스와 로고스의 상호작용 역시 다르게 나타난다. 이것을 통해 우리는 역사가 신화와 교착되는 지점의 여러 형상들을 보다 선명하게 그려볼 수 있다.

참고문헌

김부식. 『역주 삼국사기 1-5』, 정구복 외 역, 성남: 한국정신문화연구원, 1997.

사마천. 『사기 본기 1』, 김영수 옮김, 파주: 알마, 2010.

송효섭. 『초월의 기호학』, 서울: 소나무, 2002.

송효섭. 『해체의 설화학』, 서울: 서강대학교 출판부, 2009.

송효섭. "뮈토스에서 세미오시스로: 신화 담론과 탈경계의 기호작용", 『기호학연구』 27집(한국기호학회, 2010.6), pp. 37-58.

송효섭. "다이어그램을 통한 처용설화의 기호학적 분석", 『시학과 언어학』 제 20호(시학과언어학회, 2011.02), pp.183-198.

유절. 『중국사학사 강의』, 신태갑 옮김, 서울: 신서원, 2000.

이상신. 『서양사학사』, 서울: 신서원, 1994.

일연. 『삼국유사 1,2』, 이재호 옮김, 서울: 솔, 1997.

『춘추좌씨전』, 권오돈 역해, 서울: 홍신문화사, 1994.

곰브리치, E.H. 『서양미술사』, 백승길 이종숭 옮김, 서울: 예경, 2009.

기어츠, 클리퍼드, 『문화의 해석』, 문옥표 옮김, 서울: 까치, 1999.

데리다, 자크. 『그라마톨로지』, 김성도 옮김, 서울: 민음사, 1996.

브로델, 페르낭. 『지중해의 기억』, 강주헌 옮김, 파주: 한길사, 2012.

투키디데스. 『펠로폰네소스 전쟁사-상,하』,박광순 옮김, 파주: 범우, 2011.

푸코, 미셸. 『성의 역사 3』, 이혜숙 이영목 옮김, 파주: 나남출판, 2006.

핀리, M.I. 엮음. 『그리스의 역사가들』, 이용찬 김쾌상 옮김, 서울: 대원사, 1991.

헤겔, G.W.F.『역사철학강의』, 권기철 옮김, 서울:동서문화사,2008.

화이트, 헤이든.『메타 역사 I-II』, 천형균 옮김, 서울: 지식을만드는 지식, 2011.

Barthes, Roland. *Mythologies*, (trans.) Annette Lavers, New York: Hill & Wang, 1983.

Barthes, Roland. "Historical Discourse", (eds.) Mark Gottdiener, et al. *Semiotics IV*, London: SAGE, 2003, pp.107-116.

Carr, David, "Narrative and the Real World: An argument for continuity", (ed.) Robert M. Burns, *Historiography: Critical Concepts in Historical Studies IV*, London & New York: Routledge, 2006, pp.360-375.

Dray, W.H. "Narrative Versus Analysis in History", (ed.)Robert M. Burns, *Historiography: Critical Concepts in Historical Studies IV*, London & New York: Routledge, 2006, pp.340-359.

(Eds.) Eco, Umberto & Sebeok, Thomas A. *Dupin, Holmes, Peirce: The Sign of Three*, Bloomington & Indianapolis: Indiana University Press, 1983.

(Eds.) Hartshorne, Charles & Weiss, Paul. *Collected Papers of Charles Sanders Peirce 1-6*, Cambridge: Harvard University Press, 1965.

Hookway, Christopher. *Peirce,* London: Routledge & Kegan, 1985.

Jakobson, Roman. *Selected Writings 1*, The Hague: Mouton, 1971.

Jakobson, Roman. *Language in Literature*, (eds.) Krystyna Pomorska & Stephen Rudy, Cambridge & London: Harvard University Press, 1987.

LaCapra, Dominick. *History & Criticism*, Ithaca & London: Cornell University Press, 1985.

Lincoln, Bruce. *Theorizing Myth: Narrative, Ideology, and Scholarship*, Chicago & London: The University of Chicago Press, 1999.

Ong, Walter J. *Orality and Literacy: The Technologizing of the Word*, London & New York: Methuen, 1982.

Ricoeur, Paul. "Excerpts from 'The Eclipse of Narrative'", (ed.) Robert M. Burns, *Historiography: Critical Concepts in Historical Studies II*, London & New York: Routledge, 2006, pp.305-317.

(Ed.) Rorty, Richard. *The Linguistic Turn: Essays in Philosophical Method, Chicago:* The University of Chicago Press, 1992.

Saussure, Ferdinand de. *Cours de linguistique générale*, Paris: Payot, 1984.

White, Hayden. "The Value of Narrativity in the Representation of Reality", (ed.) Mieke Bal, *Narrative Theory: Critical Concepts in Literary and Cultural Studies IV*, London & New York: Routledge, 2004, pp.58-80.

II

충신 불사이군의 상징적 서사와 리얼리티의 발현

2

충신 불사이군의 상징적 서사와 리얼리티의 발현

한 동 민

1. 충절의 서사와 이데올로기

한국을 비롯하여 동아시아에서 '충신 불사이군(忠臣不事二君)', '열녀 불경이부(烈女不更二夫)'라는 말은 삶에 상당한 규정력을 갖는 용어라 할 수 있다. 충절과 열녀에 대한 이미지와 이데올로기는 유교적 전통을 강고하게 하는 동아시아를 관통하는 슬로건이었다. 봉건사회는 가부장적 가족제도를 기초로 하고 그 위에 전제적 권력을 유지한 체제라 할 수 있다. 따라서 임금과 아버지 및 남편에 대한 충효와 정절에 대한 요구는 봉건사회를 지탱하는 도덕으로서 상당히 중요한 덕목일 수밖에 없었다.

충절의 서사는 '충신 불사이군'이라는 용어와 연관되어 확산되었다. 이와 관련한 고사로 중국 전국시대 제(齊)나라의 왕촉(王燭)의 이야기를 들 수 있다.

연(燕)나라의 장수 악의(樂毅)가 제나라를 정벌하였을 때 제나라의 화읍(畫邑)에 왕촉이라는 현자가 살고 있다는 소문을 들었다. 악의는 화읍 주변의 30리 안으로는 진군하지 말라는 명령을 내렸다. 그리고는 왕촉에게 사람을 보내어 연나라에 귀순하여 장수가 되면 1만 가구를 봉하겠노라고 제안하였다. 왕촉이 거절하자 연나라 사람은 말을 듣지 않으면 화읍 사람들을 학살하겠다고 협박하였다. 그러자 왕촉은 "충신은 두 임금을 섬기지 않고, 정숙한 여인은 지아비를 두 번 바꾸지 않는 법이다(忠臣不仕二君, 貞女不更二夫). 제나라 왕이 나의 간언을 듣지 않았으므로 나는 관직에서 물러나 들에서 농사를 지으며 살았다. 나라가 이미 망하였는데, 내가 살아남을 수 있겠는가. 지금 또 군대로써 위협하여 장수가 되라고 하는데, 이는 폭군 걸왕을 돕는 일이나 마찬가지이다. 살아서 의로움이 없을 바에는 차라리 삶겨져 죽는 것이 낫다"라고 답하고는 스스로 나무에 목을 매 죽었다.

이 고사는 사마천의 『사기(史記)』의 「전단열전(田單列傳)」편에 실려 있다. 이후 보다 대중적인 책자인 『명심보감(明心寶鑑)』 입교 편에 실림으로써 많은 사람들에게 알려지게 되었다. 충신불사이군 뒤에 이어진 정녀불경이부(貞女不更二夫)는 '열녀불경이부(烈女不更二夫)'의 용례로 바뀌어 더 많이 회자되고 있다. 즉 '충신불사이군, 열녀불경이부'는 한 문장처럼 같이 쓰이고 있다. 이는 전제군주제 아래 신하의 충절을 강조함으로써 왕권을 강화하고, 가부장적 사회구조에서 여성의 복종과 수절을 미덕으로 삼는 가치관을 내재화하는 기제로 활용되었다.

충절과 수절의 강고한 이데올로기는 강력한 서사를 기초로 조선시대를 관통해왔다. 한국의 경우 조선의 개국에 동조하지 않고 은거한 고려 유신들과 조선시대 어린 조카 단종을 폐위시키고 즉위한 세조에 대하여 죽음으로 항거한 사육신(死六臣) 등을 충신 불사이군의 대표적 사례로 꼽고 있다.

특히 고려말 조선이 건국할 때 불사이군(不事二君, 不仕二君)의 슬로건으로 고려에 충성을 다한 절의(節義)의 인물로 표상되는 일군의 인물들인 두문동 72현(賢) 이외에도 포은 정몽주를 비롯한 목은 이색과 야은 길재의 삼은(三隱)과 둔촌 이집과 송산 조견 및 망천 이고 등 고려말 삼학사(三學士) 등의 용례가 그것이다.

실상 고려말 삼은과 두문동 72현에 비해 고려말 삼학사는 상대적으로 널리 알려진 서사는 아니다. 『수원군읍지(水原郡邑誌)』(1899) 고적 조에 이고(李皐, 1341~1420)와 관련한 내용 중 '망천(忘川)'을 설명한 글이 있다.

> 부에서 동북쪽으로 20리 북부 옛 광교면에 있다. … 학사 이고(李皐)가 8학사와 함께 항상 시내 위에서 노닐며 머리도 감고 발도 씻으며 늙음을 마치도록 세상과는 서로 잊어버렸다. 그러므로 잊을 망(忘)자 망천(忘川)이라고 이름한 것이다. … 8학사는 바로 송산(松山) 소견(趙狷)과 둔촌(遁村) 이집(李集)이다. 그 밖의 학사들은 비록 옛 노인의 전하는 말이 있으나 문헌의 증거가 없다.

고려말 삼학사와 팔학사의 용례를 볼 수 있는데, 삼학사는 송산 조견과 둔촌 이집 및 망천 이고를 지칭하고 있다. 삼은과 삼학사의 숫자 3과 사육신과 생육신의 숫자 6 그리고 두문동 72현의 숫자 72와 같이 규정적인 숫자에 포함된 인물과 그렇지 못한 인물들을 두고 지금까지 논란을 하고 있는 상황이 무엇인지 점검해 볼 필요가 있다. 애초부터 존재하는 역사적 사실(事實)과 현실은 아니지만 그래야만 하는 당위(當爲)는 그 간극만큼이나 강렬한 열망과 왜곡을 낳는다. 당위가 보다 강력한 이데올로기적 지향으로 경도된다면 사실을 왜곡해서라도 당위를 전취할 필요가 생기기도 한다.

또 다른 각도에서 후대에 더욱 힘있는 규정력으로 만들어진 삼은과 삼학사 및 사육신과 생육신 등의 3과 6의 존재들은 역사적 인물로 끊임없이 되살아나며 영생하고 있다. 3과 6의 숫자로 특정하여 추승과 현창의 영예로운 존재에서 탈락된 또 다른 인물들의 억울함은 당대를 넘어 현재까지 진행되고 있다는 점이다. 더욱이 3과 6의 상징적 인물로 규정될 때 그 규정이 정당하고 원칙적인 합의에 의한 것이라면 논란과 문제제기가 없었겠지만 규정하는 사람과 내용이 주관적이거나 편파적인 것일 때 그 논란은 지속되게 마련이다. 즉 목은·포은·야은을 삼은으로 널리 통설로 알려졌지만 야은 길재 대신 도은 이숭인이 삼은이어야 한다는 문제제기는 오래 전부터 있어 왔다. 또한 사육신 가운데 유응부 대신 김문기로 대신해야 한다는 논란은 더욱 심각한 것이라 하겠다. 이러한 현상은 삼은과 사육신 등의 숫자로 확정된 충절의 서사가 오랜 세월을 거친 이후 후대에 만들어진 상황이기 때문에 발생하는 문제라 할 수 있다. 이는 단순하고 명료한 숫자가 주는 강렬한 규정력과 충절이라는 더욱 강력한 이데올로기적 지향이 서로 결합하면서 상승작용하는 역사적 각인이기 때문이다.

고려말 삼학사 가운데 망천 이고와 둔촌 이집(李集, 1327~1387)과는 다르게 송산 조견(趙狷, 1351~1425)은 조선 개국공신으로 입신양명을 한 인물이다. 그럼에도 불구하고 려말 고려에 충절을 다한 인물로 현창되고 려말 삼학사로 이름을 얻고 서원에 배향된 배경과 과정은 시사적이다. 이에 송산 조견을 통해 신화가 역사화하는 과정을 살펴보는 것이 이글의 목적이다.

2. 신화와 다른 역사적 사실

조견(趙狷)은 1392년 조선이 개국되면서 그 공로를 인정받아 개국공신(開國功臣) 2등으로 책록되었다. 2등 공신에게는 100결의 토지와 10명의 노비가 주어졌고 공신으로 정치적 특혜가 부여되었다. 그는 공신으로 정치적 역할을 지속적으로 행사하였다. 1411년(태종 11) 개국공신 우정승(右政丞) 조영무(趙英茂), 한천군(漢川君) 조온(趙溫), 흥녕군(興寧君) 안경공(安景恭), 청성군(淸城君) 정탁(鄭擢), 옥천군(玉川君) 유창(劉敞), 서천군(西川君) 한상경(漢尙敬), 평성군(平城君) 조견(趙狷) 등은 남은과 정도전을 용서해줄 것을 상언하기도 하였다.[1] 또 1421년(세종 3) 3월 20일 상왕의 헌수연이 교외 동쪽 도비연(都飛淵) 들판 장막에서 펼쳐질 때 조견은 공신 26인 가운데 한 사람으로 왕족·부마·병조의 당상관·대언 등과 연회에 참석하여 축배를 올리고 있다. 사후에도 "권세가(權勢家)인 돌아간 평성 부원군(平城府院君) 조견(趙狷)에게 17명"의 노비를 내리고 있다.[2] 이러한 예우는 단종 때에도 지속되어 개국공신 조견의 아들 조석산(趙石山)의 자손도 예에 따라 충의위(忠義衛)에 입속(入屬)시키게 하였다.[3] 이러한 개국공신의 지위와 위력은 조선 개국 이후 290여년이 되는 1680년(숙종 6) "개국공신 조견의 적장손(嫡長孫) 조진(趙狷)에게 가자(加資)하라"는 전교를 내릴 정도로 오래 동안 이어졌다.[4]

그러나 개국공신 조견에 대한 예우에서 그의 적장자에게 가자하라

---

1) 『태종실록』 1411년(태종 11) 8월 11일

2) '김도련의 노비 증여 사건과 관련한 함길도 행대 감찰 이사증의 보고', 『세종실록』 1426년(세종 8) 4월 26일

3) '조석산의 자손을 충의위에 입속시키게 하다', 『단종실록』 1454년(단종 2) 3월 10일(신유)

4) 『승정원일기』 1680년(숙종 6) 윤8월 9일(을미)

는 국왕의 전교가 있은 지 불과 30년 뒤인 1712년(숙종 38) 고려 문하부사(門下府事) 남을진(南乙珍)과 조견을 배향하는 임간서원(臨澗書院)이 양주에 건립되었다. 조선의 개국공신이었던 조견은 고려조를 위한 불사이군의 충절의 인물로 표상되며 서원에 배향되었던 것이다. 이를 어떻게 이해하고 해석할 수 있을까?

1425년(세종 7) 조견이 죽고 난 뒤 실록에 실린 '평성부원군 조견의 졸기(卒記)'는 당대 조견에 대한 가장 권위있는 국가적 공신력을 지닌 평가 자료이다.

> 평성부원군 조견(趙狷)이 졸하였다. 견은 조준(趙浚)의 동복동생으로 일찍이 감문위 상호군(監門衛上護軍)을 제수하였다가, 태조가 왕위에 오르면서 개국공(開國功)에 등록하고 협찬공신(協贊功臣)의 공신권(功臣券)을 주고 평양군으로 봉하였다가, 고쳐서 평성군으로 봉하고 부원군으로 승격되었다. 견은 타고난 성품이 굳세고 곧으나 다른 특이한 기능이 없고 그 형 준의 힘에 얹혀 훈맹(勳盟)에 참예함을 얻고, 네 임금을 내리 섬겨 지위가 1품에까지 이르렀다. 젊어서 중이 되어 여러 사원(寺院)의 주지를 역임하였다가, 나이 30이 지나서야 머리를 기르고 승직(僧職)으로 인하여 처음에 좌윤(左尹)에 임명되었다. 전일에 중이 되었던 것을 부끄럽게 여기어, 남들의 말이 조금이라도 거기에 미치면 곧 노하였다. 집의 살림이 부요하였고 죽을 때의 나이 75세이었다. 조회를 정지하고, 부의를 하사하고 관에서 장사를 치뤄주었다. 시호를 평간(平簡)이라 하니, 다스려서 잘못이 없는 것이 평(平)이요, 화평하고 온순하여 시비가 없는 것이 간(簡)이다. 세 아들이 있으니, 조수산(趙壽山)·조석산(趙石山)·조철산(趙鐵山)이었다.

기존에 불사이군의 충신이었던 조견에 대한 충절의 서사와는 거리가 먼 내용이 아닐 수 없다.[5] 그러면 『조선왕조실록』을 비롯한 각종 관찬 사료를 통해 그의 삶을 정리해 보면 다음과 같다.

조견은 어린 시절 출가하여 여러 절의 주지를 역임하다가 30세가 넘어 환속하였다. 승직(僧職) 경력으로 좌윤(左尹)에 서용되었고 고려 말 경상도 안렴사(按廉使)를 지냈다. 1392년(태조 1) 상장군으로 이성계(李成桂) 추대에 참여하고 개국공신 2등에 책록되었다. 조선건국 이후 1394년 경상도도절제사, 1397년 지중추원사, 1400년(정종 2) 삼사우복야(三司右僕射)를 거쳐 1402년(태종 2) 도총제(都摠制) 재직 중 사은사의 명을 받았으나 사행이 위험하다는 소문을 듣고 병을 칭하여 이를 사퇴하였다. 이에 사헌부의 탄핵을 받고 직첩을 몰수당한 뒤 축산도(丑山島)에 유배되었다가 곧 사면되었다. 1403년 좌군도총제가 되고 평성군(平城君)에 봉해졌으며 이 해 진하사(進賀使)가 되어 명나라에 다녀왔다. 1407년 충청도도절제사 겸 수군도절제사를 거쳐 이듬해 고의로 딸의 입명(入明)를 저지한 일로 개령에 부처되었다가 곧 사면되어 청성군에 봉해졌다. 1410년 봉안사(奉安使)가 되어 태조 진영(眞影)을 완산부(完山府)에 봉안하였다. 1419년(세종 1) 판우군도총제부사(判右軍都摠制府事)에 보임되고, 1421년 3월 71세로 퇴관해야 했지만 궤장(几杖)을 받고 계속 벼슬길에 있다가 같은 해 12월 평성부원군에 진봉하였다.

조견의 관직생활은 조선시대 네 임금(태조·정종·태종·세종)을 내리 섬겨 지위가 1품에 이른 조선의 가장 영화로운 공신의 삶이었다. 조선 개국에 공을 세우고 태조부터 세종조까지 4명의 임금을 모시며 출사하여 죽을 때까지 조선왕조의 공신으로 역할을 다하였음을 확인할 수 있다.

---

5) 洪最憲, 「의정부 송산사 역사성 재검토」, 『京畿鄕土史學』 5, 전국문화원연합회 경기도지회, 2000.

그러나 그의 생애와 관련하여 "조선이 개국되고 형 조준으로 인하여 개국공신에 책록되었다."는 입장과 "조준의 간곡한 출사 권유가 있었지만 고려에 절의를 지켜 은거했으며 자손에게도 고려에 대한 절의를 당부하였다."고 한 충절의 서사는 신빙하기 어렵다. 이러한 충절의 서사는 시대를 내려오며 첨삭과 견강부회가 더해져 또 다른 신화를 만들어낸 대표적 사례라 할 수 있다.

3. 서원에 배향되는 충절의 인물이 되다

조견의 실제적 삶은 고려에 충성한 불사이군의 신화가 들어설 틈이 없어 보인다. 그럼에도 불사이군의 신화는 만들어졌고 고려말 삼학사로 인정되면서 서원에 배향되는 인물이 되었다. 고려말 삼학사라는 용례는 어떻게 붙여진 것일까?

우선 려말 삼학사라는 용어는 실상 병자호란 당시 청나라로 끌려간 삼학사에 의해 뒷날 다시금 재구성된 용법일 가능성이 있다. 잘 알려진바 삼학사(三學士)는 1636년 12월부터 1637년 1월까지 2달 동안 벌어진 병자호란 때 조선이 여진족의 청나라에 항복을 하는 것을 반대하며 심양(瀋陽)으로 끌려가 죽은 윤집(尹集)·오달제(吳達濟)·홍익한(洪翼漢) 등 3명을 일컫는다. 청을 오랑캐라 여기며 끝까지 싸울 것을 주장한 주전론자들이었다. 인조가 1637년 남한산성을 내려와 삼전도(三田渡)에서 항복하자 청 태종은 척화를 주장하여 양국 관계를 악화시킨 책임자를 내놓으라고 요구하자 삼학사는 자진하여 포로가 되어 심양으로 끌려가 끝까지 맞서다 죽음을 맞았다. 그들의 사상은 전통적인 주자학의 입장에 서 있는 것으로 충군애국의 사상, 명나라에 대한 모화(慕華)사상이 밑받침되어 있었다.

병자호란 이후 조선의 지식인 사회는 충격과 열패감을 극복해야 하는 당면과제를 안고 있었다. 그것은 우암 송시열을 비롯한 노론들의 현실적 대안없는 북벌론(北伐論)으로 표출되었고 이후 지속적으로 청나라를 오랑캐로 여기며 멸망한 명나라 숭정(崇禎) 연호를 사용하며 대보단(大報壇)을 설치하고 명나라에 대한 의리를 강조하는 것으로 나타났다. 대명의리는 동시에 충절의 대명사로 삼학사를 널리 현창하는 것으로 표현되었다.

이에 1653년(효종 4) 삼학사에게 관작을 추증하고, 4년 뒤인 1657년(효종 8) 김상헌·정온·홍익한·윤집·오달제 등 병자호란 당시의 충신과 임진왜란 때 공훈이 있었던 신하들의 자손을 녹용하도록 하였다.

그리고 1668년(현종 9) 삼학사의 사당을 세우고 자손을 등용하게 하였고, 다시 1671년(현종 12) 송시열은 「삼학사전(三學士傳)」을 지음으로써 조선을 대표하는 충절의 인물로 그들을 표상하기에 이르렀다. 10년 뒤인 1688년(숙종 14) 남한산성 안에 삼학사를 기리는 현절사(顯節祠)를 세움으로써 그들의 의로운 죽음은 국가적 공인을 넘어 따라 배워야 하는 모범이 되었다. 이러한 사회적 분위기는 지난날 세조 때의 사육신과 생육신을 넘어 고려말 두문동 72현과 삼은 및 고려말 삼학사를 안출하며 이들의 충절까지 당연하고 지고한 가치로 현창하기 시작한 것이다. 이는 임진왜란과 병자호란이라는 조선을 뒤흔든 엄청난 전쟁을 극복하고 사회 경제적 발전과 사상과 정서적으로 안정이 찾아온 숙종·영조·정조대에 본격적으로 추진되기 시작하였다. 문예부흥기라 일컫는 이 시기에 국왕들이 취한 왕권강화라는 커다란 맥락과 틀에서 이해되어야 한다. 국왕에 대한 충성으로 목숨을 잃은 신하에 대한 현창은 후대 국왕들의 당연한 정치적 과업이자 당대 임금에게 충성을 견인하는 중요한 매개였기 때문이다. 그 현창사업의 핵심은 추증과 후손에 대한 서용, 그리고 해당 인물을 서원에 배향함으로써 역사적 인물로 만드는 것이었다. 따라서 삼학사를 비롯한 삼은과 사육신 등을 모신 서원이 사액서원으로 대대적으로 현창되는 시기이기도 했다.

이러한 시대적 분위기에 힘입어 1712년(숙종 38) 남을진과 조견을 배향하는 임간서원(臨澗書院)이 양주에 건립되었다. 한 인물이 서원에 배향된다는 것은 한 가문과 그 지역의 명예와 결부되는 것이었고, 국가적 공인을 받는 사액서원이 된다는 것은 정치경제적 영향력과 더불어 유교국가 조선에서 더욱 각별한 자부심의 원동력이 되었다.

더욱이 1731년(영조 7) 우의정 조현명(趙顯命)의 지적처럼 "… 또 서원 외에 향현사(鄕賢祠)라 일컫고, 혹은 영당(影堂)이라 일컫고서 그 중에 세력이 있는 자면 감사와 수령이 덮어주는 폐단이 없지 않으니…" 이미 18세기 중엽이 되면 서원 이외에도 지역의 대표적 인물을 모시는 향현사(鄕賢祠) 또는 영당(影堂)을 만들어 이를 통해 지역에서 영향력을 강화시키는 도구로 활용하고 있었다. 이긍익의 『연려실기술』의 서원에 대한 서술에서 '향현사(鄕賢祠)'라는 명칭은 전국적으로 40개 넘는 상황이었다. 각 지역의 향현사가 곧바로 서원으로 가는 경우는 많지 않지만 향현사가 발전하여 서원이 되고 또한 유력한 해당 가문과 지역의 유생들의 집단적 상소로 사액서원으로 강화되는 경향을 밟아왔다.

조견이 임간서원에 배향되었다는 것은 숙종 대에 이미 그에 대한 충절을 일반 사대부들에게 도 널리 알려질 정도가 되었음을 뜻한다. 이는 평양조씨 가승에 조견의 설화가 채집되어 실리고 이것이 다시 또 다른 인물의 저작물에 영향을 주면서 상호 상승작용을 하며 불사이군의 충절의 신화는 완성되어 간 것이다. 이 가운데 조견이 임간서원에 배향되었다는 사실이 결정적인 셈이다.

1712년(숙종 38) 남을진과 조견을 배향하는 임간서원(臨澗書院)이

양주에 건립된 시점도 중요하다. 이 때는 1684년(숙종 10) 각도에 사사로이 서원의 세우는 것을 금지하는 조처를 내린 지 30년이 되지 않은 시점이었다. 더욱이 영조는 보다 강력하게 갑오년인 1714년(숙종 40) 이후 창설한 서원을 모두 훼철하는 금령을 내리고 실제 훼철하는 강력한 조처를 취하였다. 그러나 임간서원은 갑오년 2년 전인 1712년 건립되어 훼철을 피할 수 있었다. 이렇게 조견이 임간서원에 배향되고 훼철을 면한 유서깊은 서원으로 공인될 수 있었던 것이다. 이에 따라 훼철되지 않는 서원에 배향된 조견은 자연스럽게 고려에 충성한 불사이군을 실천한 충절의 인물로 각인될 수 있었고, 이후 송산 조견에 대한 신화가 만들어질 수 있는 결정적인 원동력으로 작용할 수 있게 되었다.

4. 잘못된 기억과 역사화 과정

평양조씨 집안에서 만들어진 충절의 기억은 조견 집안의 가승으로 외화되었다. 이러한 조씨족보는 당시 『견첩록』을 비롯하여 『연려실기술』, 『국조 인물고』 등에 실리면서 더욱 확실한 충절의 인물로 기정사실화가 되어갔다. 이러한 과정을 살펴보자.

『견첩록(見睫錄)』은 조선시대의 문물, 제도, 사회, 풍속 등을 66개 부문으로 세분하여 정리한 야사적 성격을 띤 유서(類書)로 당시 사회사연구에 좋은 자료가 되는 책이다. 연대와 지은이를 알 수 없는 책으로 알려졌으나 영조 때 인물인 윤동홍(尹東興, 1697~1753)의 저술이 분명하다. 윤동홍의 자는 사빈(士賓)이고 본관은 파평으로 증조는 윤선거(尹宣擧)이고, 조부는 진사 윤발(尹撥)이며 아버지 윤후교(尹厚教)와 어머니 울산박씨 사이에서 태어났다. 윤선거의 아들로 소론의 영수 윤증(尹拯, 1629~1714)과 가까운 친족인 셈이다. 족질인 전 병조참판 윤광소(尹光紹)가 찬한 윤동홍의 묘지명에 "…일찍이 우리나라 사람들이 우리나라를 배우지 않는 것을 병으로 알았다. 그런 까닭에 실로 우리나라 글과 사적을 널리 모아 분류하여 이를 이름하여 견첩록이라 하니 무릇 10여 권이다.…"[6] 라고 하여 『견첩록』이 분명히 그의 저술임을 밝히고 있다. 이 책의 권3은 유림(儒林)·효행(孝行)·충절(忠節)·정렬(貞烈)·사제(師弟) 등의 항목으로 각 인물들의 사적을 기록하고 있다. 그 가운데 '충절'의 인물 48명 가운데 조견이 포함되었다. 그뿐만 아니라 특히 려말 대표적 충절로 포은 정몽주와 야은 길재, 송산 조견 3명을 특기하고 있다는 점이다. 48명 가운데에는 세조때 사육신(박팽년, 성삼문 이개 유성원 하위지 유응부)과 생육신 그리고 임진왜란 당시 의병장과 순절한 인물들, 병자호란 때 죽은 인물들과 삼학사, 마지막으로 1728년(영조 4) 이인좌 난에 희생된 홍림(洪霖)을 기록하고 있어 이 책이 영조 년간의 기록임을 보여주고 있다. 『견첩록』에서 조견을 일약 포은 정몽주와 야은 길재와 같은 반열에 올려놓음으로써 후대 그에 대한 평가에 결정적인 계기를 마련한 것으로 보인다. 그런데 윤동홍의 『견첩록』에 조견과 관련한 기록의 출처는 '조씨가승(趙氏家乘)'으로 적고 있다는 점이다. 즉 역사적 사실에 근거한 것이라기보다는 집안에서 내려오는 가승에 기초하고 있다는 것을 밝히고 있다. 그럼에도 불구하고 영조대에 오면 조견은 어느 누구도 부인할 수 없는 고려의 충신으로 널리 받아들여지게 된 셈이다.

이러한 상황은 1776년(영조 52) 이전에 작성된 것으로 추정되는 『연려실기술(燃藜室記述)』이 더욱 결정적인 역할을 한 것으로 보인다. 이긍익(李肯翊, 1736~1806)은 『연려실기술』 태조조에 '고려에 절

6) 尹東興,『五四齋遺稿』 권4 附錄「墓誌銘」
"…嘗病東人不習本朝故實博稡我國典章事蹟而彙分之名曰見睫錄凡十餘卷…"

개를 지킨 신하' 21명을 제시하고 있기 때문이다. 수절신(守節臣)으로 알려진 그들은 다음과 같다.

> 정몽주(鄭夢周) 이색(李穡) 길재(吉再) 서견(徐甄) 원천석(元天錫) 김진양(金震陽) 이숭인(李崇仁) 조견(趙狷) 안원(安瑗) 김주(金澍) 우현보(禹玄寶) 조신충(曹信忠) 이고(李皐) 이집(李集) 김자수(金自粹) 송유(宋愉) 허도(許棹) 허금(許錦) 이양중(李養中) 박유(朴愈) 윤충보(尹忠輔)

고려에 절개를 지킨 충절의 수절신 21명 가운데 조견은 이고·이집 등 삼학사와 함께 오르면서 당당한 충절의 인물로 확고한 위상을 갖게 된다. 조선에 출사한 인물이었음에도 불구하고 충절의 신하라는 신화는 확고한 것이 되어 갔다. 더욱이 이긍익은 고려에 절개를 지킨 인물의 순서를 정몽주(포은), 이색(목은), 길재(야은) 순으로 배치함으로써 려말 삼은(三隱)을 포은·목은·야은으로 하는 일반적 통설을 만들어 가는 데 일조하고 있다.

이제 삼은과 같은 반열의 위치에 서게 된 셈이다. 우리 역사에서 대표적인 충절의 인물로 표상하고 있는 고려말 절의를 지킨 세 학자의 총칭을 려말 삼은(三隱)이라 한다. 고려말의 문장가이고 도학자이며 절의를 지켰던 목은(牧隱) 이색(李穡, 1328~1396), 포은(圃隱) 정몽주(鄭夢周, 1337~1392), 야은(冶隱) 길재(吉再)를 삼은으로 일컬어왔다. 현재 각종 백과사전과 통사에 통용되는 삼은이지만 야은 길재 대신 도은(陶隱) 이숭인(李崇仁)으로 해야 한다는 설이 힘을 얻고 있다.[7)]

고려말 삼은(三隱)으로 추앙하는 인물들조차 확정적이지 않은 셈이다. 이는 려말 삼은에 대한 서사구조가 상당히 후대에 만들어진 것

---

7) 李在春, 「麗末三隱에 對한 考察」, 『우리말글』 19, 우리말글학회, 2000.

임을 보여주는 증거라 할 수 있다. 려말 삼은은 원나라에서 들어온 성리학을 연구하여 성리학의 기초를 확립한 인물들이었다. 그리고 정계에 진출하여 관직을 역임하였으나 고려가 망하자 끝까지 지조를 지킨 인물들로 절의파(節義派)로 표상되고 있다. 즉 학문과 문장, 도학과 절의 등에서 사표가 되는 인물들이다.

야은 길재 대신 도은(陶隱) 이숭인(李崇仁, 1347~ 1392)이 삼은에 포함되어야 한다는 주장이 만만찮다. 려말에서 조선초기의 자료에서 도은이 삼은에 이미 포함되어 있었다는 것이다. 우선 둔촌 이집의 문집 『둔촌잡영(遁村雜詠)』을 들 수 있다. 처음 출간된 것은 1410년(태종 10) 아들 이지직(李之直)에 의해서였다. 하륜(河崙)은 서문을 통해 둔촌과 더불어 삼은(三隱)을 도은(陶隱)·목은(牧隱)·포은(圃隱)으로 지칭하고 있다. 따라서 조선 초기와 고려말 정치적 위상과 학자적 명성은 야은 길재 대신 도은 이숭인이 차지하고 있었던 셈이다.

정몽주와 이색과 함께 교류했던 사이로 보나 원나라 외교문서를 도맡아 작성했던 이숭인의 문장력과 정치적 위상에서 보면 한 세대 아래 연배인 미관말직의 야은 길재와 같은 반열일 수 없다.

> 당세의 유학의 학자로는 삼은(三隱): 〈목은(牧隱)·포은(圃隱)·도은(陶隱)〉, 오촌(五村): 〈둔촌(遁村)·행촌(杏村)·어촌(漁村)·상촌(桑村)·양촌(陽村)〉, 팔청(八淸): 〈둔촌(遁村)·척약재(惕若齋)·원재(員齋)·야당(埜堂)·석탄(石灘)·농암(籠岩)·정재(貞齊)·덕곡(德谷)〉, 구일(九逸): 둔촌 이집 및 이석탄양중(李石灘養中), 서금천견(徐衿川甄), 길야은재(吉冶隱再), 원운곡천석(元耘谷天錫), 최만육양(崔晩六瀁), 이대은유(李大隱裕), 민반암유(閔反庵愉), 이처사온(李處士薀)〉 등의 훌륭한 분들이 있어 도의(道義)로 온 나라의 경중(敬重)한 바가 되었었다.[8)]

8) 廣州李氏大宗會, 「遺事」, 『國譯 遁村先生遺稿』, 4권 부록(하), 1992, 305~306쪽.

'삼은(三隱)'으로 목은(牧隱)·포은(圃隱)·도은(陶隱) 즉 목은 이색, 포은 정몽주, 도은 이숭인으로 명확하게 정리하고 있다. 그리고 다음으로 '오촌(五村)'으로 둔촌(遁村) 이집(李集), 행촌(杏村) 이암(李嵒), 어촌(漁村) 공부(孔), 상촌(桑村) 김자수(金子粹), 양촌(陽村) 권근(權近)으로 정리될 수 있다.

'팔청(八淸)'은 둔촌 이집, 척약재(惕若齋) 김구용(金九容), 원재(圓齋) 정추(鄭樞), 야당(埜堂) 허금(許錦), 석탄(石灘) 이존오(李存吾), 농암(籠岩) 김주(金澍), 정재(貞齊) 박의중(朴宜中), 덕곡(德谷) 조승숙(趙承肅) 등으로 추정된다.

이 가운데 '구일(九逸)'은 호 뿐만 아니라 이름을 명기하고 있어 가장 정확한 명명이 되는 셈이다. 즉 둔촌 이집을 비롯하여 석탄(石灘) 이양중(李養中), 금천(衿川) 서견(徐甄), 야은(冶隱) 길재(吉再), 운곡(耘谷) 원천석(元天錫), 만육(晩六) 최양(崔瀁, 1351~1424), 대은(大隱) 이유(李裕), 반암(反庵) 민유(閔愉)[급암(及庵) 민사평(閔思平)][9], 처사(處士) 이온(李蒕) 등이다. 그러나 민유는 호가 사암(思庵)이며, 급암은 그의 형 민사평(閔思平)이다. 따라서 팔청의 1인은 급암(及庵) 민사평(閔思平)으로 보아야 할 것이다. 이러한 분류에서 둔촌 이집은 오촌, 팔청, 구일에 포함되는 유일한 인물로 현창되고 있는 셈이다.

그런데 문제는 삼은, 오촌, 팔청, 구일의 인물들이 『둔촌선생유고』에만 보이는 내용이라는 점이다. 이렇게 정리된 것이 언제인지가 중요하다. 이 내용은 『遁村先生遺稿』 부록 「유사(遺事)」에 실려 있는데, 그 근거 자료는 이필형(李必亨, 1571~1607)과 이필행(李必行,

9) 위 『국역 둔촌선생유고』는 '민반암유(閔反庵愉)'로 번역하였는데, 반암(反庵)이 아니라 '급암(及庵)'으로 읽어야 할 것이다. 그런데 급암이라는 호는 민유(閔愉)가 아니라 그의 형 민사평(閔思平)이다. 민사평의 『及庵先生詩集』(보물 제708호)이 전하고 있다.

1589~1645) 형제 및 이필행의 아들 이휴징(李休徵, 1607~1671)의 기록에 따른 것임을 유추할 수 있다. 따라서 삼은과 오촌 및 팔청과 구일 등에 대한 분류와 기록은 16세기 말에서 17세기에 정리된 것으로 볼 수 있다. 대략 선조~인조~현종대에 이루어진 것으로 조선이 건국한 지 200년이 넘는 17세기에 각 가문에서 다양한 형태로 조상을 현창하는 정리작업이 진행되고 있었던 셈이다.

한편 21명의 고려에 절개를 지킨 수절신으로 표상된 조견에 대하여 『연려실기술』에서 채택한 근거 자료는 족숙(族叔)인 이광윤(李匡尹, 171□~1769)의 『후촌만록(後村漫錄)』과 『평양지(平壤志)』와 『평양조보(平壤趙譜)』 등이다. 『평양지』의 내용은 평양조씨 족보에 기초하고 있고, 특히 『평양조보』 즉 평양조씨 족보에 근거하고 있음을 밝히고 있다. 이광윤의 『후촌만록』의 구체적 내용은 확인이 어려워 단정하기 어렵지만 그의 채록도 평양조씨의 가승과 족보에 따른 것일 가능성이 크다. 『연려실기술』의 고려 수절신 가운데 송유(宋愉)를 비롯한 허도(許棹)·허금(許錦)·이양중(李養中) 4명에 대하여는 김자수 집안인 『경주김씨 족보』에 그러한 내용이 있다고 적고 있다. 상대적으로 덜 알려진 그들의 소략한 내용도 이에 따른 것이다. 결국 각 가문에서 만든 족보 등의 자료를 사료 비판없이 싣게 되고 이후 다시 이를 인용한 서책이 근거가 되어 역사적 사실로 확대되는 전형적인 방식이다.

결국 후손들의 위대한 조상 만들기 작업과 그 위대함의 근거를 '충절'에 맞춰온 지속적 서사구조의 확대재생산이었다. 충절의 서사가 만들어지고 일정한 시간이 경과한 뒤 역사서에 채록되어 기록됨으로써 또 다른 근거있는 역사가 되는 오래된 순환이 완성된 것이다.

더욱이 『국조 인물고(國朝人物考)』에 조견의 사적이 실리면서 충절의 인물로 확고한 위상과 권위를 인정받게 되었다. 『국조인물고』의 편찬 연대가 영·정조시대인 것은 분명해 보인다. 현재 정조연간으로 보는 설이 대세를 이루고 있는 바, 서지적(書誌的)으로 검토한 마에마 교사쿠(前間恭作)는 이 책이 정조의 명령에 의해 1800년(정조 24)에 편찬된 것으로 보았고, 이성무는 정조대에 나온 것으로 추정하였고, 신승운은 영조대 초기 이의현(李宜顯, 1669~1745)이 편찬한『인물고(人物考)』를 정조 때 증보·재분류를 거쳐 정리된 책으로 보았다. 민현구는 이 책의 편찬 시기를 영조대 전기로 보면서 이의현의『인물고』그 자체일 가능성이 크다고 보고 있다.[10)]

영조 때 서술되어 적어도 정조에 의해 왕명으로 공인받은 인물지인 까닭에『국조 인물고』는 국가적 공신력을 갖는 저술이 되었다. 따라서 앞의 책들과 같이『국조 인물고』에 송산 조견이 충절의 인물로 전재되면서 그 신화의 권위는 이제 공공연한 것이 되었다.

『견첩록』의 윤동홍은 윤증으로 대표되는 소론계 적통 가문이고,『후촌만록』의 이광윤 및『연려실기술』의 이긍익 역시 강화학파로 일컬어지는 소론계 명문 가문이다. 따라서『견첩록』과『연려실기술』은 소론계 입장을 대변하는 것이라 한다면『인물고』와『국조 인물고』는 이의현으로 대표되는 노론계의 입장을 대변한다고 하겠다. 따라서 조선후기 정계와 사상계를 주도하던 소론과 노론의 입장에서 정리된 인물의 포폄은 당대 이데올로기를 온전히 반영하는 확정적 지표가 되었다.

이제 송산 조견은 영·정조대에 이르러 누구도 감히 부정할 수 없는 충절의 인물로 국가적으로 공인되는 상황이 된 셈이다. 사실이 아닌 신화화된 충절의 서사는 오랜 시간을 두고 점차 역사적 현실이 되어 갔던 것이다. 신화화된 기억이 후대에 미화되면서 점차 기록으로 전화되고 이는 후대에 움직일 수 없는 역사적 진실로 받아들여지게 되었

10) 민현구,「국조인물고(國朝人物考) 해제」,『국역 국조인물고』, 세종대왕기념사업회, 1999.

다. 과거의 역사적 진실은 후대의 허구적 신화에 기대어 충절의 서사 구조로 완성되어 갔던 것이다.

5. 또 다른 명소화와 역사 만들기

정조는 역대 중요 인물이나 재위 중에 신하의 죽음을 애도하는 제문을 지은 것이 270여 건에 달하고 있다.[11] 이는 전례가 없을 정도로 정조의 왕권 강화를 위한 노력이라 하겠다. 또한 정조는 “도학(道學), 절의(節義), 훈업(勳業), 경술(經術)의 이름이 사서(史書)에 전해지고 명망이 조야(朝野)에 높은 자의 경우에는 그 사당과 묘에 또한 모두 치제하라.”는 명을 내리고 있다. 이러한 시대적 상황에 따라 조견에 대한 현창은 정조 연간에 집중적으로 나타났다. 이는 지역 유림들의 집단적 상소를 통한 지역사회의 명소화와 위대한 인물 만들기가 진행되었던 것이다. 우선 임간서원에 배향된 조견에 대하여 1779년(정조 3) 경기 유생(儒生) 200명이 넘는 사람들의 연명으로 사액을 청하는 상소를 하고 있다.

> “신 등이 삼가 듣건대 고려조(高麗朝) 때 온전히 절개를 지킨 신하들 가운데 월등히 뛰어나다고 칭송할 만한 사람은 오직 남을진(南乙珍)과 조견(趙狷)뿐이라고 합니다.… 조견은 곧 평양백(平陽伯) 조준(趙浚)의 아우입니다. 고려조의 국명(國命)이 바뀌자 통곡하면서 두류산(頭流山)으로 들어갔는데 태조(太祖)께서 그의 거처로 거둥하여 조준을 시켜 데리고 나오게 하였으나 조견은 읍(揖)만 하고 절은 하지 않았습니다만, 태조께서 청계(淸溪) 한 구비를 봉(封)하여 주었

11) 이태진, 「길재 충절 추승의 시대적 변천」, 『韓國思想史學』 4·5합집, 한국사상사학회, 1993, 226쪽.

> 습니다. 숙묘(肅廟) 임진년(1712년 숙종 38년) 중외(中外)의 선비들이 사천(沙川) 땅에다 묘우(廟宇)를 짓고 두 신하를 나란히 제향(祭享)하였는데 유독 조정의 은액(恩額)을 받지 못하였습니다. 삼가 바라건대 특별히 표양(表揚)하는 은전(恩典)을 시행하소서." 하였으나, 윤허하지 않았다.

경기 유생 221명의 연명으로 상소를 올리고 있는데, 이는 일종의 집단 시위의 성격을 띠고 있다. 동시에 당시 유생들은 송산 조견이 '고려조(高麗朝) 때 온전히 절개를 지킨 신하들 가운데 월등히 뛰어나다고 칭송할 만한 사람은 오직 남을진(南乙珍)과 조견(趙狷)뿐이라고 합니다.'라는 사실과 어긋난 언설을 당연한 사실로 확신하는 단계를 지나고 있다.

고려조에 충절을 지킨 신하로 남을진과 조견 두 사람이 월등히 뛰어난 인물로 격상되어 운위되고 있는 것이다. 이러한 언설은 역사적 사실과 엄연하게 거리가 먼 것임에도 불구하고 200여 명이 넘는 유생들이 이를 기정사실화하며 연명으로 충절의 인물로 포상하기를 상신하고 있다는 점이다. 기억은 기록을 통하여 완성된다. 그렇지 않은 사실을 올바르다고 여기는 서사구조로 추상하는 것은 그 시대가 갖는 이데올로기적 지향이라 할 수 있다.

먼저 역사적 사실과 일치되는 삶을 살았던 충절의 인물 남을진을 향사하는 향현사(鄕賢祠)가 양주에 세워지고, 어떠한 이유과 배경에서 추진된 것이지 확실하지 않지만 이후 조견을 함께 배향하게 되었다는 점이다. 이는 양주지역에서 평양조씨들이 갖는 지역적 위상을 반영하는 것이기도 하다.

그 뒤 향현사는 1784년(정조 8) 양주와 포천의 유생들의 소청에 따라 정절사(旌節祠)로 사액됨으로써 충절의 인물 조견의 이미지와 위상은 더욱 당당하고 견고한 것이 되었다. 이후 1790년(정조 14)에 경기 유생들이 올린 상소는 기존의 조견에 대한 신화화된 충절의 내용을 온전하고 집약적으로 잘 보여주고 있다.

경기 유생 김상목(金相穆) 등이 상소하기를, "신이 삼가 상고하건대, 고려조의 안렴사(按嗟使) 조견(趙狷)은 곧 개국 원훈(開國元勳)인 조준(趙浚)의 아우로서 아이 때부터 경학(經學)에 열중하였습니다. 고려조의 정치가 문란할 때를 당하여 벼슬이 지신(知申)에 이르렀으며, 정몽주(鄭夢周)와 함께 심력을 같이하여 왕실을 도왔습니다. 자기의 형인 조준이 새 왕조를 추대하려는 뜻이 있다는 것을 알고 울면서 말하기를 '우리 집안은 이 나라의 교목세가로서 나라가 보존되면 같이 보존되고 나라가 망하면 같이 망할 것입니다. 또 달가(達可=정몽주의 자)는 이 나라의 기둥이자 주춧돌인 만큼 만약 한 마디 말과 한 가지 일이라도 달가와 달리하기를 구한다면 이것은 국사를 해치는 것이고 나라가 망하기를 재촉하는 것입니다.'고 하자, 조준은 그 뜻을 알고 다시 영남의 안렴사로 내보냈던 것입니다. 그러자 고려의 운명이 끝났다는 소문을 듣고 통곡하면서 두류산(頭流山) 속에 들어가 그 이름을 고쳐 조견(趙狷)이라 하였으니, 이는 대개 개견[犬]자를 따른 것으로서 나라가 망해도 따라 죽지 못한 것이 개와 같다는 뜻이며, 또한 개는 옛 주인을 생각한다는 뜻을 취한 것입니다. 두류산에서 다시 청계산(淸溪山)으로 왔는데, 매번 가장 높은 봉우리에 올라 송경(松京)을 바라보면서 통곡하였습니다.

태조가 호조 전서(戶曹典書)로 발탁하여 초빙하는 서신을 보내니, 답하기를 '송악산의 고사리를 캐어 먹고 살지언정 성인의 백성이 되기는 원하지 않는다.'고 하였습니다. 하루는 태조가 조준과 더불어 수십 명의 기병을 거느리고 청계산으로 가서 조준으로 하여금 나오도록 권고하게 하였는데, 조견은 이불을 뒤집어쓰고 누워서 일어나지 않았습니다. 조준이 이불을 어루만지면서 이르기를 '내가 만나보지 못한 지도 벌써 여러 해가 되었다. 형제간의 정의에 어찌 그리운 생각이 없었겠는가.'고 하니, 조견이 이불 속에서 대답하기를 '나라도 없어지고 집도 망하여 아비도 없고 임금도 없는데 형제를 어떻게 알겠습니까.'고 하였습니다. 조준이 나와서 고하기를 '신의 아우의 성품이 편협해서 신도 어찌할 수 없습니다.'고 하니, 태조가 이르기를 '나와 옛 친분이 있으니 빈주의 예로 서로 만나볼 수 없겠는가?'고 하였습니다. 조견은 비로소 의관을 정제하고 나와 읍만 하고 절은 하지 않았습니다. 태조는 칭찬하고 감탄하면서 말하기를 '조견은 그 뜻이 금석 같아서 빼앗을 수 없다.' 하고 청계 한 구역의 땅을 봉해주었습니다.

조견은 양주(楊州) 땅에 옮겨 살면서 자기의 호를 자칭 송산(松山)이라 하였으니, 이는 대개 송악(松嶽)을 잊지 않는다는 뜻이었습니다. 조견은 이따금 송도(松都)에 가서 월대(月臺)의 폐허에서 통곡하니, 옛 도성의 유민(遺民)들이 저마다 따라서 슬퍼하였습니다. 조견은 일찍이 철석(鐵石) 두 글자로 자기 두 아들의 이름을 지었으며 죽을 때 임박하여 경계하기를 '나의 묘비에는 고려의 안렴사라고 쓰라.' 하였으나 여러 아들들이 유언을 감히 따를 수 없어 조선조에서 내린 관직이름을 비석에 썼는데, 얼마 안 되어 비석이 갑자기 절반으로 꺾여져 '조공지묘(趙公之墓)'라는 네 글자만 남아 지금도 그대로 있습니다. 그 충절과 도학은 실로 정몽주와 서로 대등합니다. 이 두 신하의 정충 대절(精忠大節)은 신명을 감동시키고 금석을 뚫을 만합니다. 비록 따로 서원을 짓지는 못한다 하더라도 응당 한 사당에서 제사지내주기를 백이(伯夷)·숙제(叔齊)와 장순(張巡)·허원(許遠)처럼 해야 할 것인데, 지금까지 그렇게 하지 못하였기 때문에 조야가 다같이 애석히 여기고 있습니다. 특별히 명하여 조견을 숭양서원(崧陽書院)에서 제사지내도록 해주기 바랍니다."하니, 비답하기를, "그 사람의 행적을 어찌 모르겠는가. 여기까지 미처 손을 쓰지 못한 형편이니 이 이외에도 반드시 이와 유사한 경우가 많을 것이다. 너희들은 물러가 학업이나 닦으라."하였다.[12]

신화화된 조견의 사적은 임금에게 거리낌없이 진달되는 역사적 사

12) '경기 유생들이 고려조 조견을 숭양 서원에서 제사지낼수 있도록 청하다', 『정조실록』 1790년(정조 14) 10월 14일 (신유)

실이 되었고, 국왕 정조조차 조견의 고려에 대한 충절에 대하여 일말의 의심없이 사실을 인정하고 있는 셈이다. 이제 일국의 국왕으로부터 충절을 가장 고귀한 가치로 표방하는 지역의 사대부들까지 온전히 조견의 불사이군의 충절을 의심하는 자가 없는 현실이 되었던 것이다.

그러면서 이듬해인 1791년(정조 15) 남을진과 조견의 사적을 담은 『양선생사적(兩先生事蹟)』이 목활자본으로 간행되었다. 숭양서원 추향을 상소했던 한정현(韓廷鉉)을 비롯한 지역 사림들이 의논하여 간행한 『양선생사적』은 양주 임간서원에 배향된 남을진과 조견 두 사람의 사적을 담고 있다. 이 책의 주요 내용은 우선 남을진의 세계(世系)를 비롯하여 「남선생 사적(南先生事蹟)」, 「동국이문(東國異聞)」 등이 있고, 조견과 관련한 내용으로는 조견의 세계를 비롯하여 「조선생 사적(趙先生事蹟)」과 임규(任奎)의 「송산조공전(松山趙公傳)」이 주목된다.

조견에 대한 역사적 내용을 담은 것은 「조선생 사적」과 뒤이어 실린 「송산 조공전」이다. 이 두 글은 서로 대동소이한 내용을 담고 있는데, 사적과 전기는 려말선초 조견의 행적을 고려에 충절을 지킨 것으로 기록하고 있다.

> 조견은 형 조준(趙浚)이 역성혁명에 나설 뜻을 가졌음을 알고 울며 만류하였으며 고려의 운이 다하였음을 보고 두류산에 은거하였다. 태조가 벼슬을 내렸으나 사양하고 『논어』의 '狷者有所不爲(굳센 사람은 하지 않는 바가 있다)'라는 구절에서 따와 이름을 '狷'으로 고치고 자를 '從犬'이라 하였으며, 두류산에서 청계산으로 옮겨 날마다 정상에 올라 송도(松都)를 바라보고 통곡하였다. 죽은 뒤에 조정에서 내려준 벼슬을 새겨 묘비를 세웠더니 벼락이 떨어져 비석이 깨졌다는 것이다.

이러한 내용은 본래 『평양지(平壤志)』와 『평양조보(平壤趙譜)』에 실려 있던 내용으로 『연려실기술(燃藜室記述)』에 인용된 기록과 내용이 거의 일치하고 있다. 이는 『국조 인물고』의 기본적인 내용이기도 하다.

여러 책자에 부분적으로 실렸던 조견의 사적은 남을진과 함께 하나의 독자적 책자인 『양선생사적(兩先生事蹟)』으로 묶이면서 세상에 널리 유포되게 되었다. 그 책자에는 정조가 왕명으로 조견을 치제하고 난 뒤의 치제문(致祭文)과 조견을 정몽주가 배향된 개성 숭양서원에 추배해달라는 유생들의 청원 내용도 함께 실려 있다. 만들어진 전설과 신화가 점차 구체적으로 역사화되는 상황을 잘 보여주고 있다.

서책으로 확립한 신화의 완성은 역사적 사적지의 복원과 성역화의 수순으로 발전한다. 즉 조견에 대한 현창사업은 송산이라 일컬어지는 유허지를 찾아 나서게 되었다. 양주로 낙향한 사적을 현창하고 기념하는 사업이 진행된 것이다. 이에 조견·원선(元宣)·정구(鄭矩) 세 사람이 낙향하였다 하여 삼귀마을로 알려진 송산(松山)의 유허지를 찾아내 이곳에 1798년(정조 22) '삼귀서사(三歸書社)'라는 3칸의 건물을 짓게 된다. 이후 지금의 송산사(松山祠)가 된 곳이다. 현재 송산사를 소개하는 글에는 '삼귀서사(三歸書祠)'라 하여 위패를 모신 것으로 기록하고 있는데 잘못된 것으로 보인다. 처음에는 '삼귀서사(三歸書社)'라는 편액이 붙었는데, 우암 송시열의 5대손인 송환기(宋煥箕,1728~1807)에게 부탁하여 삼귀서사(三歸書社) 편액 대자와 '삼귀서사기(三歸書社記)'를 짓도록 하였다.[13] 서원을 남설하지 못하게 하는 국법에 따라 삼귀서사(三歸書社)라는 용례를 사용하였던 것이다. 그러나 송환기가 기문에서 이를 '건사 입비(建祠立碑)와 다름없다'고

13) 宋煥箕, 『性潭先生集』 권14, '三歸書社記'

할 만큼 당시 일반 사림들은 삼귀서사를 서원으로 가는 방편으로 인식하고 있었던 듯하다. 그리고 몇 년 뒤 이것은 현실화가 되어 1804년(순조 4) '송산사(松山祠)'로 고쳐 정구를 빼고 조견과 원선 2명의 위패를 모시며 향사의 기능을 갖춤으로써 그 소원을 이루게 되었다. 송산사의 편액도 송환기에게 부탁하여 다시 쓰게 하였다.

정구를 빼고 2명을 향사한 송산사는 이후 향사 인물을 확대함으로써 영향력과 결속력을 강화하고자 하였다. 즉 1810년(순조 10) 12월 22일 양주 유생 서장선(徐章善) 등 193명이 고려 진사(進士) 김양남(金揚南)을 정절사(旌節祠)에 추향해달라는 청원을 올리고 있으나 불허되었다. 그러나 3일 뒤인 12월 25일 우의정 김재찬(金載瓚)이 다시 이들의 상소를 다시 품의하여 김양남의 추가 배향을 허락받았다.[14] 이에 이듬해 송산사를 주도한 양주의 유림들은 김양남을 비롯하여 김주(金澍)·이중인(李中仁)·유천(兪蕆) 등 려말의 인물 4명을 추가로 송산사에 배향함으로써 송산사는 6명을 배향하는 규모로 확대되었다.

이에 6개 가문의 10대손들은 각각 사적을 모아 『송산사 육선생 사적(松山祠六先生事蹟)』을 발간하고 있다. 조견을 비롯하여 송산사에 배향된 6명의 인물에 대한 사적을 담은 책자로 조견의 10대손 조항운(趙恒運)을 비롯하여 6명의 가문의 10대손(元亨鞴, 金相敏 李善蓋 金啓濠, 兪周尙)들이 작성한 것이다. 따라서 송산사에 6명이 배향된 1811년(순조 11) 이후의 저작물인 셈이다. 이들 배향 인물 후손들의 노력과 협력으로 송산사는 지역에서 확고한 충절의 상징공간으로 거듭 나게 된 것이다.

그런데 삼귀마을의 전설을 만들었던 세 사람 중 정구(鄭矩)에 대한

14) 『일성록』 1810. 12. 25(음) '命高麗徵士金揚南追配旌節祠事置'

배향과 현창에서 빠진 것을 주목해 봐야 한다. 삼귀서사 설립 이후 세 사람이 함께 배향되어야 함에도 정구가 배제되고 전혀 관계가 없는 또 다른 4명이 합사되어 6명으로 늘어난 상황은 후손들의 이해 관계에 따라 배향 인물이 결정된다는 것을 보여준다.

설학재(雪壑齋) 정구(鄭矩, 1350~1418)도 실제 조선에 출사한 인물이다. 조선 개국 이후 1397년 좌간의대부, 이듬해 정안군(靖安君: 태종)의 막료로 판교서감사(判校書監事) 겸 상서원소윤(尙瑞院少尹)에 이어 승지 겸 상서원윤을 지냈다. 정종 때 도승지·대사헌, 태종 때 예문관학사를 거쳐 중군총제(中軍摠制)·참지의정부사(參知議政府事)·공조판서·호조판서·판한성부사·계림부윤·개성부유후 등을 역임하였다. 1417년(태종 17) 의정부참찬으로 성절사(聖節使)로 명나라에 다녀온 뒤 의정부찬성이 되었으나 풍질로 사직하였던 것이다.

따라서 조견·원선(元宣)·정구(鄭矩) 세 사람이 낙향하였다 하여 삼귀마을로 알려진 송산의 신화는 후대에 만들어진 것일 가능성이 크다. 조견과 정구는 조선에 출사하여 고위식을 역임한 인물들로 송산에 낙향하여 고려의 멸망을 함께 슬퍼하였다는 전설은 신빙성이 떨어진다. 만약 이것이 사실이라면 짧은 시기에 있었던 일회적인 사건에 불과하거나 사실이 아니라면 이는 오랜 시간과 공력을 들여 만든 허구를 역사화한 대표적 사례라 할 수 있다.

6. 결론을 대신하여

려말 삼은의 경우처럼 사육신과 생육신도 후대에 정리된 것이다. 여전히 논란이 있는 규정이기도 하다. 사육신의 경우 1456년(세조 2) 세조를 죽이고 단종의 복위를 꾀하다 실패한 사건에서 성삼문(成三

問)·박팽년(朴彭年)·하위지(河緯地)·이개(李塏)·유성원(柳誠源)·유응부(兪應孚) 등 6명을 '사육신(死六臣)'이라 일컫는다. 그러나 이들 외에도 권자신(權自愼)·김문기(金文起)·박중림(朴仲林)·성승(成勝)·이휘(李徽)·허조(許慥) 등 70여 명이 연루되어 모반 혐의로 처형되거나 유배되었던 큰 사건이었다. 그럼에도 주도적 인물 6명을 '사육신(死六臣)'이라 특정하여 노량진에 육신묘를 만들고 충절의 인물로 현창하게 되었다. 그러나 이들 사육신에 대한 인물 규정과 평가도 시대적 상황에 따라 변화되어왔다.

우선 세조 당시 사육신이라는 용례가 처음부터 사용된 것은 아니다. 70명이 넘는 사람이 관여한 정치적 사건에서 6명을 특정하기는 힘든 일이다. 그러나 추강 남효온(南孝溫:1454~1492)이 쓴 「육신전(六臣傳)」이 사후 발간된 그의 문집 『추강집(秋江集)』에 실리면서 대중적으로 확산되었다. 이에 6명의 육신에 포함된 인물들은 사육신으로 표방되면서 충절을 상징하는 인물로 숭배되면서 그들의 신원을 요구하게 되었고, 그 결과 성종 때 그들 후손이 관직에 오를 수 있도록 금고(禁錮)가 풀렸다. 그리고 조선후기 문예부흥기라 일컫는 숙종·영조·정조시기에 집중적으로 신원을 넘어 널리 현창되기에 이르렀다.

즉 숙종 때인 1691년(숙종 17) 사육신 6명의 관작을 회복시키고 민절서원(愍節書院)을 지어 이들의 위패를 안치함으로써 사육신의 명예가 현창되었다. 이후 영조 때에 김문기·박중림 등의 관작도 회복되었고 최종적으로 1791년(정조 15) 정조는 단종의 장릉(莊陵)에 배식단(配食壇)을 세우며 정단에 32명에 배향함으로써 이들에 대한 종합적인 평가와 정리를 마무리하였다.

불사이군의 충절로 무장된 강력한 이데올로기로 작동되기 시작한 것은 조선이 건국되고 100년이 지난 뒤였다. 한 왕조가 창업을 하고 난 뒤 약 50년에서 100년이 되면 안정기를 지나 전성기를 맞이하게 된다. 고려 태조 왕건 이후 광종대를 거쳐 현종과 성종대의 전성기를 맞이한 것처럼 조선시대 태조 이성계 이후 강력한 왕권강화의 태종대를 지나 세종과 성종대의 전성기를 맞이한다. 이러한 전성기는 지난 왕조에 대한 재인식과 재발견을 통해 자신을 성찰하게 되는 계기를 만들기도 한다. 성리학을 기반으로 성립한 조선왕조는 보다 강력한 성리학적 쉐마에 기초한 사림파가 등장하며 조선후기 왕권강화기에 국왕들은 이러한 충절의 서사를 왕권강화의 기제로 활용하게 된다.

왕조 교체기에 갈등하는 인물들은 충절과 변절, 고난과 영광의 길목에서 갈등하며 역사적 선택을 하게 된다. 충절의 인물들에 대한 사회적 배려와 추앙은 올바른 삶에 대한 끊임없는 모색과 시대정신의 발현을 도모하는 것이기도 하다. 현실은 단순하지도 순진하지도 않은 선택을 강요받는다. 이는 동시에 삶의 지향과 정치적 입장을 반영하는 것이기도 하다.

조선시대 군현지에는 지역의 현창할만한 사람들에 대하여 '인물'조라는 항목을 두어 지역의 대표적 인물들을 시술하고 있다. 역사 속에서 알려진 사실과는 다른 서사가 지속적으로 영향력을 갖는 것은 강력한 의미부여에 있다. 인물은 각 시대마다 부여하는 의미에 따라 다양하게 해석될 수 있다. 광주읍지인 『중정 남한지』(1847)는 인물(人物)·우거(寓居)·절의(節義)·효자(孝子)·열녀(烈女) 등의 항목으로 구성되어 있다. 인물조에 가운데 절의조에 실리는 것을 가장 명예롭게 여기는 것이기도 하다.

특히 충절의 서사는 우리 역사에서 일군의 정치적 세력에게 명분과 정치력 동력으로 작용하며 왕권을 강화는 기제로 활용되었다는 점이다. 고려말 삼은과 삼학사 더 나아가 두문동(杜門洞) 72현(賢), 그리고 사육신과 생육신 등의 용어에는 굳건한 충절의 기개를 느끼게 한다. 이는 고려말 충신 정몽주와 두문동 72현의 충절을 본받아 세조의 패륜 행위에 분개하여 단종을 위해 의거를 일으키다가 실패하였거나 세조에게 협조를 거부하고 은둔생활을 한 사람들을 숭모하는 용어이기도 하다. 이들의 절의(節義)는 뒤에 영남 사림파(도학파), 임진왜란 때 의병과 병자호란 당시의 삼학사(三學士) 등에 의하여 계승되었다. 이러한 충절은 불사이군이라는 강력한 서사구조를 만들어내며 조선은 500년의 역사를 이어갔다.

그 충절의 서사는 해당 인물과 해당 문중을 넘어 지역의 사림들과 연계되면서 궁극적으로 국왕의 인정을 통해 역사화하는 과정을 만들어 갔다. 이에 각 가문들은 경쟁적으로 '위대한 조상만들기' 프로젝트를 통해 충절의 인물로 서사화함으로써 위로는 만인지상의 국왕에서부터 아래로 일반 민인들에게까지 존숭을 받는 존재로 거듭날 수 있었다. 이러한 역사적 담론과 서사를 만든 것은 후손들로 조직된 지역의 사림들이었다. 지역의 주도권을 행사하는 유력한 가문들의 연합과 협력에 힘입어 충절의 인물이 지속적으로 발굴되고 현창되는 상황이었다. 상소를 통한 집단투쟁은 성리학적 이데올로기를 근저에서 떠받치고 있는 '충절'이라는 어휘와 충절의 조상을 갖는다는 서사로 하여 강력한 결집력을 보여주게 된다.

이제 당위의 기억이 가문의 현창으로 기록되고 그 기록은 다른 사람들의 서책에 인용되어 전승되면서 신화는 현실적으로 물화되는 단계를 밟는다. 이와 함께 사적(史蹟)으로 신화는 현실세계에서 현현되는 과정을 거치게 된다.

이는 단순히 한 가문의 조상 현창이 아닌 시대적 상황을 반영하며 맞물려 있다. 특히 조선후기 숙종 중반에서 정조 초기 까지 100년 동안의 시차를 두고 충신 불사이군이라는 충절의 서사와 강력한 상징 이미지화는 각 문중과 가문을 통해 현창해야 하는 인물들이 대거 만들어지기 시작하였다는 점이다. 또 다른 역사만들기 사업이 경쟁적으로 펼쳐진 셈이다. 이는 왕권강화라는 측면에서 각 가문과 문중의 대표적 인물을 충절로 포상하며 견인하고자 하는 국왕들의 리더십과도 연관이 있었던 것이다.

참고문헌

『史記』

『明心寶鑑』

『朝鮮王朝實錄』

『日省錄』

正祖,『弘齋全書』

『平壤志』(1590)

『水原郡邑誌』(1899)

南孝溫,『秋江集』

宋時烈,『宋子大全』

尹東興,『見睫錄』

李肯翊,『燃藜室記述』

『國朝人物考』

李匡尹,『後村漫錄』

宋煥箕,『性潭先生集』

『兩先生事蹟』(1791)

『松山祠六先生事蹟』

廣州李氏大宗會,『國譯 遁村先生遺稿』, 1992.

朴義成,『紀年便攷』(1897)

朴宜中,『貞齋先生逸稿』(1923)

김영한(金寗漢),「삼은각중건기(三隱閣重建記碑)」,『급우재집(及愚齋集)』, 1961.

이태진,「길재 충절 추승의 시대적 변천」,『韓國思想史學』4·5합집, 한국사상사학회, 1993.

민현구,「국조인물고(國朝人物考) 해제」,『국역 국조인물고』, 세종대왕기념사업회, 1999.

洪晸憙, 「의정부 송산사 역사성 재검토」, 『京畿鄕土史學』 5, 전국문화원연합회 경기도지회, 2000.
李在春, 「麗末三隱에 對한 考察」, 『우리말글』 19, 우리말글학회, 2000.

III 탈북 서사와 현실

3

탈북 서사와 현실

김 은 정

1. 들어가기

탈북사는 북한의 경제난과 굶수림을 연상시키는 기표이다. 1990년대 경제난으로 중앙 배급체계가 무너지면서 북한주민들의 탈북행렬이 시작했다. 그들의 탈북은 비단 북한과 남한의 문제만이 아니라 나아가서 인권문제와 관련하여 국제문제로 대두되고 있다. 탈북자의 수는 추산하는 주체에 따라 10만 명에서 40만 명까지 크게 차이가 난다. 이러한 차이는 중국을 비롯하여 제3국에 체류하고 있는 탈북자들이 신분을 숨긴 채 은신해 있거나 일정한 주거지 없이 생활하고 있어 그 수를 정확히 파악할 수 없으며, 탈북자에 대한 중국의 입장 때문에 공개적, 체계적 조사가 불가능한 데서 발생한다.

1990년대 북한 주민의 대량 탈북 사태의 직접적 원인은 두 가지로 파악할 수 있다. 먼저 1967년 1차 7개년 경제계획(1961-1970) 계획의 목표량 달성 미달[1]에서 시작된 북한의 경제난 때문이다. 북한 경제는 1970년대부터 하강 곡선을 그리기 시작했고 1990년대 마이너스 성장률을 보였다. 1990년 이후 북한의 '경제 성장률은 년 평균 -3%이상이었으며 1995년 GNP는 1989년 대비 약 25% 감소'[2]하였다.

1990년대 북한 경제에 악영향을 미친 것은 자연재해로 1993년 냉해, 1994년 우박 피해, 1995년 대홍수, 1996년 홍수, 1997년 가뭄, 1998년 홍수 등 심각한 자연재해가 매해 반복되면서 북한은 최악의 식량난을 맞게 된다. 그리고 유래 없는 식량난에 100만 명 이상의 아사자들이 발생했다. 북한의 식량난은 자연재해가 결정적인 요인이지만 중공업 위주의 투자를 지속해온 북한 경제체제와 이로 인한 농업 시스템에 의한 식량생산량 감소도 무시할 수 없는 부분이다.

고난의 행군시기(1996-2002) 식량과 생필품을 구하기 위한 주민들의 이동과 탈북사태가 광범위하게 발생하였음에도 북한은 주민의 이동과 대량 탈북 사태를 통제할 수 없었으며, 그 처벌 또한 경미하였다.

---

1) 김일성,「당사업을 개선하며 당대표자회 결정을 관철할데 대하여」로동당 중앙위 제 4기 17차 전원회의,『김일성 저작집』21(평양: 조선로동당출판사 1983) 198-201쪽. 1971년 11월 15일부터 개최된 노동당 중앙위제5기 3차 전원회의에서도 김일성은 북한이 연간 6만톤의 화학섬유생산 능력이 있으며, 수입 목화와 합하면 인민들을 잘 입힐 수 있다고 주장하였다. 이처럼 경공업 토대가 튼튼함에도 불구하고 소비품 생산을 늘리지 못하여 인민들의 생활을 높이지 못하고 있는 것은 일군들에게 당성, 노동계급성, 인민성이 부족하기 때문이라고 지적하였다. 이 같은 비판과 더불어 김일성은 일부일군들이 간부가 되면서 관료화되어 있음이라고 비판하고, 화학공업상, 노동상, 철도상, 전기공업상 등을 지목하여 비판하였다. 김일성은 7개년계획 기간에는 경공업부문에 투자를 얼마하지 못하였다며, 6개년계획 기간에는 투자를 많이 할 것을 주장하였다. 김일성,「조선로동당 중앙위원회 제5기 제3차전원회의에서 한 결론」-조선로동당 중앙위원회 제5기 3차 회의,『김일성저작집』26(평양: 조선로동당출판사 1984), 469-493쪽.

2) 김용현,「탈북자 문제에 대한 북한의 입장과 대응」,『동향과 전망』No.65, 한국사회과학연구소, 2005, 325쪽.

생계형 탈북이거나 탈북한 후 자진해서 북한으로 돌아오는 경우 관련 법상 2-3년 정도의 노동형에 처해지는데 대부분 1주일에서 10일 정도 조사를 받고 훈계처리 되었다고 한다.[3)] 이러한 것은 탈북 학생의 인터뷰[4)]에서도 확인할 수 있다.

> "탈북했다가 다시 들어와 사는 사람들도 많아요. 우리 동네에도 네집이나 있었어요. 그냥 한 일이년 안 보였는데 다시 일하러 나오고...... 어른들이 그러더라구요. 남한에 갔다 온 사람이라고(…) 처벌 안 받아요. 뭐 그냥 몰래 나갔다가 몰래 들어와서 다시 살아요. 그래도 (시에서) 몰라요. 탈북을 했던건지 지방에 갔다온건지, 걸리면 돈 주면 다 넘어 가요. 남한으로 두 번이나 탈북했다가 다시 돌아온 사람이 있었는데 그 사람만 한 달 넘게 지나서 보위부에서 찾아 왔나 근데 빽이 있어서 그냥 조사만 받고 나와서 살아요 일도 하구. 사람들이(동네주민들) 그 사람 전부 이상한 사람이라고 욕해요. 갔으면 잘 살던가 두 번이나 왔다갔다 무슨 짓이냐고."[5)]

위의 증언을 보았을 때 국경이 아닌 경우 북한 주민의 입출입이 자유로운 것을 알 수 있으며, 북한이 주민의 탈북을 의도적으로 방치하

---

3) 김용현, 위의 책 327쪽.

4) 필자는 2010년부터 현재까지 <북한문화와 교육의 이해>를 강의하고 있으며 수업을 수강하는 탈북학생들과 인터뷰를 꾸준히 진행하고 있다. 이 수업을 수강하는 학생의 70%가 탈북 학생으로 북한 사회를 알기 위함, 북한에 대한 친근함, 정체성 혼란을 이 수업을 수강하는 이유로 들었다. 북한 사회를 알기 위함이라고 답한 학생들은 대부분 인민학교 시절 탈북한 학생들로 북한에 대한 기억이 별로 없다고 한다. 이글에서는 탈북자의 인터뷰를 활용할 것이다. 인터뷰와 설문 중에서 요독 체험 및 북한 문학과 관련한 인터뷰와 설문은 이글에서는 제외하였다. 그리고 이 글에서 인용하는 이름은 가명처리 하였음을 밝힌다.

5) 이진선(가명, 28세, 여), 2009년 탈북, 청진 출신, 중국 통해 2010년 입국 (인터뷰 일시: 2012년 7월 30일 오후 6시- 9시).

고 있거나 북한의 행정과 치안의 문제와 관료들의 부패에 의해 주민들이 관리가 제대로 되지 않는 것으로 보인다. 1998년 이후 2014년 3월까지의 탈북자 수는 26.483명으로 잠정 집계되고 있다. 그러나 이 가운데 대부분은 1990년 중후반에 탈북한 주민들로 중국내에 은신하였다가 국내로 들어 온 사람들로 신규 탈북자는 드물다.

현재 남한에 입국한 탈북자는 중국 장기 체류자와 단기간에 입국하는 탈북자 두 유형으로 양극화되고 있다. 중국 장기 체류자의 경우 1990년대 중후반에 탈북한 사람들로 1990년대 말에서 2000년대 중후반에 남한에 입국한 사람들이며, 단기 체류자들의 대부분은 중국에 장사나 돈을 벌기위해 출국했다가 남한으로 입국하게 된 경우이다. 그리고 중국 단기 체류자들은 대부분 1-2년 사이 남한으로 입국하는데 여권을 발급받아 체류한 사람들보다 몰래 국경을 넘어 돈벌이를 하던 사람들이 많다.[6] 그리고 2000년대 이후 신규 탈북은 남한에 입국한 탈북자가 북한에 거주하는 가족을 입국시키기 위한 경우가 대부분인 것으로 파악되고 있다.

탈북자 가운데 상당수가 함북 출신이며, 전체 탈북자 중 절반이 온성지역 사람이다. 자신의 동네에 살던 사람들을 남한에서 다 만났다는 온성 출신 탈북자의 말처럼 온성주민의 80%가 남한에 와 있으며, <표1-5>의 재북 출신지역별 현황에서 볼 수 있듯이 아직도 탈북자의 국내 유입률이 함북지역 높게 나타나고 있다. 탈북초기에는 30-40대의 남성이 탈북자의 주축을 이루었으나 <표 1>에서도 확인할 수 있듯이 2000년 이후 여성 탈북자의 수가 증가하고 있는 추세이다. 2009년 여성 탈북자가 남성의 3배를 넘어선 것으로 조사되었으며, 현재 여

6) 앞의 이진선씨도 중국에서 일하려고 부모 몰래 친구들과 국경을 넘었다가 사정에 의해 북으로 돌아가지 못하고 남한으로 오게 된 경우이다.

1. 입국 현황('14. 3월말 입국자 기준) (단위: 명)

구분	~'98	~'01	'02	'03	'04	'05	'06	'07	'08	'09	'10	'11	'12	'13 (잠정)	'14 (잠정)	합계
남	831	565	510	474	626	424	515	573	608	662	591	795	404	369	69	8,016
여	116	478	632	811	1,272	960	1,513	1,981	2,195	2,252	1,811	1,911	1,098	1,145	252	18,467
합계	947	1,043	1,142	1,285	1,898	1,384	2,028	2,554	2,803	2,914	2,402	2,706	1,502	1,514	361	26,483
여성 비율	12%	46%	55%	63%	67%	69%	75%	78%	78%	77%	75%	70%	72%	76%	81%	70%

2. 연령별 현황('13. 6월말 입국자 기준) (단위: 명)

구분	0-9세	10-19세	20-29세	30-39세	40-49세	50-59세	60세이상	계
남	586	1,525	2,081	1,825	1,050	387	280	7,734
여	590	1,826	5,032	5,748	2,759	841	785	17,581
합계(명)	1,176	3,351	7,113	7,573	3,809	1,228	1,065	25,315

3. 재북 직업별 현황('13. 6월말 입국자 기준) (단위: 명)

구분	관리직	군인	노동자	무직 부양	봉사 분야	예술 체육	전문직	비대상 (아동등)	기타	계
남	307	575	3,332	2,873	69	65	180	238	98	7,734
여	98	77	6,227	9,459	921	145	323	184	147	17,581
합계(명)	405	649	9,559	12,332	990	210	503	422	245	25,315

4. 재북 학력별 현황('13. 6월말 입국자 기준) (단위: 명)

구분	취학전 아동	유치원	인민 학교	중학교 (구 고등중)	전문대	대학 이상	기타 (불상)	계
남	335	114	680	4,703	660	859	383	7,734
여	325	143	1,015	13,034	1,658	917	489	17,581
합계(명)	660	257	1,695	17,737	2,318	1,776	872	25,315

5. 재북 출신지역별 현황('13. 6월말 입국자 기준) (단위: 명)

구분	강원	남포	양강	자강	평남	평북	평양	함남	함북	황남	황북	기타 (불상)	계
남	206	58	512	57	395	329	297	702	4,399	242	149	88	7,734
여	295	61	1,923	108	503	361	192	1,610	12,057	151	200	120	17,581
합계(명)	501	119	2,735	165	898	690	489	2,312	16,456	393	349	208	25,315

[표 1] 북한이탈주민 현황표[8]

성 탈북자의 비중이 70% 이상에 달하고 있다.[7] 1990년대 말 정점을 이루었던 탈북자의 수는 2000년대 들어 감소 추세를 보이고 있으며, 국내로 유입된 탈북자의 수의 감소는 2010년 이후에 와서야 반영되고 있다.

탈북자 규모의 감소는 먼저 북한 내 식량난의 완화와 주민들의 생존방식의 모색에서 기인하였다고 할 수 있다. 이것은 탈북자의 인터뷰에서도 알 수 있는데 2007년에 인터뷰한 장현성씨는 "고난의 행군시기야 갑자기 당한 일이라 어쩔 수 없었지만 지금 다시 고난의 행군시기가 왔을 때 굶어죽는다면 그 사람이 멍청한 사람"[9]이라고 말했다. 지금은 장마당이나 다른 경로를 통해 자기 살 궁리를 마련해 놓고 있다는 것이다.

둘째, 북한과 중국의 지속적인 단속 강화[10]와 합법적인 중국 방문의 확대와 장사를 위한 중국내 단기체류가 가능해졌기 때문으로 파악된다. 김정은의 권력 장악 후 탈북자 수는 급격한 감소세를 나타내고 있다.

탈북자 3만명 시대를 바라보는 현재 인터뷰를 통해 알 수 있는 것은 남한에 거주하는 탈북자들의 탈북서사가 동일하지 않다는 것이다. 1990년대 중후반 탈북자들의 탈북계기가 굶주림과 가난이라는 경제적인 이유였다면, 2000년대 후반에 탈북한 주민들의 탈북서사는

---

7) 「탈북자 2만명 시대… 현주소와 과제」 <세계일보>, 2010.09.14.

8) 통일부 :http://www.unikorea.go.kr/index.do?menuCd=DOM_000000105006006000 최종검색일 2014.04.28.

9) 장현성(가명: 54세, 남), 온성출신, 1998년 탈북, 중국을 통해 2004년 입국 (인터뷰 일시: 2007년 8월 14일, 6시~8시)

10) 처벌 강화, 사상동향 파악과 감시, 사상교양 강화, 국경지역 여행증 및 숙박검열, 국경 경비사령부 검열 강화, 해상을 통한 탈북에 대한 단속이 강화되었으며, 북한 형법상 조국 반역죄, 비법국경출입죄 등의 조항의 강화로 1998년 이후 형법상 처벌 역시 강화되었다.

좀 더 다양화되고 있다. 즉 1990년대 탈북자와 2000년대의 탈북자의 탈북서사가 다르다는 이야기다.

이글에서는 1990년대와 2000년대 탈북한 탈북자들의 탈북서사를 중심으로 살펴보고자한다. 현재 남한에 소개되고 있는 문학, 영화 등 텍스트에 나타나는 탈북서사는 굶주림이나 가난이 대부분을 차지하고 있다. 물론 1990년대 고난의 행군시기 탈북한 주민들이 아직도 국내로 입국하고 있는 상황이라 아직까지는 경제적인 문제가 탈북 계기의 대부분을 차지하고 있지만 중요한 사실은 2000년대 후반에 들어오면서 탈북 서사가 변화하고 있다는 것이다.

특정 국가의 정보기관이 아닌 일반인 또는 연구자가 북한에 대한 정보를 얻기란 쉬운 일이 아니다. 다만 북한의 관영 언론인 <노동신문>과 <조선중앙방송>이 내보내는 정보를 통해 북한의 상황을 예측할 수 있을 뿐이다. 북한의 이러한 폐쇄성은 북한 연구에 많은 장애가 된다. 북한의 현실을 살피는 데는 공식적인 통로와 비공식적인 통로 두 가지가 있다. 공식적인 통로는 북한의 관영 언론의 발표와 신문이 있고, 비공식적인 통로로 탈북자들의 진술을 듣는 것이다.

그러나 이러한 정보만으로는 폐쇄성이 강한 북한 교육의 내밀한 실체 파악에까지는 접근할 수 없다. 그들이 제공하는 정치적 정보는 탈북자의 성향, 상황에 따라 미화 또는 왜곡되기 때문에 100% 신뢰하기 어렵다. 탈북자들은 자신들의 의견과 생각 그리고 기억을 진술할 뿐으로 그들의 이이야기는 불일치와 모순을 담지하고 있으며 그 이야기가 100% 진실 또는 사실이 아닐 수도 있다. 그러나 실생활과 관련된 정보들은 비교적 사실에 근접해 있어 공식 통로를 통해 접할 수 없는 북한의 실상을 파악하는 데 매우 유용하다. 이 글에서는 텍스트 위주의 방법론을 극복하기 위해 남한에 정착한 탈북자와의 인터뷰[11)]

11) 인터뷰는 2002~2006년에는 개별 인터뷰 및 설문, 2007~현재까지는 2~8

그리고 설문지를 적극 활용하려한다. 이 글에서 활용된 자료는 필자가 2002년부터 현재까지 만난 탈북자들에게서 수집한 것으로 104명의 인터뷰와 221명의 설문(인터뷰자 93포함) 내용이다. 인터뷰 시간은 개인 인터뷰는 2~3 시간, 집단 인터뷰는 3~6시간 정도 진행했다. 피조사자들의 연령대는 50대에서부터 20대까지이며 인터뷰 초기에는 4-50대가 주를 이루었으나 2010년 이후부터는 인터뷰 대상이 20대로 변화하였다. 인터뷰의 주된 내용은 출신지, 탈북년도, 탈북경로, 탈북계기, 북한에서의 교육 정도, 직업, 직장의 체계 및 환경, 입당 여부, 북한에서의 생활이었으며, 설문 내용은 기본적인 인적사항과 탈북년도, 탈북경로, 탈북계기 및 북한 교육과 관련된 40문항이다. 이글에서 주목하고 있는 그룹은 자의가 아닌 부모의 의지에 의해 탈북했거나, 기타 그룹에 있는 탈북자들의 서사이다.

2. 탈북서사의 변화

이기준[12]: 나오기 전까지 기관사로 일했어요. 대련-온성- 새별 간 열차. 배고파서 나왔어요. 국경 군인들한테 돈을 주면 순찰 도는 시간을 알려줘요. 열어 놓으면 거기로 빠져 나오는 거에요. 백딸라. 뇌물 바치면 다 되요. 딸라에 환장해요. 부패가 심해요. 노동자는 노골적으로, 안전원은 안전하게, 보위부는 보이지 않게 해먹어야한다는 소리가 있어요. 안 바치는 놈이 빙신이에요. 중국에 칠년 숨어 있었어요. (…)

인의 모둠 인터뷰와 설문의 형식으로 진행되었다.

12) 가명, 29세(인터뷰 당시), 남, 함북 온성, 1996년 탈북, 중국을 거쳐 2003년 입국 (인터뷰 일시: 2007. 8.15, 저녁 6~9시)

이창남[13]: 이천육년 삼월에 나왔어요. 나오기 전까지 탄광에서 일했구. 배급도 안 되고 안 굶어죽으려고 하다가 어쩔 수없이... (…) 김정일이 문제에요. 김일성이 살아 있을 때는 이렇지는 않았어요. 김정일은 깜이 아니에요.

위의 진술은 1990년대 중후반 탈북한 노동자의 이야기다. 1990년대 중후반에 탈북한 남성들은 굶주림에 탈북한 사람들이 대다수이며, 북한의 부패에 대해 이야기를 하는 경우가 많았다. 그들에게 북한은 굶주림과 부패로 기호화되어 있는 듯하다. 하지만 그들도 북한을 맹목적으로 비난하지 않는다는 것이 특징이다. 조국을 등지기는 했지만 조국이 싫어서가 아니라 상황이 그들로 하여금 조국을 이탈하게 하였기 때문이다. 그리고 인터뷰 대상자의 다수가 적대감을 보이는 대상이 김정일이었다. 다수의 응답자들은 김일성과 김정일의 지도력을 비교하면서 굶주림과 부정부패가 김정일이 통제, 조절하지 못해 벌어졌다고 생각하고 있었다.

이선욱: 북한에서 교육은 소학교 4학년까지 다녔고, 굶주림 때문에 탈북했어요. 중국으로 나와서 베트남, 캄보디아, 태국을 거쳐서 입국했어요. 어렸을 때 배가 고팠던 기억 밖에 안나요. 배 고파서 나무껍질도 먹고, 풀도 빨아먹고, 뜯어 먹을 풀도 없어서 말한테 먹이려고 둔 대마씨 훔쳐 먹고 어렸을 때 그거 참 많이 먹었어요. 그건 많았거든요. 북한에 대한 기억은 배고팠던 기억 밖에 없어요. 대마씨 먹고 취해서 헤롱거리며 돌아다니던 기억 밖에 어렸을 때라 기억도 잘 안 나고.[14]

---

13) 가명, 42세(인터뷰 당시), 남, 자강도, 2006년 탈북, 중국을 거쳐 2007년 입국 (인터뷰 일시: 2007. 8.15, 저녁 6-9시)

14) 가명, 21세(인터뷰 당시), 남, 함북 새별, 2001년 5월 탈북. 중국- 베트남- 캄보디아-태국을 거쳐 2008년 입국 (인터뷰 일시: 2011.6.14 오후 1시~3시)

전영주: 대마씨 그거 나도 많이 먹었는데...(…) 대마씨요? 그게 말 흥분젠데 말 교배시키기 전에 먹여요. 새끼 많이 낳으라고 배급 내려온 거 어른들 몰래 훔쳐 먹는 거죠. 저희 집도 생활고 때문에 나왔는데 중국에서 몽골을 거쳐서 나왔어요. 여섯집이 함께 사막을 건넜는데 거기서 사람들 많이 죽었어요. 저도 죽을뻔 했구요. 저희 동네는 맨날 총소리가 났어요. 총살하느라 원래 우리 지역이 유배지거든요. 안 그래도 먹을 것도 없는데 추방당해 온 사람들이 많았어요. 추방 와서 죽기도 많이 죽구. 맨날 우리집 뒤에서 총살을 해대서(총소리가 진절머리 난다는 듯) 으으~ [15]

위의 인터뷰자들의 진술처럼 2002년 고난의 행군이 종료되기까지 북한주민들의 탈북계기는 굶주림과 가난이라는 응답이 대다수를 차지했다. 그러나 이 시기 부모를 따라 탈북한 청소년들은 생존의 책임에서 멀어져 있어서인지 굶주림만을 기억하고 있었으며, 북한에 대한 관점은 남한에 와서 생성된 것이었다.

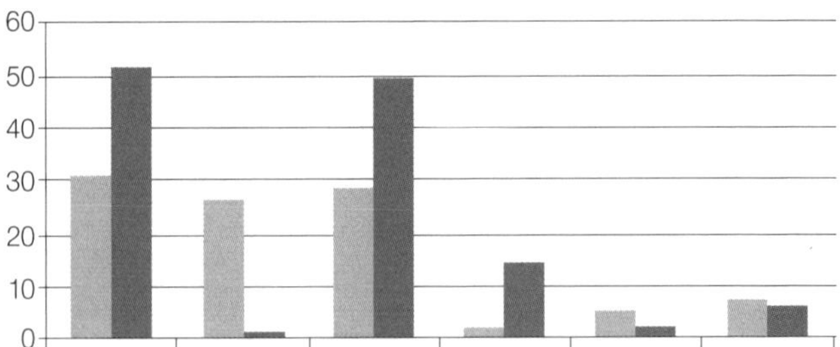

	가난	굶주림	가족을 따라서	기타	정치적인 이유	무응답
1990년대	31	26	28	2	5	7
2000년대 중반	51	1	49	14	2	6

* 위의 차트는 탈북자의 인터뷰와 설문(2002년~ 2014년)에 기초하여 작성되었다.

[그림 1] 탈북계기

15) 가명, 28세(인터뷰 당시), 남, 강원도 원산, 1998년 탈북, 중국- 몽국의 거쳐 2008년 입국(인터뷰 일시: 2011.6.14 오후 1시~3시)

<그림 1>에서 볼 수 있듯이 1990년대 탈북자들의 탈북 계기가 가난과 굶주림라면 2000년대 탈북자들의 탈북 계기는 경제문제에 의한 가난이 우위를 차지한다. 젊은 층의 경우 부모님과 동행했다는 응답이 많았으며, 기타는 자신의 의지와는 관계없이 남한에 입국하게 된 경우가 많았다. 특히 여성들은 호기심과 사건, 가난 등 서사가 다양했다. 이 가운데 부모님을 따라 남한에 왔다는 응답자들 모두가 남한에 오고 싶지 않았다고 응답했다.

김진화[16]: 전 오고 싶지 않았는데 안가겠다고 했다가 엄마한테 죽도록 맞구 끌려왔어요. 탈북 결정되고 매일 엄마는 설득하고 난 남겠다고 울고, 맞고...... 친구들도 여기(북한) 있고, 저는 왜 가야하는지 이해가 안 됐어요. 거서(북한) 사나 여기서 사나 똑같아요. 마음도 거기가 훨씬 편했구. 여기 와서 학교 다니는 것도 힘들구...... 여기 오기 전에도 거서 혼자 살 수 있다고 생각했는데 지금 생각해도 혼자도 잘 살았을 것 같아요.

윤현아[17]: 나두 남한에 가봤자 아는 사람도 없고 안 가겠다고 했더니 엄마가 비행기 탈 수 있다고 꼬셔서, 북한에서 비행기를 탈 일이 없어 비행기만 타보고 다시 집으로 돌아오자고 생각하고 따라 나선건데. 돌아가기는...... 에휴 여기오다가 죽을뻔 했어요. 비행기 탈 때만 좋았어요. 태국으로 가는 배안에서 멀미도 나고 무섭고, 물밖에는 악어들이 득실대고...... (···) 남한에 왔을 때의 느낌이요? 딱 든 생각은 집 나가면 개고생이다. 지금도 그 생각은 같아요. 개고생.

16) 가명, 28세(인터뷰 당시), 여, 함경북도, 2008년 탈북 중국- 라오스를 거쳐 2010년 입국(인터뷰 일시: 2013. 9. 22, 오후 2시- 6시)
17) 가명, 26세(인터뷰 당시), 여, 함북 회령, 2007년 탈북, 중국을 거쳐 2009년 입국(인터뷰 일시: 2013. 9. 22, 오후 2시- 6시)

김영선[18]: 아버지의 일 문제도 있고 가난했고...부모님 따라 어쩔 수 없이 나와 하얼빈에서 6년을 있다가 베트남, 캄보디아 태국을 통해서 왔는데 너무 힘들어서 돌아가고 싶었어요. 그때는 제가 어려서 부모님이 간다니까 그냥...... 베트남에서 캄보디아로 가는데 한달 동안 먹지도 못하고 하루에 일곱시간에서 열시간을 걸었어요. 정말 돌아 가고 싶었어요. 돌아가도 처벌도 별로 없었는데 그걸 몰랐어요. 그때는 거기(북한)나 중국사정도 잘 몰라서 몰라서 저희 집은 다른 사람들보다 힘들게 들어왔어요.

위의 진술에서처럼 부모님과 동행했다는 응답자들은 탈북 당시 청소년으로 1990년대 말~2000년대 초 남한사회에 대한 자신들의 '주관적 인식'을 가지고 입국한 30-50대의 부모 세대와는 달리 북한에서의 경험을 통해 형성된 남한에 대한 '동경'이나 '희망'이 기호화되어 있지 않음을 알 수 있다. 30~40대의 탈북 동기는 크게 경제적 안정, 사회적 동기, 남한에 대한 이미지, 정치적 안정 등으로 나뉘는 반면 부모님과 동행했다는 응답자들은 남한에 대한 정보가 별로 없어 남한에 대한 환상이나 동경은 보이지 않으며, 북한에서의 생활에 대한 만족도도 낮지 않았다. 부모님과 동행했다는 응답자들은 정신적·육체적으로 힘들었던 남한으로의 입국과정에 대한 기억이 강렬했는데 자신의 의지가 아닌 부모님을 따라 어쩔 수 없이 환경변화에 적응해야했기 때문에 탈북과 그 과정에 대한 저항감을 더욱 강하게 드러내고 있으며, 남한에서의 생활을 체념하고 있다.

최진철[19]: 아버지가 (절) 납치했어요 중국에서. 3년 전에 아버지가 갑자기 사라

---

18) 가명, 23세(인터뷰 당시), 여, 함북 샛별, 1998년 탈북, 중국-베트남- 캄보디아- 태국을 거쳐 2004년 입국(인터뷰 일시: 2013. 9. 22, 오후 2시- 6시)
19) 가명, 29세(인터뷰 당시), 남, 함북 청진 2011년 탈북, 중국, 태국을 거쳐

졌는데 어느 날 연락이 왔더라구요. 중국으로 나오라고 그래서 (중국)구경도 하고 놀려고 그래서 만나러 중국으로 갔는데 봉고가 와서 남자들이 내리더니 그리고 눈 떠보니까 태국으로 가는 트럭 안이더라구요. 난 거기서 대학 다니면서 어머니랑 잘 살고 있었는데, 저 보다 1년 먼저 나온 누나는 캐나다인이랑 결혼해서 캐나다에 있어요. (…) 저요 혼자살아요. 아버지는 아버지가 받은 집에서 살고, 전 제가 받은 집에서 살고, **하나원에서 나와서 집 받기 전에 맨 첫날 지하 월세방에 누워 있는데 딱 죽고 싶더라구요. 살림살이도 하나도 없지, 이불도 없지, 가진 건 하나원 나올 때 받은 삼백만원이 단데 월세 내고 어떻게 사나? 딱 죽고 싶더라구요.** 그날 울면서 아버지 욕 많이 했어요. 여기서 살려면 지 혼자 살지. 난 아버지처럼 고급정보도 없어서 정착금도 얼마 못받았는데...

남정임[20]: 맞아 맞아. **전 하나원 나가면 드라마에 나오는 그런 옥탑방이나 아파트에서 그렇게 다 예쁘게 해놓고 살 줄 알았어요. 남한 사람들은 못살아도 드라마처럼 사는 줄...하나원에서 드라마 믿지 말라고 교육을 시키긴 하지만 그래도 환상이 있잖아요.** 근데 저두 지하방이있는데 이불하고 베개 밖에 없었어요. 끔찍하기도 하고 내가 살 수 있을까하는 생각도 들고

최진철: 그래도 저는 브로커한테 안 뜯겨서 나은 편이지만 다른 사람들은 그 돈 절반을 브로커들한테 뺏겨요. (…) 브로커들이 돈 받을려고 퇴소하는 날 문에서 있어요.

남정임: 저두 줬어요. 하나원 퇴소해서 나가니까 정문 앞에 딱 서 있더라구요. 숙소로 왔을 때 남은 돈이 팔십이어서 일주일 동안 누워 잠만 잤어요. 그리고

2011년 입국(인터뷰 일시: 2012. 12. 22, 오후 12시- 6시)

20) 가명, 27세(인터뷰 당시) 여, 함북 청진, 2009년 탈북, 중국을 거쳐 2010년 입국(인터뷰 일시: 2012. 12. 22, 오후 12시- 6시)

알바 구해서 고깃집에서 일했어요. 2년 동안 사람도 안 만나고 일만하면서 돈만 벌었어요. (…) 남한에 올 생각이 없었어요. 생각해본 적도 없구요. 중국에서 돈 벌어서 돌아가려고 했는데.. 차를 사고 싶어서 집에다가는 친척집에 놀러간다고 편지 써놓고 친구랑 국경을 넘어 중국으로 갔는데 거기서 돈을 벌기는커녕 사기를 당했어요. 그래서 돌아가려고 했는데 엄마가 제가 탈북한 걸 아시고 충격으로 돌아가셨다는 소식을 들었어요. 언니들은 모두 시집간 상태고 돌아가 봤자 까진 애로 찍혀서 결혼하기도 싶지 않고 해서 그 동네가 상당히 보수적인 동네거든요. 중국 다녀온 여자 그것도 처녀가 도시 밖으로 나가면 까졌다고 생각해요. 지금 생각해보면 그땐 제가 너무 철이 없고 허황된 망상에 사로 잡혀 있었던 것 같아요. 중국에 가서 석달만 일하면 차를 살 수 있다고 생각했어요. 어머니가 직장이 있어서 부족하게는 안 살았지만 나도 돈을 벌 수 있다는 걸 보여주고 싶었어요. 그래서 집에 와서 자랑하고 싶었는데 나도 돈 벌 수 있다고.. 어머니를 생각하면 (울음)

박선희[21]: 저두 줬어요. 전 어머니도 아프시고 가정형편 때문에 제가 돈을 벌어야 해서 중국으로 돈을 벌러 갔는데 제가 있던 합숙소 사람들이 탈북을 준비하던 사람들이었어요. 밤에 일어나라고 깨우길래 그 사람들이 저두 그건(탈북)줄 알고 일어나서 따라나섰는데 공안에 잡혀서 유치장에 갇히는 바람에 그때부터는 그 사람들이랑 행동할 수밖에 없게 됐어요. 정신도 없었고 황당하기도 하고 밤에 그 사람들이랑 철창 부수고 유치장에서 탈출해 가지고 숨어 있다가 남한에 들어왔어요. 갸들(중국 공안)이 얼마나 무섭든지....

위의 진술은 자신의 의지와는 관계없이 남한행을 하게 된 경우로 이들의 환상 대상은 남한이 아닌 중국이다. 그들에게 기회의 땅은 한

21) 가명 27세(인터뷰 당시) 여, 황해도, 2010년 탈북, 중국을 거쳐 2011년 입국 (인터뷰 일시: 2013. 5. 4 오후 3시-5시)

국이 아닌 중국인 것이다. 이들은 중국이 자신들의 경제문제를 해결해 줄 수 있다는 기대와 희망으로 중국으로 가지만 예기치 않았던 사건으로 남한행을 택할 수 없게 된 것이다. 1990년대 초반 자유를 찾아 남한으로 향했던 탈북자들은 1990년대 중후반에는 '자유'가 아니 '생존'을 위해 중국으로 향했으며 남한으로 왔다. 반면 2007년 이후 탈북한 탈북자들의 탈북 계기는 크게 가족이 불러 왔거나 아니면 위와 같이 경제적인 문제로 중국으로 월경했다 자신의 의지와는 관계없이 사건에 휘말려서 온 경우, 친구를 따라 나왔다가 돌아가지 못하게 된 경우로 나뉘고 있다. 여기에서 1990년부터 2000년대의 탈북자들의 탈북서사가 자유- 생존- 경제문제 및 사건으로 변화하고 있으며, 부모님을 따라 탈북한 사람들과 2000년도에 단신으로 탈북한 20대들에게 탈북 당시 남한이 '자유'라는 이미지로 상징화 되지 않았음을 알 수 있다.

자신의 의지와는 관계없이 남으로 오게 된 탈북자들의 자유에 대한 인식은 남한에 와서 생성되는데 하나원 생활을 거치면서 북한은 나쁜나라, 남한은 자유국가라는 이분법적 사고가 주입된다. 그들은 북한의 나쁜 점을 습득하게 되면서 정체성의 혼란을 겪게 되고 위축되는 데 그것은 부끄러움에서 기인한다. 탈북자들은 한결같이 자신이 살던 북한이 그렇게 나쁜 나라인지 몰랐다고 이야기를 한다. 남한에서 살아가야하는 이들은 북한이 나쁜 국가라는 남한이 제공하는 이미지를 덮어 써야 한다. 이 과정에서 그들은 현실과 직면하게 되는데 그것은 자신들이 나쁜 국가에서 자유를 찾아 남한에 올 수 있었던 선택받은 사람이라는 인식이 아닌 가난한 나라·나쁜 국가의 인민이며, 북한인이라는 자랑스럽지 못한 사실이다. 이러한 생각에서 부끄러움이라는 감정이 탈북자들에게 생성되는데 부끄러움 속에서 약자인 그들은 자신들이 약자임을 순응하게 되는 것이다.

강요된 부끄러움 속에서 그들에게 자유 국가 남한은 주입된 기호에 불과하다. 단신 탈북자의 경우 남한에서의 그들의 행동은 크게 두 가지로 구분되고 있다. 첫째, 돈을 모아 북에 있는 가족을 남한으로 데려오는 것이고, 둘째, 체념하고 남한에 체제에 순응하여 살아가는 것이다. 대부분의 탈북자들은 첫 번째를 택하고 있고 현재 신규 탈북자들의 대다수가 가족을 찾아 왔다는 점[22]에서도 알 수 있다. 두 번째는 탈북 후 북한의 가족이 사망했다는 소식을 접한 후 죄책감과 그리움, 공허감을 안고 체념한 채 살아간다는 것이다. 뿐만 아니라 "탈북 과정과 남한 입국 과정에서 굶주림, 폭력, 죽음 등의 외상과 그에 따른 강렬한 정서적 체험은 남한에서 겪게 되는 문화적응 스트레스와 함께 적응상의 어려움을 야기한다."[23]

이러한 일화는 2002년 실화를 바탕으로 한 <크로싱>(2008)의 서사에서도 확인할 수 있다. 타의에 의해 남한에 오게 된 용수의 온 신경은 북한에 두고 온 가족에게 쏠려 있다. 이것은 비단 용수 개인의 상황이 아니다. 용수는 남한에서 아내의 죽음을 듣게 되고, 뒤틀려버린 자신의 삶을 향해 "예수는 남조선에서만 기도를 듣고 계시냐?"며 절규한다. 용수의 절규에는 가족에 대한 상실감, 그리움과 죄책감으로 인한 무력감이 배어있다.

그러나 고난의 행군시기 굶어 죽지 않기 위해 남한행을 택했던 사람들이나 자의반 타의반에 의해 남한으로 오게 된 사람들에게 남한사회는 또 다른 고난의 행군을 겪어야하는 장이 되고 있다. 그것은 위의 진술에서도 확인할 수 있는데 처음부터 남한행을 결심하지 않았

22) 김수암, 「탈북자의 현황 및 인권」, 『JPi 정책포럼』 No. 2010~30, 제주 평화연구원, 2010. 4쪽.

23) 이지영, 「크로싱-탈북자 및 새터민에 대한 심리적 이해와 상담 개입 ; 영화 "크로싱"을 통해 살펴본 탈북자들에 대한 심리적 이해」, 『한국심리학회 연차 학술발표논문집』, 한국심리학회, 2008. 300쪽.

다고 하더라고 남한에서의 자유롭고 안락 삶이 없다는 현실을 그들은 하나원을 나와 텅빈 집을 보면서 체험하게 된다. 앞의 남정임과 최진철의 증언처럼 이들은 남한의 드라마를 접하면서 의도야 어찌됐듯 기왕 오게 된 남한에서의 안락 삶을 꿈꾼다. 그러나 "남한 사람들은 못살아도 드라마처럼 사는 줄" 알았다는 남정임씨의 진술과 아무것도 없는 텅빈 방에서 누워서 죽고 싶은 생각밖에 없었다는 최진철씨의 진술은 그들이 남한에서 와서 품었던 작은 희망이마저도 현실이 될 수 없음을 남한 주민으로 사회와 접하게 되는 첫날 체감하게 되는 것이다.

3. 또 다른 고난의 행군과 끝나지 않은 이탈

무한경쟁과 자유 속에 내던져진 탈북자들이 가장 먼저 접하는 현실은 모든 것이 화폐 가치로 결정된다는 사실이다. 이것은 남한에 가면 잘 살 수 있다는 희망을 가지고 온 사람들이나 자신의 의지와는 관계없이 온 사람들 모두가 직면하게 되는 현실인 것이다. 그리고 이들의 출신과 경제적 문제는 차별과 멸시로 돌아온다.

현재는 바뀌긴 했지만 1990년대 탈북자들이 대거 유입되던 시기에는 법적인 신분에서부터 차별을 받았다. 영화 <무산일기>에서처럼 1998년 이전에는 남자는 125, 여자에게는 225의 번호를 부여하여 차별[24] 하였으며 1996년부터 2007년 6월까지는 안성시 주민들의 주민코드 252를 일괄적으로 사용하였다.

그러나 2009년 탈북자들이 중국을 방문했다가 중국공안들의 비호

---

24) 주민번호 뒷자리가 특정 지역을 나타내는 번호로 하나원이 안성에 있어 탈북자들은 일괄적으로 안성의 지역번호가 주민번호에 부여됐다.

아래 공항에서 북한 보위부들에게 잡혀 북송된 사건과 안성주민들이 탈북자로 오인되어 중국 여행시 불이익을 당하는 일이 속출하면서 지금은 주민번호 등록기준지를 바꿀 수 있다. 이처럼 2000년대 이전에는 주민등록번호가 이들이 발음을 교정하고 개명을 해도 탈북자임을 선별할 수 있게 하는 기호였다. 비록 2010년 이후 법적인 차별은 없어졌지만 남한에 온 이들은 <무산일기>에서처럼 굶지 않는 대신 문화적응과 무한경쟁, 그리고 자존감 상실이라는 스트레스에 시달리게 된다. 이러한 스트레스는 중압감과 혼란을 가중시켜 이들을 위축시키고 자신감을 잃게 하는데 그 가운데서도 특히 무시와 멸시가 이들을 위축시키는 가장 큰 요인으로 작용하고 있다.

최충렬[25]: 남한 사람들은 너무 오만하고 몰상식해. 전기 밥솥을 전기 밥가마라고 했더니 나보고 무식하다는거야 밥가마가 뭐냐고. 그럼 밥가마를 밥가마라고 하지, 밥솥이라고 하면 더 유식한건가? 남한말 쓰면 유식한거고, 북한말 쓰면 못배우고 무식한거냔 말이오. 나도 북에서 대학까지 나왔고 배울 만큼 배웠단 말이오. 그날 이후론 밥가마만 봐도 화딱지가 나서...

박선희: 자살을 기도했었어요. 남한에 왔는데 사람들이 너무 무서웠어요. 지하철을 타고 종로 3가에 내렸는데 한 할머니가 넘어져 계셔서 일으켜 드렸는데 괜찮으냐고 물으니까 갑자기 다시 주저앉으면서 저에게 욕을 하면서 소리를 지르기 시작했어요. 전 도와드릴려고 팔을 붙잡았을 뿐인데 사람들이 모여들고 전 당황해서 어쩔 줄 모르고 있었는데 그 할머니가 제가 갑자기 밀어서 넘어졌다고 그래서 발목을 다쳤다고 그 할머니가 난리 난리치고, 사람들은 웅성거리면서 구경하고, 나중에 경찰까지 와서 서로 연행됐어요. 그래서 저 돌 봐 주시

---

25) 최충렬, 가명, 남, 56세(인터뷰 당시), 평양, 2002년 탈북, 중국을 거쳐 2006년 입국, (인터뷰 일시, 2008, 7, 21, 오후 1-3시)

던 형사님이 오기 전까지 경찰서에 있었는데 중국 공안에 붙잡혔던 생각도 나고 내가 왜 중국에서도 그리고 여기서도(남한) 여기(경찰서)에 와 앉아 있어야 하는지 잘 모르겠더라구요. 나중에 형사님이 그 할머니가 내 말투보고 조선족이나 탈북자인 줄 알고 돈 뜯어내려고 그런 것 같다는 소리를 듣고 뭐 이딴 데가 다 있나 하는 생각이 들었어요. 그때 이 후로 사람들 만나는 것도 무섭고, 나가기도 싫고 돌아가고 싶은 데 돌아 갈 수도 없고, 해서 일년을 아무 데도 안 가고 집에만 있었는데 우울증이 생겨서 지금은 그래도 많이 좋아졌지만 사람들이 무서워요. 걸을 때 스치는 것도 싫어요.

남정임: 작년 크리스마스에 교회에서 선물을 주고받는 행사가 있었어요. 저는 권사님께 드릴려고 화장품을 포장해서 가져갔어요. 그런데 권사님이 선물을 주시면서 아주 좋은 거니 집에 가서 풀어보라고 하시는 거에요. 그런데 그 선물 풀어보고 머리가 멍했어요. 지갑이었는데 다 찢어지고 때가 타서 도저히 쓸 수 없는 그런 것이었어요. 커피전문점이나 패스트푸드전문점 테이블에 놓고 가도 사람들이 쓰레기통에 버릴만한 그런 지갑, 쓰던 것을 줘서 그런 게 아니에요. 소중한 것이니까 그 의미는 알아요. 그런데 그건 아니었어요. 도대체 날 뭘로 보는 건가 하는 생각도 들고, 기가 막혀서 울다가 제가 이런 얘기하면 안 믿을 까봐 친구 만나서 보여줬더니 그냥 쓰레기통에 버리고 오더라구요. 쓰던거냐 아니냐와 비싼거냐 아니냐의 문제가 아니라 그 사람은 탈북자들한테는 그런 걸 줘도 된다고 생각한다는 게 불쾌하고 분했어요. 집 이사할 때도 그렇고... 아는 남한 사람이 와야 해결이 되요.

위의 진술을 내용을 볼 때 이들은 일상 생황에서의 소소한 부분에서부터 무시를 통해 교정을 강요당하거나 정신적 폭력에 노출되어 있음을 알 수 있다. 세명의 응답자 중 두 응답자는 북에 있는 또는 사망한 부모에 대한 그리움과 죄책감을 심하게 느끼고 있는 케이스이며,

차별에서 비롯된 무시에 상처를 받은 상태이다.

그들은 남한사람들에게 멸시나 차별을 받지 않기 위해 그리고 남한 사회에 적응하기 위해 북한 출신임을 숨기는 경향이 있다. 이를 위해 개명을 하거나 여성의 경우는 대부분 발음 교정학원에 다닌다. 이것은 탈북자들이 자신을 방어하기 위한 최소한의 방편으로 하나의 유형으로 고착되고 있다. 인터뷰자 중 남정임씨는 개명을 하지 않았지만 작년에 발음교정 학원에 등록했다고 한다. 그리고 그 이유를 자신이 이제까지는 북한 사람이 것이 부끄럽지 않아서 당당히 밝히고 살았는데 나이를 먹어갈수록 버티기도 힘들고 사는 데 불편하기 때문이라고 설명했다. 이들은 남한 사회에 순응하기 위해 조국을 버리고, 이름을 버리고, 생활 습관이나 고향의 말투까지도 버려야하는 현실에 직면해 있는 것이다.

부모의 의지에 따라 남한으로 와서 청소년기를 보낸 20대나 20대 초중반에 입국한 청년들은 경제문제에 대해 더욱 예민하다. 이 가운데 단신으로 탈북한 20대들 가운데 캐나다로 이민을 가는 경우가 많다. 오랜 중국 생활을 통해 습득한 중국어는 그들에게 캐나다에서 취업을 하는 데 매우 유리하게 작용하며, 캐나다는 어차피 외국이라 차별은 어느 정도 감수할 수 있다는 것이 탈북자들의 생각이다. 이처럼 그들은 차별을 피해 제3국가로 다시 이주하는 것이다. 그러나 부모와 함께 생활하는 20대의 탈북자들은 남한 체제에서 살아남기 위한 최소한의 경쟁력을 갖추기 위해 대학에 진학한다. 북한에서처럼 기아에 허덕이지는 않지만 가난에서 벗어나기 위해 좋은 직장을 욕망한다. 그러나 이들이 자신이 원하는 곳에 취업하기란 매우 어렵다. 그것은 남자의 경우 더욱 심화되어 나타난다. 그들은 남한에서 돈을 벌어서 중국에 가서 살겠다는 부모세대와는 달리 취업에서부터 대부분 중국으로 파견 나갈 수 있는 기업을 선호한다. 파견을 나가 자리를 잡으면 가족을 중국으로 불러 함께 살겠다는 것이 다수 학생들의 희망사항이다.

> **남정임**: (…) 같이 온 친구는 캐나다로 이민 가서 저더러 오라고 그러는데 거긴 가고 싶지 않아요. 여기보다 아는 사람도 없고, 다시 가봤자(북한) 거기서도 혼자 살아야하고, 여기서도 혼자고, 중국으로 나갈 수 있고. 중국으로 파견 나갈 수 있는 직장이면 어디든 좋아요.

이처럼 북으로 돌아갈 수 없는 이들에게 북한과 마찬가지로 중국과 캐나다는 또 하나의 정착지로 기호화 되고 있다. 북한을 떠나온 이들은 남한이든, 제3국이든 중요하지 않다고 말한다. 남한에서 민족 공동체로서의 동질감을 느끼지 못했기 때문이다. 민족에 대한 동일성 인식과정을 통해 형성된 귀속감인 민족 정체성이 남한 사회에 귀속되지 못함으로써 이들은 민족적 단위에서 탈락되고 있는 것이다. 그렇기에 이들은 북한에서 이탈 했듯이 남한에서의 이탈을 꿈꾸고 있다. 즉 이들의 이탈은 아직 끝나지 않은 것이다. 이것은 남한사회가 이들과 교섭/ 조정하는 것에 실패했음을 의미한다.

4. 영화 속에 그려진 탈북 내러티브

영화에 그려진 탈북 내러티브는 상당히 다양하게 그려지고 있다. 영화 <크로싱>(2008)은 아내의 약을 구하기 위해 중국으로 나갔다가 의도치 않게 남한으로 오게 된 용수와 그 가족의 이야기다.

전직 함경남도 도대표 축구선수로 활동하며 훈장까지 받았던 용수는 탄광에서 일을 하며 자족의 하루 끼니를 걱정해야하는 가장이다. 폐결핵에 걸린 아내가 임신까지 하게 되자 약을 구하기 위해 중국행을 택하게 된다. 약 살 돈을 마련하기 위해 벌목장에서 일하지만 중국 공안에게 발각되어 도망치는 과정에서 모은 돈을 모두 잃어버린다. 인터뷰를 하면 돈을 받을 수 있다는 말에 용수는 이에 응하지만 그의 의지와는 관계없이 남한으로의 망명길에 오르게 된다. 그 사이 아내는 죽음을 맞이하고 아들 준이는 아버지를 찾아 떠난다. 그러나 압록강에서 체포되어 수용소에 갇히게 된다. 한편 용수는 아내가 죽었다는 사실을 알게 되고 브로커를 통해 아들의 행방을 찾지만 몽골에서 탈출한 준이는 싸늘한 시체가 되어 용수에게 온다.

이 작품은 의도하지 않은 망명이라는 소재를 통해 한 가족의 해체와 정신적·육체적 고통 그리고 탈북 후 그들이 겪는 죄책감과 무력감을 보여주고 있다. 자신의 의지와는 관계없이 굴러가는 운명의 굴레 속에서 용수가 가장 행복했던 순간은 엔딩장면인 아들과 키우던 개와 함께 축구를 하며 놀던 때이다. 이때는 병들었지만 아내가 있었고, 백구를 친구라 여기는 아들 준이가 있었고, 굶주림에 잡아 먹어버렸지만 백구가 있었다. 그러나 그는 북한을 떠나는 순간 아내도 아들도 잃게 된다. 하지만 그 기억 속의 시간은 되돌릴 수 없는 시간이며, 돌아갈 수 없는 공간이 되어 버렸다. 아픈 아내를 살리려고 선택한 일이 그의 가정을 파멸로 이끈 것이다. 물론 그가 북한에 남아 있었다면 굶주림에 허덕이며 아내의 죽음을 방관한 채 지켜만 봐야했을 것이다. 그렇지만 적어도 아내의 죽음으로 고아가 되어버린 어린 아들이 아버지를 찾기 위해 북한을 떠나 탈북과정에서 공포와 고통스러운 체험은 하지 않을지도 모르며, 아버지를 찾다 몽골의 사막에서 길을 잃고 죽지 않았을지도 모를 일이다. 북한에서 구할 수 없었던 결핵약을 보건소에서 무료로 나눠주는 사회이기는 하지만 남한에서 용수의 삶이 죄책감과 그리움, 그리고 차별과 멸시 속에서 행복할 수 없었기 때문에 몽골공항에서 보이는 그의 공허함이 더 크게 다가온다.

<크로싱>은 용수의 가족을 통해 가난 때문에 탈북한 탈북자들의 가족해체 과정과 상처를 잘 보여주는 작품이다. 물론 이 영화가 말하고자 하는 것은 북한 주민과 탈북자들의 인권에 대한 부분이다. 그러나 용수가 자의에 의해 남한에 오지 않았다는 점과 그에게 이데올로기나 체제는 중요하지 않으며 1990년대 이전의 자유를 찾아 귀순한 사람들과는 달리 그가 북한을 이탈한 것은 오로지 아내의 약을 구하지 위함이었다는 점을 볼 때 기아 때문에 굶어죽지 않기 위해 탈북했다는 1990년대 중후반 탈북자들의 서사와는 차이를 보이고 있으며, 변화된 탈북서사가 영화에 반영되고 있음을 알 수 있다.

2011년에 개봉된 <무산일기>는 무한경쟁과 자유 속에 내던져진 탈북자의 남한 생활을 비교적 잘 그리고 있는 작품이다. 이 작품의 서사는 돈을 축으로 형성된다. 돈을 축으로 한 차별과 멸시, 불법과 사기, 종교문제, 로맨스까지 등 탈북자들이라면 남한에 와서 한번 쯤 겪는 문제를 냉정하게 하나하나 짚어나가고 있다.

생존을 위해 남으로 온 탈북자 승철. 그가 님한에서 체험하세 되는 고난은 생존 경쟁이다. 누군가에게 짓밟히고 누군가를 짓밟아야 하는 생존경쟁. 자유는 이곳에서 쉽게 주어지지 않는다. 자본주의 사회에서 자유는 경제력의 다른 모습으로 그려진다. 최소한의 돈이 없는 상태에서는 먹을 수 있는 자유, 쉴 자유, 갖을 수 있는 자유가 주어지지 않는다. 고난의 행군시기를 피해 탈북한 이들이 남한에서 생존이라는 또 한번의 고난과 마주하게 되는 것이다.

북으로 돈을 송금하는 일을 하면서 같은 탈북자이며 친구들에게 사기를 치는 경철, 돈을 벌려고 애를 쓰지만 남한을 벗어날 수 없는 탈북자의 애매한 국적으로 인해 변변한 취직자리를 얻지 못하고 거리의 벽보를 붙이며 살아가는 승철. 승철은 면접에서 모욕당하고, 깡패들에게 폭행과 치욕을 당하고, 친구들이 무시를 해도 묵묵하게 있는 인물이었다. 그런 승철의 변화는 그가 위치하고 있는 공간인 남한의 자본주의에 순응하는 방식으로 나타난다. 경철에 배신당한 그의 친구들이 집을 점거하자 경철은 미국으로 도망치기 위해 우정의 이름으로 승철에게 돈을 가져다 달라고 이야기한다. 하지만 승철은 경철을 배신하고 훔친 돈을 들고 교회에 간다. 경철을 꾸짖던 모습은 이미 승철에게 없다.

노래방에서 술을 사러 나왔다가 승철은 노래방 입구에서 죽어있는 백구를 발견하게 되는데 유기견인 백구는 남한사회에 적응하지 못하는 승철을 상징한다. 경철의 돈을 훔치는 행위를 기점으로 승철은 백구와도 같이 순수했던 모습을 버리고 남한사회에서 생존하기 위해 경철처럼 살겠다고 결심한 상태이다. 따라서 새 출발을 결심한 승철이 죽어있는 백구를 잠시 바라보는 엔딩 장면은 그가 백구를 무심히 지나칠 것이라는 것을 예상하게 한다. 자신의 양심을 버리는 것. 이것이 탈북자인 승철이 자본주의 사회인 남한에 순응하는 방식인 것이다. 이 영화에는 이데올로기나 체제에 대한 고민은 없다. 승철의 고민은 자본주의 체제에서 살아남기 위해 우정, 양심, 도덕 등 모든 것을 버린 채 살아야한다는 사실이다.

<크로싱> 용수를 통해 죄책감, 무기력, 공허함을 아들 준이를 통해 북한의 인권문제를 보여주고 있다면, <무산일기>는 자본주의 사회의 어두운 단면을 건드리면서, 탈북자 간의 갈등, 남한 사회에서 소외계층의 인권문제를 보여주고 있다. 물론 두 영화 모두 주인공이 북에서나 남에서나 체제에 순응하여 살 수 밖에 없는 불편하고도 참담한 결과를 보여줌으로써 시사점을 던지고 있다.

반면 최근에 개봉된 <48미터>는 탈북자들의 생과 사를 보여주는 영화로 1990년대 후반 2000년대 초반의 화두로 되돌아가고 있다. <48미터>는 북·중 국경지역 중 탈북이 가장 빈번하게 이루어지고 있

는 혜산-장백 즉 압록강에서 중국까지의 거리로 탈북과정의 극단적인 삶과 죽음의 결정 거리를 '48m'로 표현하고 있다.

영화 48미터(48m)는 어릴 적 경계선에서 부모님의 죽음을 목격한 자매. 눈 앞에서 사람을 죽여야만 하는 죄책감에 시달리는 군인, 사랑하는 사람과 지독한 이곳을 벗어나야만 하는 커플. 굶어 죽어가는 자식을 살려야 하는 부모. 아픈 아버지를 구하기 위해서 떠나야만 하는 딸에 대한 이야기를 다루고 있다. 이 영화의 메시지는 명확하다. 인권도 없고 존엄도 없는 비참한 북한의 현실을 알려야 한다는 의도 외에는 없다. 이 영화의 가장 큰 미덕은 인권문제를 강렬하게 보여준다는 점이다. 하지만 사람들에게 지금도 탈북자들이 자유를 찾아 희망을 찾아 남한으로 온다는 오해의 소지를 주는 영화이기도 하다. 이 영화는 인권영화이자 독립영화를 표방하고 있지만 위의 두 영화에 비해 도전성도 없으며, 내용 역시 진부하고, 독립영화에서 인권을 다룬다는 전략만을 보여주는 영화이다.

앞에서 지적했듯이 2000년 중반에 탈북한 신규 탈북자들의 서사와 1990년대 탈북한 탈북자들의 탈북서사는 내용면에서 같으면서도 다르다. 신규 탈북자들은 기아에 남한을 찾지도, 자유를 찾아 남한에 오지도, 남한을 제2의 조국이라 생각하지도 않는다는 것이다. '자유의 땅 남한'은 그들에게 더이상 매력적인 공간이 아니다. 점차 남한은 먼저 온 가족이 있는 공간, 중국으로 나가거나 제3국으로 이민가기 위해 거쳐 가는 공간이 되어가고 있는 것이다.

약자나 소외계층을 차별하거나 무시해서는 안 된다는 당위성에는 모두가 공감을 한다. 그리고 때가 되면 민족에 대해서 이야기한다. 그럼에도 탈북자들의 언어, 말투, 억양, 이름 등 신체적인 부분에서부터 신분까지 차별받고 있으며, 이들은 남한사회에 소속되기 위해 개명을 하고, 발음교정 학원에서 억양과 말투를 교정하는 것이 작금의 불편한 현실이다.

민족은 자신의 운명을 스스로 결정한다. '민족의 경계는 고정불변한 것이 아니며, 시간과 공간을 가로질러 변화한다. 정체성의 경계가 고정되어 있다 하더라도 개인 집단은 이 경계를 넘을 수 있다.'[26] 통일을 준비하고 있는 현재 이제는 너무나 당연하게 여기는 혈연주의적 민족관에서 벗어나 새로운 민족관을 고민해야할 시점에 와 있다. 이를 위해 새로운 범주화와 자아확장이 필요한 시기이며, 국가에 의한 동원이 아닌 대중 스스로 동원되어야 할 단계이다. 이것은 비단 남한 사회만의 문제가 아니다. 사회구성원으로서 탈북자 역시 남한 사회에 순응하는 방식이 아니라 자신을 동원해야 할 것이며, 그럴 때만이 진정한 민족을 만날 수 있을 것이다.

26) 이상원, 「중국의 민족문제와 운남 소수민족 ; 대만민족은 존재하는가? -민족적 정체성, 정당일체감 그리고 통독문제의 상관관계 중심으로-」, 『민족연구』 29권, 한국민족연구원, 2007, 22쪽.

참고문헌

1. 기초자료

김태균, <크로싱>, 2008, 105분.

박정범, <무산일기>, 2011, 127분.

민백두, <48미터>, 2013, 97분.

2. 단행본

김일성, 「당사업을 개선하며 당대표자회 결정을 관철할데 대하여」 로동당 중앙위 제 4기 17차 전원회의, 『김일성 저작집』 21, 조선로동당출판사, 1983.

김일성, 「조선로동당 중앙위원회 제5기 제3차전원회의에서 한 결론」- 조선로동당 중앙위원회 제5기 3차 회의, 『김일성저작집』 26, 조선로동당출판사, 1984.

3. 논문

김수암, 「탈북자의 현황 및 인권」, 『JPi 정책포럼』 No. 2010~30, 제주평화연구원, 2010. pp. 2-17.

김선아, 「탈/국가의 영화적 공간 -<민족과 운명>, <무산일기>, <두만강>을 중심으로-」, 『현대영화연구』 14권, 한양대학교 현대영화연구소, 2012, pp. 53-81.

김용현, 「탈북자 문제에 대한 북한의 입장과 대응」, 『동향과 전망』 No.65 , 한국사회과학연구소, 2005.

백태현, 「<무산일기>의 자의식적 카메라 스타일」, 『영화』 5권 1호, 부산대학교 영화연구소, 2012, pp. 115-143.

이지영, 「크로싱-탈북자 및 새터민에 대한 심리적 이해와 상담 개입 ;

영화 "크로싱"을 통해 살펴본 탈북자들에 대한 심리적 이해」, 『한국심리학회 연차 학술발표논문집』, 한국심리학회, 2008. pp. 300-301.

이상원, 「중국의 민족문제와 운남 소수민족 ; 대만민족은 존재하는가? -민족적 정체성, 정당일체감 그리고 통독문제의 상관관계 중심으로-」, 『민족연구』 29권, 한국민족연구원, 2007, pp. 19-51.

4. 기타

통일부: http://www.unikorea.go.kr/index.do?menuCd=DOM_000000105006006000 최종검색일 2014.04.28.

IV 단카로 읽는 재난의 서사

4

단카로 읽는 재난의 서사
- 진재, 원폭, 그리고 전쟁의 기록

박 지 영

1. 단카, 순간의 기록

일반적으로 문학적 서사를 대표하는 장르는 소설이다. 서사가 인간 행위와 관련되는 일련의 사건들에 대한 언어적 재현 양식이라고 할 때, 소설은 일정한 시간과 공간을 배경으로 인간의 삶에서 벌어지는 사건들을 하나의 이야기로 풀어놓는다. 반면 시 장르는 인간의 경험이나 느낌, 정서 등을 상상을 통하여 응축적으로 나타내는 문학형태로서, 서사적 표현수단과는 거리가 있다.

이 글에서 다루고자 하는 단카(短歌) 또한 서정을 본질로 하는 시 장르이다. 좀 더 소개하자면, 5·7·5·7·7의 음수율로 이루어진 일본 고유의 정형시이다. 일본의 정형시로는 하이쿠(俳句)가 전세계적으로 알려져 있지만, 보다 근원적인 형태로서 일본시가문학의 본질을 보여주는 시형이 단카이다. 고대 가요집인 『만요슈(万葉集)』(759)에서 그 형태가 완성되어 한시와 구별되는 '일본의 시'라는 뜻으로 와카(和歌)

라고 불리었으나, 20세기 초 근대적 예술장르로 거듭나는 혁신과정을 거치며 명칭이 바뀌었다. 1300년의 전통을 이어오며 현재까지 활발한 창작이 이루어지고 있지만 단카는 사실, 그 짧은 형식으로 인해 근대인의 복잡한 사상과 감정을 담기에는 역부족이라는 지적을 끊임없이 받아왔다. 그렇다면 제목도 없이 단 31음절의 율격으로 완성되는 이 단순한 고대의 시형식은 어떻게 현대의 문학형태로서 존재할 수 있으며 나아가 서사적 표현을 구현할 수 있을까.

단카는 한 수로 독립된 작품이지만 지면에 발표될 때는 연작형태로 제시된다. 단카에서 연작이란 각각 독립된 여러 수의 작품을 어떤 주제나 소재 아래 하나로 묶어서 제시하는 방법으로, 10수 안팎에서 많게는 수십 수에 이르는 작품을 앞뒤의 연관성을 고려하여 배열한다. 이 경우 일찍이 에이젠슈테인이 몽타쥬 이론을 착안하며 주목했듯이,[1)] 단카의 배열에 따라 다양한 해석을 창출해낼 수 있다. 각 단카는 독립된 가치를 지니는 동시에 서로 교향하며 주어진 컨텍스트 속에서 새롭게 해석되고, 중층적인 의미를 만들어내는 것이다. 나아가 연작기법은 가집(歌集)을 편찬하는 방법과도 관련된다. 한 권의 가집이 특정 주제 아래 편집되었을 때 각 단카의 배열은 시적 화자를 주인공으로 하는 한 편의 '이야기'를 만들어내기도 한다. 이 때의 연작기법은

---

1) 몽타주 이론의 확립자인 에이젠슈테인(Sergey M. Eisenstein)이 그 원리의 특성을 일본의 한자 및 시가문학, 회화와 가부키를 분석하며 찾아냈다는 점은 알려진 바와 같다. 특히 그는 구(句)의 조합을 통해 미적, 정서적인 발견을 추구하는 하이카이(俳諧)와 단카에 주목했다. 에이젠슈테인이 말하는 몽타주 이론은 '상호 독립된 화면-서로 대립하는 화면들의 충돌에서 생겨난 하나의 사상'으로 설명된다. 나아가 그 극적인 원리의 리듬은 '첫 번째 그림의 윤곽과 후속되어 지각되는 두 번째 그림의 불일치와 상호 갈등이 운동감을 불러일으키는 것'이라고 했다. 충돌의 리듬이 극적인 운동감을 낳는 불일치의 일치, 이는 분명 현대 단카에도 적용되는 방법론이다. 세르게이 에이젠슈테인/이정하 편역, 「영화형식의 변증법적 고찰」, 『몽타쥬이론』(에이젠슈테인 선집2), 예건사, 1990, pp.178-180 참조.

가집을 통해 구현되는 드라마투르기라고도 할 수 있다. 한편 창작순에 따른 편년체 편집으로 이루어진 가집은 작자의 일기, 또는 자서전의 형태를 띨 수도 있다. 이와 같이 단시형문학인 단카는 응축된 순간의 표현이면서 동시에 그것이 집적되었을 때 서사적 표현으로 확장될 수 있는 가능성을 지닌다.

연작이 단시형이라는 형태상의 제약을 보완하기 위해 외부로부터 도입된 기법이라면 장르 자체가 지닌 본질적 특성은 어떠할까. 간략히 살펴보자면, 우선 이 짧은 시형은 소설이나 자유시에 비해 한 수의 작품을 완성하는데 많은 시간을 필요로 하지 않는다. 따라서 순간순간의 느낌이나 발상을 포착하여 기록하는 특성을 지닌다. 일본의 가장 사랑받는 단카 시인이자 국내의 시인들에게도 많은 영향을 미친 이시카와 다쿠보쿠(石川啄木)는 일찍이 단카의 가치를 "일생에 두 번 다시 돌아오지 않는 생명의 일초"[2)]를 포착하여 "복잡한 근대적 정서의 순간적, 찰나적 음영을 노래하는 데 가장 적당한 한 시형"[3)]으로 정의했다.

두 번째로, 1910년대 리얼리즘의 도입과 함께 단카는 사실성을 주요 창작원리로 삼아왔다. 허구적 발상보다는 실체험에 근거하여 있는 그대로의 사상(事象)을 재현하는 '사생(写生)'이 중시되었고, 창작윤리로까지 자리잡았다. 따라서 기록성과 더불어 사실성을 중요한 특징으로 하는 단카의 내용은 언제나 작자의 진실한 목소리로 이해되며, 역사적 자료로서 인용되는 예도 있다.[4)]

---

2) 石川啄木, 「一利己主義者とその友人との対話」『啄木全集』(第4巻), 筑摩書房, 1980, p.289.

3) 石川啄木, 「小田島宛 書簡(1908.7)」『啄木全集』(第7巻), 筑摩書房, 1980, p.222.

4) 미야 슈지(宮柊二)의 전쟁단카가 가장 대표적이다. 중일전쟁 참전시의 작품 『산서성(山西省)』은 일본군은 물론 중국병사들의 모습까지 극히 객관적인 시

나아가 순간순간의 체험을 그 자리에서 포착하는 특징은 기회시(機会詩)[5]적 일면을 발달시켰다. 기회시란 어떤 사건에 자극을 받고 그를 계기로 창작된 작품을 말한다. 눈앞의 사건에 대한 단순한 감상보다는 사회적인 사상이나 이변을 즉좌에서 다루어 작품주제로 한 것을 가리킨다. 이를테면 다음과 같은 작품이다.

> 이러한 때에/ 이러한 수상을/ 만나게 되어/ 이러한 일을 당한/
>
> 일본의 불행이여[6]

위의 단카는 동일본대진재 직후 간행된 하세가와 가이(長谷川櫂)[7]

선으로 바라보며 전쟁의 잔혹한 진실을 기록한 것으로 높은 평가를 받는다.

5) '기회시'는 일본어 단어를 그대로 옮긴 것으로, 'occasional poem(poetry)'에 해당하는 국문용어로서 정착된 것은 아직 없다. 사전적 의미로는, 17-8세기 독일에서 발달한 시의 한 형식으로, 의식이나 경조사 등, 그 때 그 때 눈앞에서 일어나는 사건을 다루어 창작된 것 말한다. 소설에도 이러한 동기에 의한 창작이 없지는 않으나, 기민한 반응은 역시 운문에서 많이 볼 수 있다. 특히 짧은 서정시인 단카는 일을 당하여 바로 그 자리의 느낌을 정리한다는 기회시로서의 일면이 발달했다. 三枝昂之 外 編, 『現代短歌辞典』, 岩波書店, 1999, p.189 참조.

6) かかるときかかる首相をいただきてかかる目に遭ふ日本の不幸
長谷川櫂, 『震災歌集』, 中央公論新社, 2011, p47.
단카는 본래 행구분이 없는 1행시이지만 이 글에서는 의미가 끊어지는 부분을 고려하여 2행으로 옮긴다.

7) 하이쿠 시인. 인터넷 사이트 <기고사이(季語歳;季語と歳時記の会)> 대표이자 하이쿠 투고란 <아사히하이단(俳壇)> 심사위원으로 활동하고 있다. 『진재가집』은 동일본대진재 직후 관련 문학작품집으로 가장 먼저 출간된 것으로, 그 즉각적인 창작과 출간 속도 외에도 작자가 단카가 아닌 하이쿠 시인이라는 점에서 주목을 받았다. 하이쿠와 단카의 경계를 넘어 활동하는 작가가 없지는 않지만, 그는 이전에 단카를 발표하지 않았던 작가이며, 갑자기 가집을 출간했다는 것도 극히 이례적이다. 그는 서문에서 "왜 하이쿠가 아니라 단카였는지, 이유는 아직 잘 모르겠다. '어찌할 수 없는 마음'이라고 할 수밖에 없다."라고 말했다. 이는 하이쿠보다 단카가 기회시적 특성이 발달했음을 보여주는 것이다.

의 『진재가집(震災歌集)』(2011.4.25)에 수록된 것이다. 작자는 도쿄에서 직접 체험한 두려움과 혼란, 정부의 무능함에 대한 분노와 비통함 등을 119수의 단카로 엮었다. 특히 이 단카는 「중의원 동일본대진재 부흥특별위원회 질의」(2011.7.12 국회 중계)에서 자민당 의원 다니고이치(谷公一)에 의해 수상과 정부를 비판하는 여론의 징표로서 제시되기도 했다. 단순한 개인적 탄식이 아닌 시사성, 정치성을 포함한 사회적 참여시로서의 단카의 본질을 보여주는 것이다.

끝으로 단카는 1300여년간 공유되어온 운율을 바탕으로 일반인들이 자신의 마음을 토로하는 양식으로도 자리를 잡아왔다. 기록성과 사실성, 시사성에 이어 민중성 또한 이 시형이 지닌 중요한 본질인 것이다. 단카의 창작계층은 전문 작가에서 무명의 개인에 이르기까지 광범위하며, 일반인의 경우 교과서에서 처음 단카를 배우는 초등학생은 물론 90대의 고령작가도 존재한다. 이들은 신문과 잡지의 독자투고란이나 인터넷 사이트를 통해 매일의 사소한 일상에서 사회적 이슈에 대한 의사표명까지 단카로 표현하고 있다. 이들 무명작가들의 단카는 소박한 리얼리즘에 의한 가장 진솔한 시대감정의 표현[8]으로서, 민중의 서정시[9]로 규정되고 있다.

이상과 같은 특성으로 인해 역사상 큰 사건이 발생했을 때마다 수많은 단카가 창작되었다. 동일본대진재 이전의 한신대진재(1995.1.17)와 관동대진재(1923.9.1) 때도 그러했고, 태평양전쟁은 참전병사들의 작품들을 비롯하여 원폭 체험을 기록한 단카도 남겼다. 이들 단카가 개별적으로 존재할 때는 한 개인의 체험에 지나지 않겠지만, 같은 시간과 같은 테마를 다루고 있는 여러 작가들의 작품들이 횡적으로 집적된다면 당대의 삶을 '이야기'해줄 수 있을 것이다. 이 글에서는 전쟁

8) 宮柊二,「生き生きとした無名者の歌」『朝日新聞』, 1954.3.7.
9) 近藤芳美,『無名者の歌』, 岩波書店, 1993, p.v.

과 진재, 원전사고에 이르는 재난의 순간에 주목하여, 단카로 엮어내는 극히 개인적인 기록이 역사라는 거대서사에 어떤 역할을 하는지 살펴보고자 한다.

2. 2011.3.11, 도호쿠 - 육성의 호소[10)]

2011년 3월 11일 14시 46분 18초, 미야기현(宮城県) 앞바다 130km 해저를 진원지로 매그니튜드(Mw) 9.0의 강진이 발생했다. 일본 관측사상 최대 규모에, 파고 10m이상의 지진해일을 동반하여 도호쿠(東北)와 간토(関東)지방의 태평양 연안부에 궤멸적 피해를 입힌 동일본대진재이다. 사망 및 실종자 약 2만, 이재민 40만 이상으로 추정(2011.12.2 시점)되었지만 잇따른 원자력발전소 사고는 일본인 전체를 피재민으로 규정해도 과언이 아닌 국가적 재난사태를 초래했다.

진재 직후 단카는 어떤 장르의 문학보다 재빠르게, 대량으로 창작되었다. 문학이란 인간의 삶을 대전제로 하는 것이기에, 진재와 같이 삶의 기반을 송두리째 앗아가는 큰 사건은 당연히 주요테마가 된다. 단카의 특징적인 점은 사건 직후 뉴스의 보도에 실시간으로 반응한다고 해도 좋을 정도로 즉각적인 창작이 대량으로 이루어졌다는 점이다. 특히 전문 작가가 아닌 신문가단(歌壇)을 중심으로 한 일반인들의 투고[11)]가 큰 비중을 차지한다. 다음은 「아사히 신문」의 투고란

10) 이 장의 내용은 졸고 「동일본대진재와 단카 - 「아사히가단」의 육성의 기록」(『일본학연구』 36집, 단국대학교 일본연구소, 2012)에서 논한 내용을 일부 수정하여 채용했다.

11) 현재 일본에서 발행되는 일간지는 지방신문에 이르기까지 반드시 단카와 하이쿠 투고란을 마련하고 있다고 해도 과언이 아니다. 디지털환경이 발달하고 인쇄미디어가 힘을 잃어가는 시대에 신문의 가단과 하이단만은 여전

인 <아사히가단(朝日歌壇)>에 진재 직후 게재된 작품이다.

덮쳐오는/ 지진해일 속으로/ 마을이 하나/
비명소리도 없이/ 삼켜져버렸다네 (山本憲二郎, 鳥取市, 「朝日新聞」 2011.3.28)[12]

더 빨리 달려/ 높은 곳에 올라가/
뉴스화면 속/ 사람들에게 외친다/ 눈물을 닦으면서 (桐山吾朗, 高山市, 2011.4.4)

히 성황을 이루며 일반인에 의한 창작과 투고 열기가 끊이지 않고 있다. 이를 대변하는 '일억 총시인'이라는 말이 있을 정도이다. 이는 세계 어디에서도 찾아보기 어려운 일로서, 외국인이 보기에는 이해하기 어려운 일본문화의 한 단면이다. 특히 <아사히가단>은 사회적 사건에 대한 반응이 가장 빠르고 대규모로, 또한 집약적으로 드러나는 미디어이다.

12) 襲いくる津波の中に町一つ悲鳴聞こえず呑まれてゆけり
疾く走れ高みに上れ映像の人らに叫ぶ涙ぬぐひて
震度6強の実家に父母はいる呼び出し音十回十一回答えぬ恐怖
今日もまだ紙面埋める東北の死者の名を読む年齢を読む
記者らみな「瓦礫」と書くに「オモイデ」とルビ振りながら読む人もいる
津波呑むブランド苺の壊滅をテレビが映す我が家の畑
毎日のおかずのように噛んでいるベクレル数値、シーベルト数値
地震起きし時刻を指して止まりたる校舎の時計背に給水を待つ
乳出すなと餌を減らすわれの手元見るその眼のやわらかき乳うし
ふるさとは無音無人の町になり地の果てのごと遠くなりたり
休み明け友の転校知った子の言葉少なしひぐらしが鳴く
인용한 작품은 진재 이후 6개월간(2011.3.28~9.26)에 해당하는 게재작 중에서 뽑은 것이다. 게재작 가운데는 지진이나 원전과 같은 직접적 어구를 사용하지 않고 돌려말하는 노래도 있거니와, 반대로 작자의 의도와 상관없이 비약이나 억측에 의해 진재와 관련지어 해석될 우려도 있을 것이다. 따라서 투고자의 거주지를 고려하여 가능한 한 명백히 진재를 테마로 했다고 판단되는 것들만 대상으로 했다. 6개월간, 27회분 1080수 가운데 진재관련 작품은 456수로 42%에 해당했다.

진도 6 강진/ 고향집에 계시는/ 나의 부모님/
수신음 열 번 열한 번/ 응답 없는 이 공포 (菊地陽, 盛岡市, 2011.4.10)

오늘도 또한/ 도호쿠의 사망자/ 가득한 지면/
그 이름을 읽는다/ 그 나이를 읽는다 (浜野寿美子, 彦根市, 2011.5.2)

기자들 모두/ '잔해'라고 쓰지만/
'추억'이라고/ 토씨를 달아가며/ 읽는 사람도 있다 (児玉正広, 久喜市, 2011.5.9)

지진해일이/ 삼켜버려 궤멸된/ 명품딸기밭/ TV에 나오네/
바로 우리집의 밭 (須郷柏, 宮城県, 2011.4.24)

매일 매일의/ 식탁의 반찬처럼/ 씹어삼킨다/
베크렐수치 얼마/ 시벨트수치 얼마 (美原凍子, 福島市, 2011.4.24)

지진 일어난/ 시각을 가리키며/ 멈춰서버린/
교사(校舎)의 시계 등지고/ 급수를 기다리네 (鹿野道子, 仙台市, 2011.4.24)

젖이 마르게/ 사료를 줄여가는/ 나의 손끝을/ 바라보는 젖소들/
부드러운 그 눈빛 (横田俊幸, 郡山市, 2011. 4.24)

나의 고향은/ 무음무인 적막한/ 마을이 되어/
이 세상의 끝처럼/ 멀어져버렸구나 (半杭蛍子, 福島県, 2011.5.23)

방학 끝나고/ 친구의 전학소식/ 알게 된 아이/ 말수가 줄었구나/
쓰르라미가 운다 (新妻順子, 福島市, 2011.9.19)

<아사히가단>은 매주 월요일자 발행면에 마련되며 한 주간 투고된 작품 중 40수를 4명의 심사위원이 선정하여 게재한다. 진재후 관련 작품이 처음 게재된 것은 3월 28일자, 22수였다. 진재가 발생한 2011년 3월 11일이 금요일이었으므로 직후 3번째에 해당하는 월요 지면이다. 우편에 의한 투고와 심사 일정 등을 고려하면, 3월 28일의 작품들은 진재 발생 직후 곧바로 창작된 것으로 볼 수 있다. 이들 단카는 미증유의 사태에 대한 놀라움과 두려움, 또는 무력감, 희생자에 대한 애도, 육친의 소중함에 대한 자각, 지난 진재나 전쟁 체험에 대한 기억, 나아가 정부 비판에 이르기까지 다양한 각도에서 각자의 느낌을 표현해냈다. 인용 단카 중 전반 5수는 대부분 직접 피해지역이 아닌 비교적 경미하거나 멀리 떨어진 지방에서 투고된 것으로, 미디어를 통한 간접체험에 의한 것이다. 그 때 그 때 뉴스에 대응한 창작은 현대 단카의 기회시적 특성을 잘 보여주는 것으로, 일본 열도 전국의 다양한 계층과 연령의 사람들이 대재난을 어떻게 체험하고 있었는지를 생생하게 보여주는 기록으로서 가치가 있다.

진재 당시 일본의 상황에 대한 보도는 전 세계에 실시간으로 전송되었다. 지진 강도, 시시각각 집계되는 사망자 및 실종자수, 갈라진 지면과 쓰나미에 휩쓸린 마을이 생생한 영상으로 흘러나왔다. 하지만 사실성과 객관성이라는 명분아래 선별되고 편집되는 뉴스 보도에서는 그 사태를 겪어내는 사람들의 감정의 문제는 삭제되거나 부정되기 쉽다. 후쿠시마의 원전사고와 관련된 보도의 경우 생소한 용어와 수치의 나열로 일관되었고, 심지어 정보가 충분히 신뢰할 수 있는지조차 의심되었다. 객관적 수치가 의미하는 것이 무엇이며, 인간의 삶에 당장 어떠한 변화를 초래하는지는 전달하지 못하는 것이다. 정보만 선행되고 사람의 마음은 외면당하고 있다고까지 생각된다. 신문보도에 의한 기록은 사실로서, 역사로서 남겠지만 그것을 민중이 어떤

식으로 받아들이고 있었는가 하는 부분까지는 전하지 못하는 것이다.[13] 반면 이상과 같은 신문가단의 단카들은 감성의 레벨까지 전달하는 민중의 목소리라는 점에 그 의의가 있다.

인용한 단카는 모든 미디어에 매일같이 등장한 '잔해'라는 단어가 단순히 파괴된 마을의 잔해더미가 아니고 그곳에 살아온 사람들의 삶이 녹아있는 것이며, 일상의 연장이 엄연히 존재한다는 것을 가르쳐준다. 공적 미디어에서는 읽을 수 없는 사실까지 전달해주는 것이다. 물론 인용 단카들은 사실을 전달하려고 의식하지 않는지도 모른다. 전문 작가가 아니므로 세련된 표현이나 기교를 다투지도 않는다. 하지만 쓰나미에 휩쓸린 마을의 비명, 연락이 두절된 부모에게 수없이 전화를 거는 피 말리는 심정 등, '어찌할 수 없는 마음'으로 터져 나온 각자의 탄식과 슬픔과 분노는 어떤 보도기사보다 더 리얼한 박진감을 가진다. 특히 후반 5수는 가장 큰 피해를 입은 도호쿠 지방에서 투고된 피재민들의 생생한 육성이다. 더 이상 미래가 없다는 듯 지진과 함께 멈춰버린 피재지의 시계, 방사능 오염으로 밭을 갈아엎고, 자식같은 젖소를 굶기고, 피폭 위험을 피해 하나둘 떠나는 사람들을 지켜보며 그래도 고향을 떠날 수 없는 심정. 즉각적이고도 진솔한 이들 저변으로부터의 육성은 생생한 현장감으로 공적미디어를 보완한다고 할 수 있다.

피재민을 비롯한 신문가단 투고자의 작품이 반드시 문학적으로 뛰어나다고 볼 수는 없다. 아직 사태를 객관화할 여유나 표현방식에 대한 고려가 갖추어지지 않은 상황에서 터져나온 언어들이 대부분이기 때문이다. 그러나 시간이 흐른 후에 다시 단카를 지었을 때 이보다 더 진실된 호소의 힘을 지닐 수 있을지는 의문이다. 원전사고와 방사능

---

13) 永田和弘 外, 「特別座談会·昭和短歌の再検討—短歌にとって昭和はどんな時代だったか」『短歌』, 角川学芸出版, 2000.9, p.153.

오염이라는 재앙 앞에서는 모두가 나약한 존재일 수밖에 없다. 그러나 가장 가혹한 희생을 강요받는 것은 언제나 이름 없는 서민들이고, 때문에 신문가단의 민중단카가 더욱 큰 호소의 힘을 지니는 것이다. 앞으로 긴 시간을 진재이후를 살아가야 할 피재지역, 특히 후쿠시마의 노래들은 진재시가 아닌 생활시로 분류되어 갈 것이다. 하지만 이는 개인의 생활의 차원을 넘어서 자연과 생태, 문화에 이르기까지 후쿠시마의 시간이 어떻게 흘러가는지에 대한 기록이자, 원자력발전이라는 스스로 감당할 수 없는 에너지를 선택한 인류를 향한 절박한 호소로 받아들여야 할 것이다.

3. 1945.8.6, 히로시마 – 진실의 증언

동일본대진재 당시 많은 일본인들은 지난 전쟁을 떠올렸다. 초토화된 도시, 집단적 피난, 생필품 품귀와 방사능 공포까지, 상황은 65년 전의 그날을 떠올리기에 충분했다. 1945년 8월 6일 오전 8시 15분, B29폭격기에 의한 원폭이 히로시마(広島)시 중심부의 상공 600미터에서 폭발했다. 폭심지(爆心地)의 지표온도는 수천도에 달했고, 열선과 폭풍으로 시내 구조물의 90%이상이 궤멸적으로 파괴되었으며, 연말까지 16만 6천명의 사망자가 발생했다. 당시의 상황을 단카는 다음과 같이 기록한다.

> 바로 눈앞에/ 이 무슨 사태인가/
> 누런 연기가/ 빙글빙글빙글/ 순간 지나쳐간다 (正田篠枝, 『昭和万葉集』(7), p.24)[14]

---

14) 目の前をなにの実態か黄煙がクルクルクルと急速に過ぎる

겨우겨우/ 정신을 차려보니/ 불타는 사람/
녹아내리는 얼굴/ 녹아내리는 손 거죽 (白木裕, 『昭和万葉集』(7), p.25)

인류가 처음으로 경험한 원폭. 피폭 순간 무슨 일이 일어났는지 아무도 깨닫지 못하고 죽어갔다. 한 순간 모든 기능이 마비된 히로시마는 외부로부터 완전히 단절되고 말았다. 히로시마 방송국에서는 40명이 희생되었고 방송 통신 설비는 거의 파괴되었다. 살아남은 직원들이 폭심지로부터 5키로 떨어진 송신소에 모여 오사카(大阪) 중앙방송국과 연결을 시도했고, 피폭 사실이 처음으로 외부로 전해진 것은 13시간이 지난 오후 9시였다. 하지만 오사카 중앙방송의 라디오 톱뉴스가 최초로 보도한 히로시마 공습 제 1보는 'B29 복수기가 히로시마시에 침입하여 소이탄(焼夷弾)과 파괴폭탄으로 공격, 손해는 현재 조사중'이라는 것이었다.[15] 이어서 일본시간으로 8월 7일 새벽, 미국 정부는 원자폭탄 사용을 밝힌 성명을 발표했다. 하지만 7일 15시 30분 일본정부는 히로시마의 상황을 '신형폭탄'에 의해 '상당한 피해'를 입었다고 발표했을 뿐이다.

히로시마에 이어 나가사키(長崎)까지 원폭에 희생되었음에도 불구하고 그 실상은 종전 후에도 피폭지 밖으로 보고되거나 발표되는 일이 거의 없었다. 9월 초 미점령군(GHQ)에 의한 원자폭탄 재해조사단은 방사능의 영향으로 인한 후속 피해는 없다고 발표했고, 곧바로 보도관제를 실시하여 히로시마와 나가사키를 외국인기자 출입금지지역으로 지정했다.[16] 이어서 9월 12일자로 프레스코드가 발령되었다. 연

やうやくに起きあがり見れば燃ゆる人顔の皮ぶら下げし人手の皮ぶら下げし人

15) 菅野匡夫, 『短歌で読む昭和感情史』, 平凡社新書, 2011, p.219.

16) 히로시마에 관한 최초의 외신보도는 레슬리 나카시마에 의한 것으로, 「호놀룰루 스타 브리튼」(8.30 석간)과 「뉴욕 타임즈」(8.31)에 게재되었다. 이 기자는 일본계 미국인으로, 순수 외국인 기자로는 영국의 「데일리 익스프

합국에 대해 사실에 반하거나 이익에 반하는 비판을 해서는 안 되며, 진주군에 대해 파괴적 비판을 가하거나 불신이나 원한을 초래할 사항을 게재해서는 안 된다는 것이었다. 특히 원폭피해 기사에 관해서는 모든 출판물에 엄격한 규제와 검열이 적용되었다. 위의 단카는 이러한 상황 속에서 눈앞의 사태를 기록하고자 한 귀중한 증언이라고 할 수 있다.

특히 첫 번째 인용 단카의 작가 쇼다 시노에(正田篠枝)는 언론 통제 속에서 가집을 발행한 작가이다. 그녀는 원폭 투하 당시 35세, 폭심지에서 1.7km 떨어진 자택에서 피폭당했다. 53세에 원폭후유증에 의한 유방암 발병을 진단받고 2년의 투병 끝에 사망했다. 생전에는 <원수폭 금지를 위한 히로시마 어머니 모임(原水爆禁止広島母の会)>을 발기하여 활동하기도 했다. 다음은 1947년 12월 간행된 『참회(さんげ)』[17]가 증언하는 히로시마의 참상이다.

레스」(9.5)에 게재된 윌프레드 바체트(Wilfred Graham Burchett)의 기사 「원자의 역병(The Atomic Plague)」을 최초로 본다. 9월 3일에 히로시마에 들어가 발신한 이 기사는 '30일이 지난 히로시마에서는 아직도 사람이 죽어간다…원폭의 역병이라고밖에 묘사할 수없는 무언가에 의해 죽어간다'라고 보도하여 세계에 큰 충격을 주었다. 하지만 미국의 뉴욕타임즈는 곧바로 반박기사를 싣고 바체트를 좌익 선동자로 비난했다. 西本雅実, 「ヒロシマ打電一号」「中国新聞」, 2000.10.5 참조.

17) 이 가집은 히로시마 시립중앙도서관이나 원폭자료관에도 소장되어 있지 않아 실물을 확인할 수 없었으나, 점령기 문예를 테마로 기획전을 계획한 히로시마 문화협회 문예부회가 시내에 남아있는 문학자료 발굴 작업을 진행하는 과정에서 원본이 발견되었다. 伊藤一亘, 「歌人正田篠枝 占領下でひそかに刊行 原爆歌集 さんげ 発見」「中国新聞」, 2011.9.23 참조.
이어서 「일간 베리타(日刊べりた)」 지상에 야마자키 요시히코(山崎芳彦)에 의해 해설과 함께 전문을 게재한 기사가 연재되었다. (2011.11.3/11.17/11.22 3회 연재) 이 기사는 인터넷판으로도 공개되어 있으며, 이 글의 인용도 본 기사에 의한다.
http://www.nikkanberita.com/read.cgi?id=201111031118414(검색일: 2014.4.1)

산산조각/ 발 디딜 틈도 없는/ 잔해더미 속/
피투성이 얼굴은/ 내 아버지의 얼굴 (正田篠枝, 『ざんげ』)[18]

아직 숨쉬는/ 산 생명들이건만/ 상처 위에는/
구더기가 들끓어/ 기어다니고 있다

불길을 뚫고/ 간신히 빠져나와/ 뛰어든 강물/
시체를 올라타고/ 날 밝길 기다렸지

커다란 뼈는/ 아마 선생이겠지/ 그 곁에는/
머리 작은 아이들/ 뼈가 모여있구나

불타 찌그러진/ 양철 도시락 속에/ 담겨진 유골
이것만이 오로지/ 현실 바로 그 자체

술을 마시고/ 마시고 또 마시고/
남자의 눈빛/ 눈물에 번뜩인다/ 사체를 태우며

원폭에 의한 참사라는, 인간이 처음으로 경험하는 사건을 문자로 전달한다는 것은 장황한 묘사와 설명으로 이루어진 산문으로도 쉬운 일은 아닐 것이다. 하물며 31음절의 정형시로 어떻게, 라고 생각할

18) 木端みじん足踏むところなきなかに血まみれの顔父の顔なり
まだ息をして命はあれど傷口に蛆虫わきて這ひまはりをる
炎中くぐりぬけきて川に浮く死骸に乗っかり夜の明けを待つ
大き骨は先生ならむそのそばに小さきあたまの骨あつまれり
焼けへこみし弁当箱に入れし骨これのみがただ現実のもの
酒あふり酒あふりて死骸焼く男のまなこ涙に光る

지 모른다. 하지만 위의 단카들은 마치 카메라의 렌즈처럼 피폭상황을 연속해서 포착하고 있다. 특징적인 점은 피투성이 얼굴, 상처부위, 양철도시락, 시체를 소각하는 남자의 눈빛과 같이 세부에 초점을 두고 클로즈업할 뿐 전체적 분위기를 담고자 하지 않는다는 것이다. 오로지 직접 보고 들은 대상을 대면하여 즉물적으로 묘사할 뿐, 희로애락의 심경묘사나 감상이 일절 개입되지 않은 표현법이다. 시시각각 벌어지는 현상을 숨가쁘게 촬영한 사진처럼 때로 불안정한 구도에 흔들림이 노출되지만 그만큼 절박한 심정이 스피드와 박력으로 다가온다. 짧은 호흡 속에 담아내는 이러한 강한 이미지 환기력은 원폭단카 스타일의 완성, 또는 원폭문학의 출발점에 위치하는 작품[19]으로 평가받았다.

하지만 기교적 측면보다 주목해야 할 점은 스스로의 체험을 전하고자 하는 작가의 강한 의지일 것이다. 이 가집은 점령군의 검열이 엄격하여 체포될 우려가 있다고 친지들이 반대하는 것을 무릅쓴 출판이었다. 피폭체험을 생생하게 전하는 위와 같은 단카 100수를 엮어서 단 100부 간행, 주변의 지인들에게 직접 나누어주었다고 한다. 이러한 형태의 출판으로 작품이 당시에 널리 알려졌을 리는 없다. 하지만 언젠가는 알려져야 할 진실로서 피폭자들 사이에서 공유된 것은 분명하다. 3번째 단카는 불길을 피해 뛰어든 강물 속에서 떠내려 오는 시체에 의지하여 하룻밤을 연명했다는 체험담이다. 뗏목처럼 여기저기 떠있는 시체를 올라타고 목숨을 부지한다는 것은 체험자가 아니면 상상할 수도, 이해할 수도 없는 적나라한 사실이다. 4번째 단카는

19) 伊藤一亘, 앞의 기사. 梅原勝己, 「正田篠枝 生誕100年 惨状伝える「原爆短歌」」 「中国新聞」, 2010.8.8 참조. 이 신문은 히로시마에서 발행되는 신문으로, 2008년부터 <히로시마 평화미디어센터>(http://www.hiroshimapeacemedia.jp/mediacenter/index.php)라는 인터넷 사이트를 운영하고 있다.

현재 히로시마 평화 기념공원에 설치된 교사와 아이들의 비석에 새겨져 있는 것으로, 운동장에서 순식간에 소사(燒死)하여 뼈만 남은 참상이다. 유골의 크기와 형태로 신원을 짐작할 수밖에 없고, 유골을 수습하는 데 쓸 수 있는 것이 타다남은 양철도시락이 전부인 현실. 이러한 순간순간의 기록은 그 어떤 서사보다 강한 리얼리티를 전달하는 생생한 증언이라고 할 수 있다.

4. 1943.10.21, 학도출진 – 무의식의 절규

시간을 좀 더 거슬러 올라가 태평양전쟁을 체험한 단카들이 어떤 순간들을 기록하는지 살펴보자. 1943년 10월 21일, 도쿄 메이지신궁외원(明治神宮外苑)의 육상경기장(현 국립경기장)에서 문부성주최 출진학도 장행회(壮行会)가 개최되었다. 전황의 악화에 따라 병력 보완이 시급해진 정부는 20세 이상 문과계 학생의 징병유예제도를 철폐했다. 따라서 각 학교의 수업연한이 단축되고 조기졸업 또는 휴학을 통해 학생들의 징병이 일제히 실시된 것이다. 이 날 비가 내리는 가운데 도쿄제국대학을 비롯한 77개교의 학도 2만 5천명이 착검총을 들고 행진하며 도조 히데키(東條英機) 수상의 열병을 받았다. 수상의 훈시에 대해 학도대표가 '우리는 애초에 생환을 바라지 않는다'라고 답사를 했고, 경기장 스탠드에서는 징병제외 학생 및 여학생들로 이루어진 5만의 환송관중이 열렬한 환호를 보냈다. 이 날의 장행회는 NHK 라디오로 2시간 반동안 실황중계 되었으며, 촬영한 영상으로는 뉴스영화를 제작하여 상영했다.[20] 영상 속에서 2만 5천의 학도병

20) 전체 15분 분량의 이 영상은 2/3이상이 천황만세를 외치는 장면으로 채워져 있다. 2000년 8월 14일 방송된 NHK스페셜 <학도출진-56년만의 증언>

들은 학교별로 대대를 형성하여 일사분란한 열병식을 연출하고 있으나 그들 각각의 심정은 단카 속에 다음과 같이 그려져 있다.

성역과 같은/ 여기 신궁경기장/
수만 학도들/ 전장으로 보내는/ 비 쏟아져 내린다 (吉野昌夫, 『昭和万葉集』(6), p.98)[21]

살아 돌아올/ 마음은 아니지만/ 그렇다 해도/
읽어온 서적들은/ 버리기 어렵구나 (山石敏人, p.100)

남은 페이지/ 마저 읽고 가련다
뵘의 이자론[22] 이 밤/ 서둘러서 읽는다 (内海洋一, p.100)

끝내지 못한/ 논문 그냥 그대로/ 졸업하노라/
남은 한이 있다면/ 그것이 억울할 뿐 (唐津常男, p.101)

유품이라는/ 말은 하지 않았네/ 자른 머리칼/
어머니도 말없이/ 소중히 받으셨네 (唐津常男, p.101)

에 생환한 학도병들의 인터뷰와 함께 편집, 수록되었다.

21) 神宮競技場ここ聖域にして送らるる学徒幾万に雨ふり注ぐ
還り来ん心もたねどしかすがに詠み来し書籍の捨て難きなり
残りたるページを終えて征きなむとベエムの利子論今宵読み急ぐ
遂げ得ざる論文を措きて卒業す悔とし言わばかかる悔のみ
形見の髪とわれは言はなく渡せるを母も無言に受け給ひたり
いささかの残る学徒と老いし師と書に目を凝らし戦に触れず
ゆく思ひしずけくありて明日の日は捨てむ学帽を汝はかき撫づ
青年のひとつ心は今なれや学問の道はたたかひの道

22) 오스트리아 경제학자인 뵘 바베르크(Boehm Bawerk; 1851-1914)의 자본이자이론을 말한다. 마르크스 가치론 비판으로 유명하다.

얼마 안되는/ 남겨진 학도들과/ 늙은 스승이
뚫어져라 책만 본다/ 전쟁얘기 못 하고 (窪田空穂, p.102)

떠나는 마음/ 담담하게 갖추고/
내일이 되면/ 버리게 될 학생모/ 그리 만지는 너는 (木俣修, p.102)

우리 청년들/ 하나로 모은 마음/ 지금 여기에/
학문의 길은 바로/ 나아가 싸우는 길 (斎藤茂吉, 『全集』(4), p.218)

앞의 5수는 출정 전 학도병이 남긴 작품이고, 6, 7번째 단카는 제자들을 보내는 제국대학 교수들의 심정이다. 이들 단카는 『쇼와만요슈(昭和万葉集)』[23] 제 6권에서 인용한 것이다. 이 책은 쇼와(昭和) 원년인 1926년부터 1975년까지 창작된 단카 중에서 선정한 4만 5천수를 년대순, 테마별로 편집하여 총 21권의 전집으로 간행한 것이다. 단카를 통해 쇼와기의 역사를 엮어내려고 한 기획으로, 무명 작가를 포함하여 1만 5천명이 넘는 작가의 작품이 수록되어있다. 이 글에서 참조한 제 6권은 태평양전쟁시기에 해당하는 1941-1945년에 창작된 작품으로, 다양한 위치에서 전쟁을 겪어온 일본인들의 생활을 읽을 수 있다.

위의 단카 속에서 학도병들은 조심스럽게 학문에 대한 애착을 토로하는 것으로 사지로 나아가는 망설임을 표현하고 있다. '늙은 스승'의 심경도 결코 편하지 않다. 이들 단카에서는 장행회의 영상을 가득 메운 비장한 열의와는 큰 차이를 읽을 수 있다. 오히려 체념에 가까운 어조이다. 따라서 학도대표의 답사는 목숨을 아끼지 않고 싸우겠다

23) 太田青丘 外 選, 『昭和万葉集』(全21巻+別1巻), 講談社, 1979-1980.

는 투지나 각오가 아니고, 생환을 '바랄 수 없는' 전장에 총알받이가 되기를 강요받은 현실에서 다른 선택지가 없다는 인식이었음을 알 수 있게 한다. 실제로 이들 대다수는 돌아오지 못했고 남은 단카가 유서를 대신했다.

마지막 단카는 당시의 국민가인으로 활약한 사이토 모키치(斎藤茂吉)의 작품이다. 질주하는 쇼와파시즘은 이처럼 국민을 선동하고 학생들을 사지로 내모는 전쟁찬미가를 양산하기도 했다. 이 날의 장행회도 『만요슈』의 사키모리우타(防人歌)[24]에 곡을 붙여 대대적으로 교육한 「바다에 가면(海行かば)」의 합창으로 마무리 되었다. 이러한 일련의 행사 속에는 오로지 죽음의 미화만이 있다. 침략으로 시작한 전쟁이 스스로를 죽음으로 내몰게 된 사태에 대해서는 그 어떤 비판도 논리적 판단도 찾아볼 수 없다. 실제 기록 영상과 위의 단카 사이에 가로놓인 틈은 개인의 자유의지와 국가에 의한 강제 사이의 갈등, 혹은 파시즘에 함몰된 집단 무의식이라고 할 수 있을 것이다. 그것이 가장 가혹한 형태로 나타나는 것이 특공대원들이 마지막으로 남긴 다음과 같은 단카이다.

> 새로운 광명/ 살아가야할 우리/ 어린 아이들/
> 그 행복을 바라며/ 나는 스러지노라 (熊井常郎, 『昭和感情史』, p.200)[25]

---

24) 고대 일본에서 기타큐슈(北九州)지방의 국경 수비를 위해 징발된 병사인 사키모리와 그 가족들이 읊은 노래를 말한다. 주로 가족과 이별하는 슬픔, 여로의 고난 등을 그린 작품이 대부분으로, 『만요슈』 권 14와 20에 다수 수록되어 있다. 『만요슈』는 전시기에 일본정신의 정수로서 강요되고 총력전 수행에 이용되었는데, 특히 사키모리우타는 국민의 본분과 군인으로서의 훌륭한 각오를 잘 나타낸 노래로서 대대적으로 선전되었다.

25) 新しき光に生きんをさな子の幸を祈りて我は散らなむ
きみ想ふこころは常にかはらねどすべてをすてて大空に散らむ
菅野匡夫, 앞의 책, p.200 재인용.

그대 그리는/ 마음만은 언제나/ 변함없지만/

모든 것을 버리고/ 저 창공에 지리라 (小城亜世亜, p.200)

위의 작품은 『대동아전쟁 순국유영집(大東亜戦争殉難遺詠集)』[26)]에 수록되었던 것이다. 단카는 대대로 생애 마지막 작품을 기념해왔고, 에도(江戸)시대 무사들의 경우 죽음을 앞둔 각오를 단카로 표현했다. 특공대원들에게도 출격이 결정되면 유서 또는 마지막 단카를 남기는 시간이 주어졌다고 전해진다. 첫 번째 단카의 작자 구마이(熊井)는 1945년 4월 28일 오키나와(沖縄)에서 전사한 가미가제(神風)특별공격대 대원이다. 벚꽃(桜花)라는 이름의 함상전투기에 250키로의 폭약을 탑재하고 미 기동부대의 항공모함으로 돌진하는 이 특공대는 1944년 10월 레이테(Leyte Gulf) 해전에서 시작되어 오키나와전에서는 수천기가 출격한 것으로 알려져 있다. 당연히 그들 대부분은 돌아오지 못했다. 두 번째 작자도 같은 특공대원으로 1945년 8월 13일 전사했다. 이 단카는 연인 K코씨에게 보낸 편지에 남긴 것이다.

전쟁 중에 인적자원이라는 말이 생겼고 인간은 총력전의 생산수단으로 변했다. 특공대는 인적자원이 나아가 인적무기로 전화한 것으로, 인간의 가장 절망적인 존재형태라고 해도 과언이 아닐 것이다. 특공기에 올라 출격한 파일럿은 인간인 동시에 기계이자 폭약이었다. 그런데 그들이 남긴 단카는 용감한 결의를 말하는 듯하지만 동시에 센

26) 전몰 병사들의 유영을 모은 가집으로 『大東亜戦争殉難遺詠集』(大東亜戦争殉難遺詠刊行会編, 大東亜戦争殉難遺詠刊行会, 1976) 외에 『無名戦士遺詠抄』(無名戦士遺詠抄刊行会編, 新現論社出版局, 1976), 『特攻隊遺詠集』 (特攻隊戦没者慰霊平和祈念協会編, PHP研究所, 1999) 등이 있다. 특공부대는 태평양전쟁 초기부터 존재했으며, 유명한 가미가제 특공대 외에 특수잠항정 가이텐(回天) 등을 이용한 수중 특공대까지, 『特攻隊遺詠集』 에만 800수의 작품이 수록되어 있다.

티멘탈한 감정을 드러낸다. 사적인 의지로는 죽고싶지 않은 것이 당연하지만 국가가 부여한 임무는 죽음을 강요한다. 그 틈새에서 누군가는 체념하고, 누군가는 스스로를 납득시킬 명분을 찾고, 누군가는 사랑하는 사람의 이름을 불렀다. 아무도 살아서 돌아오라고, 죽고싶지 않다고 말하지 못하던 전쟁의 세기가 여기에 있다.

당시 도쿄제국대학 학생이었던 철학자 야마다 무네무츠(山田宗睦)의 회고에 의하면, 학도출진 당시 교수들과 함께한 송별회에서 문리과대학 교수 무타이 리사쿠(務台理作)는 '不惜身命, 但惜身命'이라고 칠판에 썼다. 이러한 모순적 어법 외에도 이 시기에는 애매하게 의미를 표현하고 그 함의를 교묘하게 맞추어 이해하는 능력, 언어의 뉘앙스를 분간하여 해독하는 기술 같은 것이 생겼다고 한다. 따라서 야마다(山田)는 전쟁중의 사상사 자료를 대할 때는 그러한 기술을 복원적으로 파악할 필요가 있다고 지적한다.[27] 인용한 단카들에서는 황폐한 전쟁의 세기를 살았던 '인간'의 감정을 어떤 자료보다도 핍진하게 복원할 수 있다고 생각된다. 단카라는 시형은 생략과 함축을 전제로 하기에, 구와 구 사이의 공백 또는 여운을 통해 독자로 하여금 단카 속의 상황을 추체험하여 드러나지 않은 의미까지 받아들이도록 유도하기 때문이다. '생환을 바라지 않는' 길을 떠나며 학도병들은 하염없이 학생모만 매만지고, 남은 책을 한 장이라도 더 읽고, 다 못쓴 논문이 억울하다고 할 뿐이다. 아들을 보내는 어머니의 목소리조차 국가라는 거대한 힘에 의해 삼켜졌다. 말하지 못한 그 무엇, 의식의 밑바닥에 가라앉은 무의식 속의 절규가 단카 속에 있다.

27) 山田宗睦, 「ある哲学学徒の戦中体験」『昭和万葉集』(第6巻), 앞의 책, p.318.

5. 15년간, 전쟁의 실체 - 기억의 복원

『쇼와만요슈』에 수록된 작품들을 좀 더 읽어보자. 학도병들이 나아간 전장의 실상은 어떠했을까.

내 가는 곳이/ 어딘지도 모른 채/ 배에 오른다/
남방 어딘가라고/ 단지 들었을 뿐 (堀内雄平, 『昭和万葉集』(6), p.141)[28)]

이 탄환들에/ 맞아서 죽는다면/ 편안해질까/
생각한 순간 문득/ 아내 얼굴 떠오르네 (松本富治, p.126)

포탄 발사음/ 터진 순간 타박감/ 왼손에 선혈
아직 살아있음을/ 스스로 자각한다 (山田政次, p.150)

빙글빙글/ 손가락을 비틀어/ 잘라서 간다/
전우의 손가락을/ 두드려 잘라간다 (宮崎信義, p.153)

아직 숨쉬는/ 전우 그냥 그대로/ 버리고 와서/
텅 빈 유골함을/ 분향대에 올린다 (小林弘, p.154)

작열하며/ 쏟아지는 포탄 속/ 잠시 잊었던/

---

28) ゆく先を聞かさるるなく乗船す南方とのみ我は知りて
この弾丸にあたりて死なば楽ならむと思ふときふと妻の顔顕つ
発射音打撲感左掌鮮血いまだしなざる吾を自覚す
ぐるぐるねぢて掌を切つていく叩くやうに戦友の掌を切つていく
まだ生きてをりし友をば捨て来しが空の骨箱隊に飾るる
炸裂する砲弾の中に忘れゐしひもじさはまたも激しく襲ふ
銃も捨て剣も捨ててひたすらに生きんと兵等よろぼひ歩く

허기는 또 다시/ 격렬히 덮쳐온다 (高木八郎, p.236)

총도 버리고/ 칼도 모두 버린 채/ 오직 한 가지/
살기위해 병사들/ 비틀비틀 걷는다 (佐藤忠男, p.239)

어디로 가는지도 모르고 보내진 전장, 단카 속에 그려진 그 곳에는 미화할 겨를도 없는 현실의 죽음이 넘친다. 총알이 빗발치고 포탄이 터지는 매순간, 종이 한 장 차이로 스쳐지나가는 삶도 죽음도 모두 허무하다. 죽은 전우의 손가락 하나를 잘라와 유골함을 만들고, 버리고 온 부상병은 그마저도 없는 텅빈 유골함으로 귀환했다.

1942년 6월 5일 미드웨이 해전에서 일본은 주력항공모함 4척과 비행기 285기, 장병 3천을 일거에 잃는 대패를 당한다. 이 패배는 국민에게 발표되지 않았지만 이를 계기로 전황의 주도권은 미국이 쥐게 되었다. 1943년에 들어서면 과달카날섬(Guadalcanal I.) 사수 실패를 시작으로 야미모토 이소로쿠(山本五十六) 연합함내 사령관상의 전사, 에투섬(アッツ島/Attu I.) 전멸, 본토인 이오지마(硫黄島)에 이어 오키나와 전멸[29]에까지 패배가 이어진다. 남방 각 지역의 일본군은 전투의욕을 상실하였고 식량과 탄약보급이 끊어지면서 비참한 퇴각과 도피의 대행군이 시작되었다. 1943년 2월 1일 시작된 과달카날섬 후퇴작전에서는 투입병사 3만 1천여명 중 2만이 전사했는데 그중 70%는 아사와 병

29) 무적의 사령관장으로 알려져있던 야마모토는 남방전선 시찰중 미군의 매복공격을 받아 탑승기와 함께 추락하여 전사(1943.4.18)했으나 이 사실은 유골이 동경만에 도착(5.21)할 때까지 극비에 붙여졌다. 에투섬 전투에서는 수비대 2600명이 전멸(1943.5.12)했고, 이오지마의 전사자는 1만9천(1945.3.17)으로 알려져 있다. 오키나와 전투(1945.4.1-6.15)는 9만 4천의 전사자와 외에 오키나와 현민 9만 4천의 희생자를 낳았다. 자국민의 이러한 희생에도 일본 군부는 포츠담 선언(1945.7.26)을 묵살했고, 그 결과는 히로시마와 나가사키의 참변으로 이어졌다.

사였다. 마지막 2수는 그들이 기아와 말라리아에 시달리며 정글을 헤매다 죽어간 전쟁 말기의 비참한 상황을 적나라하게 보여준다.

에투섬 전투 이후의 잇따른 전멸 상황에서 생환자수는 극소수이므로 그 참상을 전하는 목소리는 당연히 많지 않다. 공식적으로 남겨진 기록은 장렬한 최후를 고한 각 부대장의 마지막 통신이다. 그들의 전사는 무자비한 적들에 대항하여 나라를 지키기 위해 산화한 숭고한 정신으로서, '옥쇄(玉碎)'라는 더할 나위없이 고귀한 표현으로 보도되었다. 만주사변으로 시작된 침략전쟁은 15년간의 기나긴 싸움 끝에 본토가 공격받게 되자 그 시작은 잊혀졌고, 사지에 내몰린 일본인들은 스스로를 피해자로 인식하게 된 것이다.

패전 후 복원병들을 그린 단카 중에는「깊은 산 속의/ 온천 연관에 묵는/ 복원병사들/ 전장에 대해서는/ 대부분 말이 없네」[30]라는 것이 있다. 그들이 말하지 않은, 아니 차마 말하지 못한 전쟁의 실체는 과연 무엇이었을까.

2만이 넘는/ 생명이 순식간에/ 죽어갔다고/
놀라는 내 눈앞에/ 산처럼 쌓인 시신 (三田澪人,『短歌研究』, 1938.6)[31]

트럭 가득히/ 환성을 내지르며/ 달려가는 곳/
우리 병사들 모두/ 위안소로 향하네 (梶谷善久,『昭和万葉集』(6), p.150)

강간당한 채/ 쓰러져 누운 여자/ 땅바닥 위에/

---

30) 山ふかき湯の宿にして復員の若者らおほよそ戦語らず
紺野幸子,『昭和万葉集』(第7巻), 앞의 책, p.100.

31) 二万余のいのちたちまち滅びしとわが驚く前のしかばねの山
歓声をあげとらいに打ち乗りてわれら兵士慰安所に向かふ

그 다음 병사들이/ 차례로 또 덮친다 (川口常孝,『兵たりき』)[32)]

전족의 소녀/ 둘러싼 일본병사/ 모두 젊었다/
나 또한 그 자리에/ 그 한 사람이었네 (川口常孝,『兵たりき』)

베이징대학/ 학도 출신이었던/ 너를 향하여/
총살의 명령대로/ 방아쇠를 당긴다 (川口常孝,『兵たりき』)

제비 나는/ 하늘을 바라보며/ 가만히 섰다
나는 병사였었네/ 사람을 죽였다네 (川口常孝,『兵たりき』)

위의 단카가 기록하는 사실은 학살, 강간, 위안부 등, 일본군이 침략지에서 자행한 만행들이다. 첫 번째 단카는 나고야 신문사(名古屋新聞社)의 종군기자였던 미타 레이진(三田澪人)이「전지에서 읊다(戦地吟詠)」라는 제목으로 발표한 연작 중 1수이다.[33)] 눈앞에 산처럼 시신이 쌓여있는 광경은 작자가 1938년 3월 남경에서 목격한 학살의 현장이다. 두 번째 단카는 위안부의 존재를 증언하고 있다. 단카가 수록된『쇼와만요슈』의 주석에는 위안소를 전장에 설치된 군대용 창가[34)] 라고 해설하고 있으며, 1944년 10월 자바(Java)의 단카회에서 발표된 것으로 기록되어 있으므로 위안부는 남방의 전장에까지 동원되었던

---

32) 犯されしままに地上に横たわる女を次の兵また犯す
纏足の少女を囲む日本の兵みな若しわれも一人にて
北京大学の学徒の兵のきみに向き銃殺の銃の引き金を引く
燕飛ぶ空を仰ぎて立ち尽くすわれ兵たりき人を殺しき
屋良健一郎,「川口常孝の歌」,『心の花』, 竹柏会, 2013.9, p.81 재인용.
33) 菅野匡夫, 앞의 책, p.121.
34) 太田青丘 外 選,『昭和万葉集』(第6巻), 앞의 책, p.150.

것을 알 수 있다.

이어지는 4수는 모두 가와구치 쓰네타카(川口常孝)의 작품으로, 중국인 소녀를 윤간한 일본병사들의 짐승같은 행동을 증언한다. 가와구치(川口)는 1943년 제 1회 학도동원으로 출진하여 만주와 중국북부의 전장에 투입되었다가 1945년 병을 얻어 귀환했다. 1948년 전시하의 20대를 그린 첫 번째 가집 『지평선 끝(地平の果て)』을 간행했으나 전장의 풍경을 읊은 것이 대부분이었다. 이후 전장에서 목격한 죽음 등, 전쟁체험이 구체성을 띠고 가해의 의미까지 포함한 참담한 실상을 표현해가게 되었다. 마지막 단카는 명백히 스스로를 가해자로서 인식한 작품으로, 73세에 간행한 8번째 가집 『병사였었네(兵たりき)』(1992)에 수록된 것이다. 실제 경험한 사실, 기억의 실체를 복원하는 데 반세기에 가까운 오랜 시간이 필요했던 것이다. 그리고 그 실체는 '사람을 죽였다네'라는 한 구절로 귀결되었다.

한편 전장에서 창작한 작품을 오랫동안 발표하지 못하는 경우도 있다. 다음은 와타베 료조(渡部良三)의 가집 『작은 저항-살육을 거부한 일본병(小さな抵抗—殺戮を拒んだ日本兵)』(1992)에 수록된 단카이다.

아침식사 중/ 연신 밥을 삼키며/ 설교하는 조교/

"포로 찔러죽이고/ 담력을 키우도록" (渡部良三, 『小さな抵抗』, p.1)[35)]

---

35) 朝飯を食みつつ助教は論したり「捕虜突殺し肝玉をもて」
「俺が殺ってやるこっちへ来い！」鋭き叫びわが分隊長鷲津軍曹
生命乞う母ごの叫び消えしとき凜と響きぬ捕虜の「没有法子(メイファーヅ)！」
血と人膏まじり合いたる臭いする刺突銃はいま我が手に渡る
かくのみにいつくしみなし戦争を聖と宣るやまとの剣に
祈れども踏むべき道は唯ひとつ殺さぬことと心決めたり
かほどまで激しき痛みを知らざりき巻ゲートルに打たれつづけて
生きのびよ獣にならず生きて帰れこの酷きこと言い伝うべく

"이쪽으로 와!/ 내 먼저 찔러주지"/
날선 목소리/ 호령하는 분대장/ 우리 와시즈 군조 (渡部良三, p.20)

살려달라고/ 애원하는 어머니/ 절규 끊기자/
남은 포로의 외침/ 의연한 "메이요퍼즈!" (渡部良三, p.12)

피와 기름이/ 뒤섞여 진동하는/ 비린내 속에
대검총은 드디어/ 내 손에 건네진다 (渡部良三, p.17)

오직 이렇게/ 무자비할 뿐인/ 전쟁을 두고/
야마토의 칼이라/ 성스럽다 하시네 (渡部良三, p.9)

기도하건대/ 나아가야할 길은/ 오직 한 가지/
살인은 않으리라/ 마음 굳게 정했네 (渡部良三, p.17)

알지 못했네/ 이다지도 극심한/ 고통일 줄은/
양 볼을 각반으로/ 끝도 없이 맞으며 (渡部良三, p.37)

살아남아라/ 짐승이 되지말고/ 살아돌아가/
이 잔혹한 일들을/ 전해 알려야한다 (渡部良三, p.115)

작자는 대학재학중 학도출진으로 중국 하북성(河北省) 주둔부대

앞에서 살펴본 쇼다 시노에의 『참회』와 같이 이 가집도 자비출판으로 간행되었다. 따라서 널리 유통되지 않았으나, 2011년 이와나미 현대문고(岩波現代文庫)로 재간행되어 알려졌다. 대형출판사에서 유명하지 않은 작자의 개인 가집을 출판하는 것은 매우 드문 일로서, 이 가집의 사적 의의를 말해주는 것이기도 하다. 이 글의 인용은 이와나미판에 의한다.

에 육군이등병으로 배속되었다. 가집 간행 후 강연회에서 술회한 바에 의하면, 하북성에 배속된 1944년 3월부터 약 2개월간의 기초훈련 과정 중 아침식사 시간에 분대상등병으로부터 포로를 총검으로 찔러 죽이는 '살인연습' 실시를 통지받았다. 담력을 기르기 위해 특별히 배려한 훈련이라는 것이었다. 교관은 '포로를 죽여서 하루라도 빨리 천황폐하를 위한 훌륭한 병사가 되라'고 지시하고, 5명의 중국 공산군 포로를 49명의 훈련병이 차례로 칼로 찌르도록 명령했다.[36] 하지만 작자는 기독교 신앙을 이유로 적군에 대한 '살육'을 거부했고, 그 결과 요주의 인물로 낙인찍혀 처참한 린치를 당하게 된다. 그 잔혹한 광경이 위의 단카에 그려져 있다.

놀랍게도 단카 속에는 끔찍한 살육을 솔선하는 분대장의 실명이 등장하며, 3번째 단카에서 포로의 외침을 그대로 옮긴 중국어까지, 수십 년 전의 살육현장을 생생히 재현한다. 현장에는 주변의 중국인 주민들이 지켜보고 있었으며, 그 중에 포로의 어머니인 듯한 노파가 뛰어나와 애원했으나 죽임을 당했다고 한다. 노파의 울부짖음이 끊어진 후에 들려오는 그 아들의 의연한 외침은 '어쩔 수 없다'는 의미이다. 이것이 폐하께서 말씀하시는 '성전'인가라고 회의하는 작자가 항명한 대가 또한 군법에 의한 처벌이 아닌 비열하고 잔인한 린치였다.

마지막 단카에서 다짐했듯이 작자는 혹독한 시간들을 견디고 생환했고, 개인적 체험을 넘어 일본군의 실상을 알려줄 약 700수의 단카를 남겼다. 하지만 이 단카들은 1992년에야 처음으로 활자화되었다. 50년 가까이 침묵을 지켜온 이유에 대해 작자는, 여전히 중국인 포로들의 꿈을 꿀 정도로 학살의 광경을 말하는 것이 두려웠고, 진실을 제대로 전할 수 있을지 또한 두려웠기 때문이라고 한다. 압도적인 폭

36) 渡部良三,「講演記録<克服>できないでいる戦争体験」『小さな抵抗—殺戮を拒んだ日本兵』(岩波現代文庫), 岩波書店, 2011, p.224-229 참조.

력 앞에서 가담하지 않는다는 소극적 의사밖에 표명할 수 없었던 죄책감 또한 이유 중의 하나이다. 그리고 뒤늦게 출판을 결심한 이유로서 손자들에게 전쟁중의 삶을 전해주고자 한 의중을 술회했다.[37)]

시간의 흐름은 좋든 싫든 오래된 기억을 지운다. 부모의 기억이었던 것이 조부모의 기억이 되고, 더 나아가 역사속의 한 줄에 지나지 않는 사건이 되어간다. 이는 어쩔 수 없는 일이지만 그렇기 때문에 더더욱 잊어서는 안 되는 기억이 있을 것이다. 와타베(渡部)는 오랜 망설임 끝에 퇴직 후 3년여에 걸쳐 전장에서 가지고 돌아온 단카들을 정리하고 추고하는 작업을 통해 과거의 기억을 들추어냈다. 그의 체험이 단카라는 형태로 남게된 것은, 늘 감시를 받고 종이조차 구하기 어려운 상황에서 긴 분량을 요구하는 글은 쓸 수 없었기 때문이다.[38)] 언어의 함축을 통해 순간을 기록하는 짧은 시, 단카였기에 비로소 가능했던 것이다.

이와 같은 현장의 기록은 물론, 그 전에 살펴본 가와구치(川口)의 단카와 같이 기억을 복원하는 창작의 의의 또한 강조될 필요가 있다. 두 작가의 작품을 비교해볼 때, 가와구치의 단카에는 창작의 절박감과 임장감은 분명 약화되어 있다. 하지만 단편적인 사상을 담아내는 문학형태인 단카는 타 장르에 비해 훨씬 유리한 위치에 있다고 생각된다. 뇌리에 박혀 잊혀지지 않는 장면들을 하나하나 그대로 재현함으로써 소설의 허구적 장치나 자서전의 자기변호 심리가 배제된 진실된 기억을 복원해내는 가능성을 지니는 것이다. 이들의 단카에서는 가혹한 체험을 반추하며 그것을 현재의 삶에 어떻게 자리매김할 것인

---

37) 「捕虜虐殺を拒否して学徒兵ー渡部良三さん50年目の証言」「クリスチャン新聞」, 1993.12.26.

38) 渡部良三, 「はじめに」『小さな抵抗ー殺戮を拒んだ日本兵』(岩波現代文庫), 앞의 책, pp.vi-vii 참조.

지 엄격하게 반문하는 자성의 힘을 느낄 수 있다. 전쟁 체험의 풍화가 진행되어가는 향후의 세대에게 31문자의 단카가 되살려내는 기억의 의의는 점점 더 커진다고 생각한다.

6. 단카, 감정의 서사

이제까지 최근의 동일본대진재와 후쿠시마의 원전사고에서 출발하여 히로시마의 원폭과 그 원인이 된 태평양전쟁에까지, 재난의 역사를 단카가 어떻게 담아내고 있는지 시간을 거슬러 살펴보았다. 굳이 단카가 아니더라도, 지나간 그 시간들이 어떻게 흘러왔는지 이미 알고 있다고 할지도 모른다. 우리는 과거의 사건들이 어떤 원인과 결과를 지니며 몇 명의 희생자를 낳았는지 공적으로 기록된 역사서를 가지고 있으며, 관련 보도 자료들 또한 존재하기 때문이다. 하지만 역사는 승자에 의해 기록된다는 것 또한 우리는 알고 있다. 그 승자는 정치권력이기도 하고, 이념이기도 하며, 혹은 자본의 힘이기도 하다. 언제나 가장 가혹한 희생을 강요받는 나약한 민중은 그 어디에도 해당되기 어렵다. 따라서 역사에 기록된 '사실'의 행간에서 '진실'을 읽어내고, 잔혹한 세기를 살아온 '인간의 삶'을 이해하기 위해서 문학적 서사에 귀 기울일 필요가 있다고 생각한다.

이 글은 특히 단시형 문학인 단카가 지니는 기록성과 사실성, 시사성, 민중성과 같은 본질적 특성에 주목했다. 극히 개인적 서정을 노래해온 단카라는 시형이 집적되었을 때 특정시대의 인간의 삶을 복원하고 증언하는 서사로 재구축될 수 있다는 점을 논의하고 그 의의를 찾아보고자 한 것이다. 앞에서 살펴본 단카들은 극히 일부분에 지나지 않지만, 동일본대진재 피재민들의 단카에서는 공적 미디어가 결하고 있는 감성의 레벨까지 포착하고 호소하는 힘을 볼 수 있었다. 히로시마 원폭 체험자의 단카는 승자에 의해 축소되고 은폐되는 진실을 증언했으며, 태평양전쟁기 학도병들의 노래는 질주하는 파시즘 속에 함몰되고 희생되어간 개개인의 자의식, 즉 무의식의 절규를 들려주었다. 나아가 전쟁의 세기를 통과하여 살아온 생환병들의 단카에서는 시간의 흐름 속에 지워지는 기억을 복원하는 힘 또한 확인할 수 있었다.

단카가 만들어내는 재난의 서사가 산문으로 기록된 서사와 다른 점은 무엇보다 '서정'의 집적이라는 점일 것이다. 단카는 매순간 당면한 사태를 겪어내는 인간의 '마음'을 표현하는 시형이다. 때로 한정된 정형률 속에 감정이 절제되고 눈앞의 광경만을 이미지화하고 있는 경우에도, 그 이면을 지탱하고 있는 것은 작자의 섬세하고도 인간적인 시선이다. 여기에 실체험을 전제로 한 절박한 표현 욕구가 더해져서 한 수 한 수 리얼리티가 넘치는 작품으로 성립된 것이다. 또한 5·7·5·7·7의 정형은 경험적, 역사적 서사가 정보의 실재성에 치중하여 결하기 쉬운 미적 형식성을 담보한다. 응축된 리듬과 각각의 단카들 사이에 존재하는 공백의 함의까지 포함할 때 같은 분량의 산문으로 이루어진 서사와는 또 다른 미적 체험을 가능하게 하는 것이다.

이 글에서 텍스트로 사용한 『쇼와만요슈』는 50년간의 일본인의 삶을 단카로 엮어낸 것으로, 총 21권이 완간되었을 때 '감정사(의 가능성)이 탄생했다'[39]는 평가를 받았다. 사회사, 경제사, 사상사 등에 '감정사'가 더해짐으로 해서 비로소 인간을 총체적으로 파악할 수 있다는 것이다. 그리고 그 감정이 세계를 움직이는 한줌의 위대한 사람들의 것이 아닌, 이름없는 민중들의 마음이라는 점에 단카의 의의가 있다. 이 짧은 시형이 담아내는 순간순간의 '작은 이야기'가 모여 인간의

39) 菅野匡夫, 앞의 책, pp.11-12 참조.

삶을 있는 그대로의 모습으로 드러내줄 수 있는 것이다.

인용한 단카가 들려주는 재난의 서사는 일본인들의 체험이지만, 단지 그들만의 일로 이들 단카를 읽을 수는 없을 것이다. 그 속에는 위안부와 중국인들도 등장했으며, 일제강점기에 벌어진 태평양전쟁은 식민지 조선이 함께 체험한 우리의 역사이기도 한 것이다. 나아가 인간의 존엄을 짓밟는 전쟁위기가 여전히 존재하고 자폭테러와 핵실험이 자행되고 있는 현재 이 세계가 처한 문제이기도 하다. 특히 원자력과 진재를 읊은 단카는 인류 전체가 주목해야할 가치를 지닌다고 생각한다. 문명의 끝에서 원자력이라는 스스로 감당할 수 없는 에너지를 선택하고, 지구환경을 황폐화시킨 현인류에게 삶과 미래를 성찰하게 하는 중요한 기록이자 절박한 호소로 받아들여야 할 것이다.

참고문헌

<자료>

「朝日歌壇」「朝日新聞」, 2011.3.28-2011.9.26.

太田青丘 外 選, 『昭和万葉集』(第6, 7巻), 講談社, 1979.

川口常孝, 『兵たりき』, 翰林書房, 1992.

斎藤茂吉, 『斎藤茂吉全集』(第4巻), 岩波書店, 1975.

正田篠枝, 『さんげ』, 1947.

長谷川櫂, 『震災歌集』, 中央公論新社, 2011.

渡部良三, 『小さな抵抗—殺戮を拒んだ日本兵』(岩波現代文庫), 岩波書店, 2011.

<논저>

세르게이 에이젠슈테인/이정하 편역, 『몽타쥬이론』(에이젠슈테인선집 2), 예선사, 1990.

石川啄木, 「一利己主義者とその友人との対話」『啄木全集』(第4巻), 筑摩書房, 1980.

石川啄木, 「小田島宛 書簡(1908.7)」『啄木全集』(第7巻), 筑摩書房, 1980.

伊藤一亘, 「歌人正田篠枝 占領下でひそかに刊行 原爆歌集 さんげ発見」「中国新聞」, 2011.9.23.

梅原勝己, 「正田篠枝 生誕100年 惨状伝える「原爆短歌」」「中国新聞」, 2010.8.8.

近藤芳美, 『無名者の歌』, 岩波書店, 1993.

三枝昂之 外 編, 『現代短歌辞典』, 岩波書店, 1999.

島田修二 編, 『昭和万葉集秀歌1 戦争と人間』, 講談社, 1984.

菅野匡夫,『短歌で読む昭和感情史』, 平凡社, 2011.
永田和弘 外,「特別座談会・昭和短歌の再検討―短歌にとって昭和はどんな時代だったか」『短歌』, 角川学芸出版, 2000.9.
西本雅実,「ヒロシマ打電一号」「中国新聞」, 2000.10.5.
宮柊二,「生き生きとした無名者の歌」『朝日新聞』, 1954.3.7.
山田宗睦,「ある哲学学徒の戦中体験」『昭和万葉集』(第6巻), 講談社, 1979.
屋良健一郎,「川口常孝の歌」『心の花』, 竹柏会, 2013.9.
「捕虜虐殺を拒否して学徒兵ー渡部良三さん50年目の証言」「クリスチャン新聞」, 1993.12.26.

<웹사이트>
ヒロシマ平和メディアセンター
http://www.hiroshimapeacemedia.jp/mediacenter/index.php
「日刊べりた」
http://www.nikkanberita.com/read.cgi?id=201111031118414

V

잉크 거울의 자화상과 허구

5

잉크 거울의 자화상과 허구

-『에세』를 중심으로

서 종 석

1. 문학적 자화상

'자화상'이란 용어는 무엇보다 회화적임을 부인할 수 없다. 언제나 옳은 것은 아니지만, 여기서 그림 이미지는 우리에게 적어도 볼 수 없는 것을 보이게 해준다는 믿음을 갖게 한다. 그 누구도 자신을 스스로 볼 수 없다. 화가는 자신의 눈으로 자기 외의 대상을 그릴 수는 있지만 스스로의 모습을 온전히 그려낼 수는 없다. 거울은 이러한 의미에서 – 물론 사진이라는 수단이 나오기 전까지 - 자화상을 그리기 위한 매우 필수적인 수단이다. 자화상은 자신을 보여주려는 욕망, 자신을 표현하려는 욕망이자 그 실현이다. 거울에 비춰진 자신의 상을 자신으로 인식하고 탐색하는 일은 바로 화가에게 있어 눈으로 보이지 않는 것을 볼 수 있게 하는 작업, 즉 화가의 "반성적 성찰(examen de conscience)"[1)]이다. 이는 달리 말하면 '나는 무엇인가', '나는 누구인

1) Ricoeur(1994: 15)

가' 등, 자기에 대한 끊임 없는 질문에 대한 회화적 표현이라고 할 수 있다.

그런데 자화상이란 용어는 은유적 확장을 통해, 회화적인 차원을 넘어 텍스트의 영역으로 들어옴으로써 특정한 글쓰기 장르를 지칭하게 된다. 미셸 보주르(Michel Beaujour, 1980)는 몽테뉴(Michel de Montaigne)의 『에세 Essais』와 같은 글쓰기 형식을 새로운 장르에 편입시키고 '자화상(autoportrait)'이라는 용어를 제시한다. 『에세』는 '자기에 대한 글쓰기'에 속하는 텍스트이지만 '자서전(autobiographie)'으로 분류할 수 없는 이유는, 일반적으로 자서전의 형식이 보여주는 – 혹은 기대되는 - 연대기적으로나 구성적으로 정연한 모습을 벗어나 불연속적이고 주제 면에서도 오히려 난삽하다는 인상을 주기 때문이다. 또한 『에세』는 자서전이 보여주는 자기 정당화 전략보다는 오히려 자기 폄하의 글쓰기가 빈번하기 관찰되기 때문이다(Regosin 1977: 20). 사실 '자기에 대한 글쓰기', '자기 반영적 글쓰기' 혹은 '자전적 글쓰기'는 구성 양상에 따른 유형만큼이나 그 지칭용어가 상당히 다양하다. 특정한 글쓰기 양상을 주어진 일정한 조건에 맞춰 정의하려는 순간 우리는 그것이 곧 매우 어려운 일임을 깨닫게 된다. 여기서 인간 삶의 양식과 재현의 다양성 그리고 그 형식의 복잡함은 일치하는 듯이 보인다. '자화상'라는 장르로 몽테뉴의 『에세』, 미셸 레리스(Michel Leiris)의 『성년 L'âge d'homme』, 앙드레 말로(André Malraux)의 『반회고록 Antimémoires』 등과 같은 작품을 분류한 보주르 자신도 이 용어에 대해 만족할만한 용어를 찾지 못한 채, "따라서 자화상은 '내가 과거에 한 일을 이야기하겠다는 것이 아니라 내가 누구인지를 당신에게 이야기하겠다.'라고 정의하는 게 맞다."[2)]라고 문

---

2) "*La formule opératoire de l'autoportrait est donc : « je ne vous raconterai pas ce que j'ai fait*, mais je vais vous dire qui je suis. » (···) "(Beaujour 1980 : 10)

학적 자화상에 대한 특징을 효과적으로 정리해 준다.

그런데 이러한 장르 정의의 어려움은 또한 실재 혹은 허구라는 문제와도 결부되어 있다. 우리가 본 소고에서 간략히 살펴보려는 『에세』도 마찬가지이다. 『에세』가 실재인가, 허구인가를 논하는 일은 사실상 『에세』를 정의하는 일이다. 몽테뉴라는 개인의 삶이 이를 반영하는 글쓰기라는 행위와 어떻게 연관되는지 살펴보는 일은 흥미로운 일이지만 또한 어려운 작업이기도 하다. 게다가 자화상이 외적인 면이 아니라 재현 대상의 내적인 면에 초점을 맞춘 것이라면, 많은 자화상에서 볼 수 있는 것처럼 외형의 닮음은 그리는 자와 그려지는 대상이 동일하다 하더라도, 상상력에 의해 왜곡되고 변형됨으로써 우리는 실재적인 것과 허구적인 것에 대한 고민을 할 수 밖에 없다. 문학적 향기나 시적이고 서정적인 기호가 도드라져 품어 나오는 몽테뉴의 텍스트 속에서 우리는 자전적인 글쓰기가 담고 있는 실재와 문학이라는 허구 사이에서 갈등하게 된다. 이는 이야기는 무엇이고 그것을 통해 변형되는 것을 어디까지 진실한 것으로 받아들여야 하는가의 문제까지 다다른다.

몽테뉴와 『에세』는 끊임없이 서구의 문학과 철학적 관심의 대상이었지만 유수한 철학자나 저서의 틈바구니에서 온전한 자리를 차지하고 있다고는 말할 수 없다. 그렇다고 몽테뉴를 오직 문학가로, 『에세』를 문학적 허구에 기초한 하나의 작품만으로 평가하는 것도 정확한 규정은 아니다. 몽테뉴와 『에세』를 연구한 수많은 학자들의 학문 영역이 다양한 만큼이나 그것을 특정한 영역의 기준틀로 재단하는 일은 애초부터 한계가 있는 매우 어려운 일인 것이다. 본 소고에서 우리의 논의는 「독자에게」와 『에세』 제 1권 28장 「우정에 대하여 De l' amitié」를 중심으로 제한된 범위에서 이루어질 것이다.[3] 「독자에게」는 그 자체로 몽테뉴의 『에세』에 대한 전반적인 그의 생각을 담고 있다는 데에서, 「우정에 대하여」는 『에세』의 탄생과 관련이 깊은 이야기가 펼쳐지고 있다는 데에서 그 논거를 찾고자 한다.

2. '자기 글쓰기' 혹은 '자기 그리기'

몽테뉴의 '자기 그리기'에 대한 논의에 앞서 궁금한 점은 재현 방식의 특유성을 무시한 채 '자화상'이라는 이름으로 '회화적' 자화상과 『에세』같은 '문학적' 자화상을 함께 놓을 수 있는가하는 점이다. Maclean(1996: 70 각주1)에 따르면 이 두 자화상은 근본적인 차이점을 지니고 있는 것으로 보인다. 즉 자기를 이야기하는 문학적 자화상의 경우는 통시성(diachronie)의 문제가 제기되지만, 자화상이라는 그림의 형태는 전적으로 공시적(synchronique)이라는 것이다. 게다가 문학적 자화상을 '그릴 때', 언어의 선조성과 상징성 등을 회화가 갖는 특유성과 동등하게 놓고 비견한다는 것은 근본적으로 잘못된 상상이다.

그럼에도 불구하고 몽테뉴는 자신의 글쓰기를 설명하는데 있어 유난히도 회화적인 요소에 많은 의지를 하고 있는데, 2권 17장 「교만에 대하여 De la Praesumption」에 나타난 다음과 같은 그의 말은 이러한 태도를 잘 보여주는 한 예이다.

---

3) 본 소고를 위해 MONTAIGNE, *Les Essais*, éd. Villey-Saulnier, Paris, PUF, « Quadrige », 2004 (1965). 판을 참조하였다. 아울러 국역본은 손우성(2005)의 것을 따르되 경우에 따라서는 부분적으로 수정하여 인용하였음을 밝힌다.

나는 어느날 바를르뒤크에서 사람들이 시칠리아 왕 르네의 은덕을 추모하며 왕이 그린 자화상을 프랑수아 2세에게 바치는 것을 보았다. **그가 화필로 자기를 그린 것을 어째서 작자는 펜으로 자기를 그려서는 안 되는가?** 그 때문에 나는 사람들 앞에 내놓기는 적당치 않은 이런 흉까지도 잊어버리지 않고 그려보는 것이다. 그것은 세상일의 교섭에 대단히 불리한 결함인 우유부단성을 말하는 것이다. 나는 성공이 의심스런 계획에는 좀처럼 결심이 서지 않는다.[4] [강조는 필자의 것임]

두 동사 'peindre(그림을 그리다)'와 'écrire(글을 쓰다)'는 어원적으로도 혼동되면서(Nakam, 1991: 261) 본래 공통점이 많다.[5] "그가 화필로 자기를 그린 것을 어째서 작자는 펜으로 자기를 그려서는 안 되는가?" 자화상은 붓뿐만 아니라 언어로도 가능하다는 몽테뉴의 언술은 개념적 은유의 도움으로 텍스트를 이미지로 만드는 『에세』의 시

---

4) "*Je vis un jour, à Barleduc, qu'on presentoit au Roy François second, pour la recommandation de la memoire de René, Roy de Sicile, un pourtraict qu'il avoit luy-mesmes fait de soy. Pourquoy n'est-il loisible de mesme à un chacun de se peindre de la plume, comme il se peignoit d'un creon? Je ne veux donc pas oublier encor cette cicatrice, bien mal propre à produire, en public: c'est l'irresolution, defaut tres-incommode à la negociation des affaires du monde. Je ne sçay pas prendre party és entreprinses doubteuses:* "(II.17. 653-654)

5) 아라스(Arasse, 2006: 168)의 관찰에 따르면, 몽테뉴는 'peindre(그리다)'를 'écrire à la main(손으로 쓰다)'의 의미로 사용하는 예가 발견된다 "*J'escris mes lettres tousjours en poste, et si precipiteusement que, quoy que je* ***peigne*** *insupportablement mal, j'ayme mieux* ***escrire de ma main*** *que d'y en employer un'autre, car je n'en trouve poinct qui me puisse suyvre, et ne les transcris jamais.*" 나는 언제나 편지를 급하게 쓴다. 너무 서두르기 때문에 도무지 읽을 수 없이 나쁘게 써 나가지만, 다른 사람의 손을 빌리기보다는 내 손으로 쓰기를 좋아한다. 왜냐면 내 생각을 좇아서 쓸 수 있는 자도 없으며, 나는 내 편지를 다시 베껴 쓰지 않기 때문이다(I.40. 253. 키케로에 대한 고찰 Consideration sur Cicéron – 강조는 필자의 것임).

작이자 방향을 보여준다. 회화적 자화상에 비견한 그의 문학적 자화상에 대한 이 같은 언술은 『에세』의 서문부터 보다 명시적으로 드러난다. 『에세』의 서문인 「독자에게」를 통해 몽테뉴는 자신의 글쓰기 계획을 설명하는데 동사 'peindre'를 두 번에 걸쳐 사용하면서 '그림 은유'를 효과적으로 활용하고 있다. 사실 잘 알려진 것처럼, 몽테뉴의 『에세』가 담고 있는 창조적인 생각들은 많은 점에서 그림 은유의 도움을 받고 있다. 특히 회화에 기초한 발상은 『에세』 제 3권을 지배하는 전반적인 사상에 큰 기여를 하고 있는 것으로 평가된다.[6] 『에세』는 말 그대로 "자화상, '잉크 거울(*miroir d'encre*)'"(Marin 1999: 117)로서 존재적 가치를 갖는다. 『에세』의 「독자에게」로 들어가 보자.

우리가 독자의 한 사람으로서 『에세』를 처음 펼쳤을 때 만나는 장이 바로 서문 역할을 하는, 「독자에게」라는 제목의 짧은 텍스트이다. 이 텍스트의 말미에는 저자의 이름과 더불어 작성 연월일이 남겨져 있다. 몽테뉴와 『에세』를 가장 간략하면서도 효과적으로 표현하자면, "한 사람 그리고 책 한권(Un homme, un livre)"이라고 할 수 있을 것이다.[7] 「독자에게」는 바로 이러한 몽테뉴와 『에세』의 관계를 잘 드러내 주고 있다. 연대기적으로 볼 때 「독자에게」는 『에세』 1권과 2권의 일부 장들이 저술되고 난 이후 작성된 것으로 알려져 있다. 『에세』의 「보르도판(Exemplaire de Bordeaux)」에서 관찰되듯이, 후일 저자에 의해 책 전체에 대한 가필과 수정이 이루어진 가운데에서도 약간의 손질만 가해졌을 뿐 내용적으로도 큰 변화 없이 그대로 살아

6) 자세한 점은 Nakam(ibid., chap.19) 참조. 또한 아라스(ibid.)에 따르면 시각예술과 조형예술은 몽테뉴의 사상에 많은 영향을 미쳤다. 『에세』와 회화의 연관성에 대한 보충적인 논의에 대해서는 Legros(2007) 참조.

7) 이 표현은 1595년 판본에 기초한 2007년도 갈리마르 출판사 간 *Les Essais*의 서문(M. Magnien et C. Magnien-Simonin) 제목에서 인용하였다.

남아 우리에게 이르고 있다. 아래는「독자에게」의 전문이다.

「독자에게」

독자여, 여기 이 책은 진심을 담아 썼음을 밝힌다. 이 작품은 처음부터 내 집안일이나 개인적인 일을 말해보는 것밖에는 다른 어떤 목적도 있지 않았음을 말해둔다. 이것은 추호도 나의 선대를 위해서나 내 영광을 생각해서 한 일은 아니다. 그것은 내 힘에 겨운 일이다. 다만 나의 친인척과 친구들의 편의를 도모하기 위한 것으로, 내가 세상을 떠난 뒤에 (오래잖아 그렇게 되겠지만) 그들이 내 어떤 모습이나 기분의 몇 가지 특징을 이 책에서 찾아보며, 나에 대해 알고 있는 지식을 더 온전하고 생생하게 간직하도록 하려는 것이다. 이것이 세상 사람들의 호평을 사기 위한 것이었다면, 나는 자신을 좀 더 잘 장식하고 조심스레 연구해서 내보였을 것이다. 모두들 여기 생긴 그대로의 자연스럽고 평범하고 꾸밈없는 나를 보아 주기 바란다. 왜냐하면 내가 그리는 것은 바로 나 자신이기 때문이다. 내 결점들이 여기에 있는 그대로 나온다. 터놓고 보여줄 수 있는 한도에서 타고난 그대로의 내 생김을 내놓았다. 만일 내가 아직도 대자연의 태초의 법칙 아래 감미로운 자유를 누리며 살고 있는 국민 속에서 태어났다면, 나는 기꺼이 자신을 통째로 적나라하게 그렸으리라는 것을 장담한다. 그러나 독자여, 여기서는 나 자신이 바로 내 책의 재료이다. 이렇게도 경박하고 헛된 일이니, 그대가 한가한 시간을 허비할 거리도 못될 것이다. 그러면 안녕.

1580년 3월 1일 몽테뉴

위 텍스트는 세 권에 이르는『에세』의 분량을 고려해 볼 때 상대적으로 비중이 없는 듯이 보이지만,「독자에게」라는 제목과 더불어 저자는 호소에 가까운 언술들을 통해 즉각적으로 독자를 호출한다. 사실 이 짧은 텍스트는 책을 펼치고 읽어 나가게 될 독자들을 위한 일종의 안내서 역할을 해주는데, 독자가 읽게 될 이 책이 어떤 성격을 지니며 어떤 방식으로 읽어야 할지, 그리고 저자 자신에 대한 글쓰기가 어떤 마음으로 이루어졌는지 담고 있다.

그런데 여기서 몽테뉴가 말하는 '독자'는 매우 제한적인 범주를 지시하고 있는 것으로 보인다. 제목을 통해 '독자'라는 구체적이면서도 추상적인 대상을 언급하면서 시작했던 저자의 독자관은 이내 곧 구체화되면서 '독자'인 우리들을 혼란스럽게 만든다. 몽테뉴의 의도는 자신의 사후에 친인척과 지인들이 고인을 추억할 용도로 책을 저술하는 것이며, 따라서 생생한 자신의 모습을 있는 그대로 그들에게 전달하겠다는 것이다. 몽테뉴가 독자에게 보여주고자 하는 것은 그의 "변변찮고 광채 없는 삶(*une vie basse et sans lustre*)"(III.2. 805)이다. 투르농(Tournon 2000: 293)의 지적처럼 몽테뉴의 독창성은 바로 "친인척과 친구들"이 평소에 잘 알고 있는 한 구체적 인물의, 어찌 보면 의미 없어 보이는 세세하고 시시콜콜한 점들을 담아내려고 했다는 데 있다는 점은 부인할 수 없다.

하지만 동시에 이러한 개인적인 동기를 넘어서 독자와의 관계는 피론(Pyrrhon)적인 회의주의가 포착해 내지 못한 새로운 진리 유형 자리라는 점을 기억해야만 한다(Tournon, ibid., 295). 「독자에게」는 말 그대로 책을 펼치고 텍스트를 읽어나가는 모든 잠재적인 주체들을 대상으로 한다. 저자의 표면적인 진술을 떠나서, 「독자에게」라는 제목 자체는 텍스트를 접하는 모든 존재들과 결부될 수밖에 없으므로, 몽테뉴는 저자로서 명백히 책을 읽을 사람들을 의식하고 있다고 판단할 수 있다. 몽테뉴는 사실 『에세』의 다른 곳에서 자신의 책이 반드시 "친인척들과 친구들(*mes parens et amis*)"만을 위한 것은 아니며, "대중에게 알려주려는 의도도 없지 않음(*non sans dessein de publique instruction*)"(II.18. 665)을 내비친다. 언뜻 내보인 그의 속마음에 좀 더 의미를 부여하자면, 몽테뉴의 『에세』는 지나치게 협소한 개인적 일상사에 머무른 것이라기보다는 이를 넘어선, 사회라는 보다 넓은 차원과 세계와 인간이라는 보편적인 장으로 자기 정체성에 대한 탐구가 확대된 것이라고 할 수 있을 것이다.

그러나 저자의 글쓰기 전략이건 혹은 다른 특정한 목적이건, 독자와 관련한 그의 이러한 모호한 태도로 인해 책의 진정성에 대해 의심을 품을 독자들도 있을 것이다. 몽테뉴는 마치 독자가 품을지도 모르는 이러한 의심을 해소시키려는 듯 일련의 부정어들을 사용하여 책의 내용에 대한 그의 진실성과 성실함을 더욱 강조하고 강화하고 있다. 이중 무엇보다 이 서문에서 우리의 관심을 끄는 대목은 오직 진실만을 이야기할 것이라는 연쇄적인 강한 어조와 표현들에 담겨져 있다. 거짓말이나 허구가 아니라는 "진심을 담아(*de bonne foy*)"에 이어진 첫 번째 문장("*Il t'advertit...* ")[8)]부터 글쓰기가 어떤 마음에서 시작되었는지 보여주는 정언적인 언술이 강하게 다가온다. 진정한 글쓰기가 함의하는 것은 그 대척점에 그렇지 못한 거짓의 글쓰기가 있다는 것인데, 「독자에게」는 이러한 의미에서 독서에 대한 몽테뉴의 윤리적인 선언문이라고 말할 수 있다. "*de bonne foy*"는 저자의 삶과, 이를 "통째로 적나라하게(*tout entier, et tout nud*)" 언어로 담아 낸 텍스트 간의 완전한 일치, 완벽한 투명성을 보여주는 자신감의 표현이자 확신이다. 자신의 순수한 의도와는 달리, 불순한 목적으로 쓰인 또 다른 글쓰기들에 대한 경계이며 구분 지으려는 시도인 것이다.

몽테뉴는 어찌 보면 과도할 만큼이나 책의 진정성에 대해 역설한

---

8) 독자에 대한 뛰뚜아망(tutoiement: 'tu' 사용하기)은 당시의 예법상 가족 간에도 존칭을 사용한 것을 생각해 보면 상당히 유의미한 발화체이다. 저자의 의도를 단정 지을 수는 없지만, 단순히 생각해서 호기심과 흥미를 북돋우기 위한 것이거나 아니면 독자에게 정서적으로 다가가려는 저자의 움직임으로 해석할 수 있을 것이다. 즉 몽테뉴는 잠재적인 독자들을 자신의 지인들의 범주로 초대하면서 정서적인 일체감을 느끼게 하려는 것인지도 모른다.

다. 현재 시제를 사용하여 독자에게 텍스트에 대한 믿음을 더욱 주고 있다. 게다가 서문 마지막에 나타나는 저자의 이름과 작성 날짜는 마치 계약서의 서명처럼 더욱 신뢰감을 독자에게 불러일으킬 수 있다. 몽테뉴의 생일이 2월 28일이므로, 이 텍스트 아래에 이름과 더불어 적힌 1580년 3월 1일이라는 날짜는, 아래에서 다시 언급하겠지만 상징적인 의미를 갖는 것으로 보인다. 그러니까 이 텍스트는 47번째 그의 생일 다음날을 날짜로 담고 있다. 숫자는 다른 기호들과 비교하여 그 자체로 실재적이고 신뢰감을 준다.

그런데 이러한 윤리적 선언은 단지 저자에서 독자로 일방적인 방향으로 이루어지는 것은 아닐 것이다. 몽테뉴는 1권 5장 「포위당한 요새의 장수가 적과의 강화를 위해 성을 나간다면 Si le chef d'une place assiegée doit sortir pour parlementer」에서 "나는 쉽사리 남의 말을 믿는다(*Je me fie ayseement à la foy d'autruy*)."(I.5. 27)라는 말을 되새겨 본다면, 이때 진심을 보인다는 것은 곧 타자도 나와 같을 것이라는 신뢰와 행동을 암묵적이건 명시적이건 독자에게 요구하는 것으로 생각해 볼 수 있다. 다시 말해서 몽테뉴는 독자에게도 같은 것을 요구하며, 그로부터 양방향의 신뢰의 계약을 주문하는 것으로 해석해 볼 수 있다. 계약서는 언제나 쌍방적인 면을 전제로 유효하기 때문이다.

그러나 "나는 쉽사리 남의 말을 믿는다."는 말이 맥락 속에서 갖는 보다 유의미한 해석은 자신의 순수성과 진실성, 나아가 자신이 고백하는 언술에 대한 진정성을 오히려 강조하고 있다는 데서 찾아야 할 것이다. 이러한 해석의 틀에서, 책의 저술이 자신에게 특별히 얻을 것이 없으므로 거짓말을 할 이유도 없다는 자신감과 더불어, "내가 그리는 것은 바로 나 자신이다(*c'est moy que je peins*)" 혹은 "나 자신이 바로 내 책의 재료이다(*je suis moy-mesmes la matiere de mon livre*)"라는 언명들은 「독자에게」에서 내용적으로 정점을 이루고 있다. 이야기의 재료가 자신이라는 주장은 곧 이 책이 자기에 대한 자전적인 글쓰기임을 명시하는 것이다. "내가 그리는 것은 바로 나 자신", 즉 텍스트가 문자로 된 이미지라면 그것은 또 다른 의미에서 작가의 의중을 우리에게 드러내 주는 것이다. 몽테뉴에게 있어서 회화적 사고는 단순히 수사적 장치를 의미하는 것이 아니다. 이 개념적 은유를 통해 『에세』의 저자가 독자, 그리고 아마도 자기 자신에게 호소했던 것은 진실하고 거짓 없는 내용의 책일 것이다. 다시 말해서 『에세』는 곧 '나, 미셸 드 몽테뉴'라는 선언이고, 이 선언은 진실성에 기초하고 있으며 독자는 이를 믿어야 한다는 것을 주장하는 것이다.

여기서 몽테뉴는 『에세』 전체에 걸쳐 탐구해 나아갈 자신의 목표를 드러낸다. '나(*je*)'는 '나(*moi*)'를 성찰적 시선으로 대상화하면서 객관적으로 관찰하겠다는 의지이다. 나를 가시화하여 타자화하는 이러한 시도는 '나'와 내 안의 '나' 사이의 내적인 대화이다. '내가 나를 그린다.'는 말이 함의하는 바는 화가가 거울을 보듯이, 마음의 거울을 통해 '내가 나를 바라본다.'라는 말이다. 나를 타자의 자리에 놓는 객관적인 성찰의 과정은 진실을 향한 첫 걸음이다. 시차를 두고 반복적으로 거울을 보는 행위는 시간 속에 노정된 변화를 드러내어 분열된 자아의 모습을 바라볼 수 있게 해준다. 그러나 몽테뉴의 잉크 거울과 회화적 자화상의 거울을 통해 재현된 대상들은 근본적으로 다른 모습을 보여준다. 회화적 자화상이 고정된 시간에 재현된 나의 모습을 박제된 것처럼 보여준다면, 몽테뉴의 자화상은 변화의 과정을 그려내준다는 점에서 차이가 있다. 달리 말하면 몽테뉴의 자화상은, 렘브란트(Rembrandt)의 수많은 자화상에서 보는 것처럼 변화의 모습을 총화로서 파악할 수 있는 것이 아니라, 하나의 자화상에 수많은 즉각적 자아들이 함께 나타나는 모순들을 보여준다는 것이다. 몽테뉴는 끊임없이 움직이며 변해가는 세상과 자신을 그려내려 하였다. "세상은 영원한 움직임에 불과하다. 거기서는 모든 일이 끊임없이 흔들린다(*Le monde n'est qu'une branloire perenne. Toutes choses y branlent sans cesse*)."(III.2. 805) 이렇게 움직이고 변화하는 세상 속에서 '나'의 진정한 모습을 포착하여 그려낸다는 것은 불가능한 일이다. 시간의 흐름과 더불어 고정되지 못하고 흔들리며 변화해가는 나를 화폭에 온전히 그려낼 수 없다는 것을 몽테뉴는 잘 알고 있다.

> "나는 내 대상, 즉 나 자신을 분별해 내지 못한다. 그는 늘 타고난 취몽으로 혼돈 속에 비틀거리며 간다. 나는 그가 있는 대로 그에게 흥미를 갖는 그 순간에 그를 잡아낸다. 나는 그 존재를 그리지 않는다. 나는 그 과정을 그린다. 한 연대에서 다른 연대로, 또는 사람들 말마따나 7년씩의 과정이 아니라, 매일 매 순간의 과정을 그리는 것이다. 내 이야기는 시간에 맞춰가야 한다."[9]

렘브란트의 수많은 '공시적' 자화상들과 비교해 볼 때, 잉크로 그려진 몽테뉴의 자화상은 오직 하나, 시간의 흐름 속에서 가필과 수정을 통한 하나의 그림으로 남겨져 있다. 이러한 의미에서 『에세』라는 자화상은 단지 몽테뉴 자신이 스스로에 대해 그리는 불완전한 일련의 초상화들이 아니라, 책 전체가 단 한 점의 동일한 자화상이라고 말할 수 있다(Nakam, ibid., 192).

---

9) "*Je ne puis asseurer mon object. Il va trouble et chancelant, d'une yvresse naturelle. Je le prens en ce point, comme il est, en l'instant que je m'amuse à luy. Je ne peints pas l'estre. Je peints le passage: non un passage d'aage en autre, ou, comme dict le peuple, de sept en sept ans, mais de jour en jour, de minute en minute. Il faut accommoder mon histoire à l'heure.*"(III.2. 805)

그런데 몽테뉴는 여기서 나아가 자신이 타자에게 어떻게 보이는가에 관심을 갖는다. '내가 그리는 것은 바로 나 자신'이라는 것은 결국 누군가의 시선을 의식하고 그리는 행위일 수가 있는 것이다. 내가 그리는 나의 모습은 나만이 읽는 일기장 같은 것이 아니라, 몽테뉴 스스로 이야기 하고 있는 것처럼 애초부터 나와는 다른 이들을 위한 것이다. 내가 나에 대한 성찰을 하는 것과 다자가 나에게 내린 평가는 둘 모두 '타자의 시선'을 공유한다. 내적 대화의 경우는 위에서 언급한 것처럼 나를 대상화함으로써 타자화 되는 내 안의 타자이고, 다른 하나는 나를 둘러싼 세계와 사회 속의 존재하는 타자들의 시선이다. 내 안과 밖의 타자들은 유리된 존재들이 아니라 끊임없이 교류하며 연계되어 있다. 몽테뉴의 「독자에게」에서 독자의 시선을 의식하는 행위는 바로 이를 증거하고 있다고 할 수 있다. 따라서 「독자에게」는 지인들이 알고 있는 '나', 세상 사람들이 알고 있는 '나', 내가 바라보는 '나' 등, 『에세』 전체에 걸쳐 만나가될, 여러 유형의 '타자의 시선들'이 교차하고 어우러지는 예고의 장이다.

타자의 존재는 거울처럼 나를 파악하여 규정할 수 있는 매개체이다. 타자의 눈은 나를 비추는 거울이며, 그것에 비친, 스스로 볼 수 없는 나의 모습을 볼 수 있게 해준다. 나의 내면을 바라보는 자기반성과 성찰의 객관적 시선과, 나를 대상으로 바라보고 관찰하는 외부의 시선은 모두 다르지만 같은 타자의 시선이다. 이러한 시선의 관계망은 결국 자기를 탐색하고 규정하기 위해 존재하는 것이며, 결국 글쓰기와 그 내용의 진정성에 매우 중요한 일이다. 독자를 의식하는 몽테뉴의 언술들은 『에세』라는 서사 공간 안에서 벌어질 작가와 독자와의 소통행위의 잠재성을 염두에 둔 것이라고 할 수 있다. 잠재적인 소통행위를 현동화하고 극대화하기 위해서는 독자를 설득하고 신뢰감을 주어야 한다. 그렇게 함으로써 '책'은 생명을 얻을 수 있기 때문이다. 몽테뉴는 『에세』 2권 10장 「책에 대하여」에서 "나는 내 글을 질서 있게 정렬시켜 줄 조력자가 없어, 그저 되는 대로 나열해 놓을 뿐이다. 내 몽상이 솟아오르는 대로 그저 쌓아갈 따름이다. 때로는 몽상들이 뭉쳐져 밀려오고, 때로는 한 줄로 길게 뻗어 온다. 나는 생각들이 아무리 산만하고 무질서해도, 그것은 내가 타고난 방식인 것을 사람들이 알아주기 바란다. 나는 있는 그대로의 나를 내놓는다."[10]라고 자신의 글쓰기 방식과 내용의 진정성에 대해 독자에게 호소한다.

물론 몽테뉴는 누구나 자신이 속한 시대와 상황, 그리고 문화에서 자유롭지 못한 것처럼 그는 책의 한계, 곧 자신의 한계에 대해 이야기한다. "만일 내가 아직도 대자연의 태초의 법칙 아래 감미로운 자유를 누리며 살고 있는 국민 속에서 태어났다면, 나는 기꺼이 자신을 통째로 적나라하게 그렸으리라는 것을 장담한다." 책의 서문에서 독자에게 이러한 언급을 하는 것은 "진심을 담아 쓴" 책에 대한 스스로의 부정이며, "내가 그리는 것은 바로 나 자신" 혹은 "내 자신이 바로 내 책의 재료"라는 언술들의 의미는 왜곡되고 그 자화상의 진정성은 상실된다. 그러나 이 또한 역설적으로 매우 솔직한 속마음을 드러낸 것이라고 해석할 수 있다. 이는 앞으로 내가 그려내는 나의 이야기 중에서 내가 자신 있게 보여주지 못하는 것들도 있으니 독자는 스스로 알아서 판단하기 바란다는 짧지만 강렬한 고백이라고 할 수 있다. 달리 말하면, 이러한 한계가 비록 진실 앞에 드러나는 인간의 약한 모습이라고 할 수는 있지만, 그 모습을 감추지 않고 드러내는 것 또한 진정한 용기인 것이다.

---

10) "*Je n'ay point d'autre sergent de bande à ranger mes pieces que la fortune. A mesme que mes resveries se presentent, je les entasse; tantost elles se pressent en foule, tantost elles se trainent [Image 0169v] à la file. Je veux qu'on voye mon pas naturel et ordinaire, ainsin detraqué qu'il est. Je me laisse aller comme je me trouve:*"(II.10. 409)

어찌 보면 몽테뉴는 보이려는 욕망과 감추려는 욕망의 길항까지도 독자가 엿볼 수 있게 해준다고 할 수 있다. 몽테뉴의 바로 이러한 점 때문에 우리는 『에세』에 담긴 이야기들이 한 개인의 독백이라기보다는 우리 인간들 모두의 이야기가 될 수 있다는 단서를 이미 서문부분에서 발견하게 되는 것이다. "사람은 저마다 인간 조건의 완전한 형태를 지니고 있다(*chaquc homme porte la forme entiere de l'humaine condition*)."(III.2. 804). 개별적인 것이 결국은 보편적인 것과 무관하지 않다는 것이다. 자기의 정체성을 규정하는 일이 타자라는 거울을 통해 개인적이고 사적인 면을 보는 일이지만, 결국은 과거를 포함하여 동시대를 살아가는 모든 사람들과 공유하는 시대적 문제를 인식하고 성찰할 수밖에 없는 것이며 이는 바로 인간의 삶에 대한 전반적인 고찰로 나아갈 수밖에 없는 것이다.

그런데 여기서 주목해야 할 점은 몽테뉴 자신도 『에세』의 훌륭한 '독자'였다는 것이다. 독자도 평범한 독자가 아니라 책의 내용과 구성에 적극적으로 개입할 수 있는 존재였다. 몽테뉴는 『에세』 초판 출판 이후 세상을 떠날 때까지, 오랜 기간 동안 가필과 수정 작업을 하였다. 즉 자신이 쓴 책을 다시 읽고 또 읽는 또 하나의 독자로서, 그는 앞의 두 유형의 독자들과는 또 다른 의미의 독자였던 것이다. 가필과 수정은 몽테뉴의 자화상이 근본적으로 오랜 시간을 두고 '만들어졌다'는 것을 의미한다. 이 '만들어 진 것'에 대한 이야기는 방금 전 살펴보았던 진정성 혹은 사실성의 한계와 맞닿아 있다. 내가 그리는 것은 바로 나 자신이며, 그 재료 또한 나 자신이라는 언명이, 상황에 따라서는 독자의 혜안으로 가늠해서 보아야 할 사안이며, 거기서 진실한 무엇인가를 가려내야 하는 몫도 온전히 독자의 것이 되는 것이다. 「독자에게」는 상호 모순적인 내용을 모두 담고 있으며, 독자는 서문 너며 만나게 될 개인의 역사와 이야기에 대해 어떤 방식으로든 수용해야 한다는 것을 시사한다. 그렇다면 이렇게 독자의 몫으로 남겨진 것이 무엇이며, 믿음 혹은 신뢰라는 요소를 통해 책의 완성에 참여해야 하는 독자의 역할은 어떻게 받아들여야 하는지 살펴보도록 하자. 이는 달리 말하면 『에세』가 문학적이냐 혹은 허구이냐에 대한 질문이기도 하다.

3. 사실과 진실 혹은 허구 사이

삶의 역사와 자전적 글쓰기가 일치하는 것은 가능한 일인가? 사실 이 질문에 대한 대답은 이미 몽테뉴의 서문에서 그 답을 찾을 수 있을 것이다. 자신의 삶을 직접, 있는 그대로 이야기하겠다는 것은 곧 우리가 알고 있는 허구로서의 문학과는 구분되기 때문이다. 그러나 앞서 살펴본 것처럼 몽테뉴가 『에세』를 통해 이야기하는 역사성이 시대적인 상황이나 문화에 의해 한계를 노출시키는 것이라면, 또한 작가가 글쓰기를 하는 동안 허구적인 요소를 개입시키면서 자신의 상상력을 극대화하는 문학적 행위가 『에세』에도 나타나지 않느냐하는 것이다. 달리 말해서 개인의 역사성에 대한 충실한 기록과 문학 장르의 한 담화로 여겨질 수 있는 허구적 요소들의 혼재를 과연 어떻게 수용하는가의 문제이다. 몽테뉴의 자전적 글쓰기와 허구적 요소의 문제는 이미 오래 전부터 지적 되어왔는데, 일부 학자들은 특히 『에세』 1권의 「우정에 대하여 De l'amitié」 장을 "실재라기보다는 문학적"으로 해석해야 한다고 주장한다(Regosin, op.cit., 8).

이 장에서 몽테뉴는 라 보에시(Etienne de La Boétie)와의 이상적인 우정을 묘사하면서 다른 우정들과의 차별을 논하고 있다. 잘 알려진 것처럼 「우정에 대하여」는 1권의 중심인 28장에 배치되어 공간적으로도 상징성을 띠는 것으로 해석되고 있는데, 현실 속에서 라 보에시와의 인간관계와 우정이 『에세』라는 텍스트가 세상에 나오기까지 큰 영향을 미쳤다는 데는 이론의 여지가 없다. 몽테뉴가 묘사하고 있는 두 사람의 "완전한 우정(*parfaicte amitié*)"(I.28. 186, 191)은 무엇보다 감성적이고 낭만적이며 신비스럽기까지 하다. 강도 높은 감정의 코드가 개입된 두 사람의 우정에 대한 묘사는 매우 짧은 기간 동안 일어난 사실에 기반을 둔다는 점에서 마치 급작스런 불꽃처럼 타오르다 사그라진 사랑을 연상시키다.[11] 따라서 이들의 우정을 묘사하는 표현들에서 감정 영역의 대표적 요소인 사랑과 관련된 대표적 개념 은유인 결합 은유(unity metaphor)가 발견되는 것은 우연이 아니다.[12] 몽테뉴의 완전한 '우정'은 범용한 '우정들'과는 구별되는 이상적인 우정이다. 즉 일반 사람들 간에 널리 퍼진 이 "보잘 것 없는 우정들(*amitiez communes*)"(I.28, 191)은 "어떤 기회나 편의상 맺어진 관계이거나 친교에 불과한 것(*ce ne sont qu'accoinctancces ct familiaritez nouées par quelque occasion ou commodité*)"(I.28, 188)이다. 그러므로 두 사람의 우정은 "유약하고 정상적(*molles et regulieres*)"(I.28, 189)이거나 "평범하고 흔한 우정들(*amitiez ordinaires et coustumières*)"(I.28, 190)에 속하는 것이 아니라, "지상지고(至上至高)(*souveraine et maistresse*)"하며 "고결한 noble"(I.28, 190) "유일한 최고의 우정(*L'unique et principale amitié*)"(I.28, 191)인 것이다. 이러한 우정은 아버지와 자식의 관계, 남녀 간의 사랑, 혹은 동성애적 관

11) 간혹 역사적인 사실에 대해서는 일치하지 않는 경우도 존재하지만, 두 사람이 처음 만난 것은 1558년이고 불과 5년 후에 라 보에시가 갑작스럽게 죽게 된다. 1558년 당시 몽테뉴의 나이는 25살이었고, 라 보에시는 그보다 3살 많은 28살이었다.

12) 서종석(2012) 참조.

계 등의 인간관계들과는 구분되는 상호적이며 정신적(spirituel)이며 "완전한 결합과 조화(*parfaicte union et convenance*)"(I.28, 187)를 충족시키는 관계이다.

두 사람의 관계는 우연히 만나게 된 연회석상에서 시작되었지만 이미 서로에 대해서는 풍문으로 듣고 있었다. 몽테뉴의 고백에 따르면, 사실상 우정의 계기는 라 보에시가 저술한 『자발적 복종 Discours de la servitude volontaire』이라는 책을 매개로 이루어 졌다. 여기서 책이라는 매개체는 사실 두 사람의 예정된 운명 속에 나타나는 만남의 장소이다. 이 만남은 이미 운명적으로 정해진 삶의 여정일 뿐이다. "만나기 전부터 서로를 찾고 있었다(*Nous nous cherchions avant que de nous estre veus*)"(I.28, 188)는 그의 절절한 숙명론은 "이름을 듣는 것만으로도 서로 하나가 되었다(*nous nous embrassions par noz noms*)"(I.28, 188)는 낭만적 열정의 정점으로 치닫는다. 두 사람이 우연한 계기에 만나게 되었지만 마치 오래 전부터 서로를 알고 있었던 것처럼 자연스럽게 서로에게 끌려 의지로는 제어할 수 없는 상태로까지 진행된다. "너무도 온전히 마음이 맺어지며 서로 잘 알고 있고 서로 마음을 써주는 사이가 되어서, 그때부터 세상에 우리 둘 보다 더 가까운 사이가 없었을 정도였다."[13] 이는 마치 걷잡을 수 없는 화학적 반응과 같은 것이어서 만남이 이루어진 후에는 더 이상 그 이전으로는 돌아갈 수가 없는 상태가 된 것이다. 따라서 몽테뉴와 라 보에시와의 완전한 우정에서는 "마음이 아주 보편적으로 혼합으로 뒤섞여 융합되기 때문에, 그들을 맺는 매듭이 지워져서 알아볼 수 없이 된다."[14] 또한 "그것은 무엇인지 모르는 이 모든 것을 혼합한 정수였으며

---

13) "(…) *nous nous trouvasmes si prins, si cognus, si obligez entre nous, que rien des lors ne nous fut si proche q*ㄴ*ue l'un à l'autre.*"(I.28, 188)

14) "(En l'amitié dequoy je parle), *elles[les ames] se meslent et confondent*

(*c'est je ne sais quelle quintessence de tout ce mélange*)", "우리 자신의 것이라고는, 또 그의 것도 나의 것도 남긴 것이 없었다(*ne nous réservant rien qui nous fût propre, ni qui fût ou sien, ou mien*)." (p.270). 여기서 사용된 어휘들의 상당수는 화학적 반응을 표현하는 것으로 두 영혼의 완전한 결합을 언어적으로 재현해 내고 있다.

이렇듯 숙명적인 만남은 자연스럽게 언어로는 더 이상 설명할 수 없는 존재를 상정하는 데로 나갈 수밖에 없을 것이다. 두 사람이 만나기 전부터 서로를 찾고 있었다면, 그것은 인간의 의지와 힘으로는 제어할 수 없는 것, 다시 말해서 "하느님이 정해 주신 바에 의한(*par quelque ordonnance du ciel*)"(I.28, 188) 것이다. 마치 두 화학적 화합물이 합쳐져서 하나가 되는 두 사람의 운명적인 결합에는 "무엇이라고 설명할 수 없는 운명적인 힘(*force inexplicable et fatale*)"(I.28, 188)이 개입하는 것이다. 영적인 차원으로까지 승화된 두 사람의 신성한 우정은 "거룩한 결연(*saincte couture*)"(I.28, 186), "거룩한 결합(*divine liaison*)" (I.28, 190)으로 종교적인 색채까지 띠게 된다. 몽테뉴에게 있어 '완전한 우정'은 신성(divinité)과 만남으로써 완벽하고 고결한 지위를 부여받는다.

이러한 묘사들은 두 사람이 나눈 우정 자체뿐만 아니라, 라 보에시라는 인간을 우정의 이상적인 모델로 변화시키는 것이다. 몽테뉴의 『에세』에는 고증된 예가 많이 사용되고 있는데, 몽테뉴가 우정과 관련하여 인용하고 있는 예는 코린트 인 에우다마다스와 그의 두 친구 시키온 인 카리크세노스, 코린트 인 아레테우스 사이의 관계이다. 그러나 이 역사적인 사실도 우정을 구성하는 성원이 세 명이라는 이유로 완벽한 것은 아니다. 몽테뉴의 우정은 이상적인 사랑과 결혼의 모

---

l'une en l'autre, d'un melange si universel, qu'elles effacent et ne retrouvent plus la couture qui les a jointes." (I.28, 188)

델 속 두 연인 간의 관계 같은 것이어서 배타적이며 일부일처제 개념을 연상시킨다. 이들의 우정은 그 시간적 의미는 모호하지만 삼백년 만에 한번 이 세상에 나올 수 있을까할 정도로 매우 희귀한 인간관계이다. 완전한 우정은 전적인 배타성을 함의하기에 라 보에시를 대신할 존재도 애초부터 불가능한 것처럼 보인다.

> 누가 내게 왜 그를 사랑하느냐고 물어 본다면, 나는 그것을 표현할 수 없음을 느낀다. 다만 **그가 그였고, 내가 나였기 때문**이라고 밖에는 대답할 길이 없다.[15](강조는 필자의 것임)

길어야 백년이라는 인생을 살아가는 인간에게 자신의 이상적인 우정의 상대를 만난다는 것은 근본적으로 불가능한 일이고, 설사 만났다하더라도 이러한 관계는 이성적인 언어로 설명할 수 있는 체험은 될 수가 없는 것이다. "그가 그였고, 내가 나였기 때문(*Par ce que c'estoit luy; par ce que c'estoit moy*)"이라는 말로 인간 언어의 무력감을 토로하는 것 외에는 몽테뉴로서도 달리 방도가 없는 듯이 보인다. 이 구절은 사실 몽테뉴의 우정을 이야기할 때 가장 빈번히 인용되는 유명한 구절 중의 하나로서 라보에시에 대한 몽테뉴의 감정과 우정에 대한 숙명적 성격을 가장 잘 드러내준다.

'완전한 우정'의 가장 큰 특징은 바로 그것이 융합적(fusionnel)인 성격이라는 것이다.

> 그것은 무엇인지 모르는 이 모든 것을 혼합한 정수였으며, 내 모든 의지를 사

15) "*Si on me presse de dire pourquoy je l'aymois, je sens que cela ne se peut exprimer, qu'en respondant: Par ce que c'estoit luy; par ce que c'estoit moy.*"(I.28, 186)

로잡아서 그의 의지 속에 몰입시켜 지워 버렸고, 그의 모든 의지를 사로잡아서 하나의 갈망으로 똑같은 경쟁에서 내 의지 속에 몰입시켜 지워 버렸던 것이다.[16)]

우정을 이루는 두 구성원은 자신이 본래적으로 지니고 있던 고유한 개체성을 상실하고 완전한 하나로 결합됨으로써 존재론적인 변화를 일으킨다. 혼자서는 불완전하고 불충분한 기능을 수행하던 두 존재가 숙명적인 만남과 완전한 결합을 통해서 '우리(nous)'라는 하나의 단위로 다시 태어나게 되는 것이다. "지워 버렸다고 말했지만, 실은 '우리' 자신의 것이라고는, 또 그의 것도 나의 것도 남긴 것이 없었다(*Je dis perdre, à la verité, ne nous reservant rien qui* ***nous*** *fut propre, ny qui fut ou* ***sien*** *ou* ***mien***)."(I.28, 189: 강조는 필자의 것임). 완전한 사랑에서 두 연인이 하나로 결합하듯이, 몽테뉴의 완전한 우정에서도 두 영혼은 "신성한 결합(divine liaison)"(I.28, 189)을 통해서 하나로 결속된다. 따라서 몽테뉴에게 있어 라 보에시는 곧 "나다(c'est moy)"(I.28, 191). "그들을 맺는 매듭이 지어져서 알아볼 수 없이 된다(*elles*[les ames] *effacent et ne retrouvent plus la couture qui les a jointes*)." 이러한 의미에서 "자기가 이중으로 된다는 것은 하나의 큰 기적(*C'est un assez grand miracle de se doubler*)"이므로, 정신적인 성격의 완전한 우정에서는 물리적이거나 지리적인 거리가 큰 의미는 없게 된다.[17)]

---

16) "*c'est je ne sçay quelle quinte essence de tout ce meslange, qui, ayant saisi toute ma volonté, l'amena se plonger et se perdre dans la sienne; qui, ayant saisi toute sa volonté, l'amena se plonger et se perdre en la mienne, d'une faim, d'une concurrence pareille.*"(I.28, 189)

17) 몽테뉴는 『에세』 3권 「허영에 대하여 De la vanité」에서 "나는 우정이 이 세상 한 쪽에서 다른 쪽으로까지 뻗쳐서 잡을 수 있을 만큼 긴 손을 지

흥미로운 것은 몽테뉴의 완전한 우정의 근거는 스스로 "극히 정당한 정의"라고 하는 아리스토텔레스의 우정의 정의이다. 아리스토텔레스의 "두 몸 속 한 영혼(*un ame en deux corps*)" (I.28, 190)라는 우정의 정의는 몽테뉴와 라 보에시와의 이상적이고 완전한 우정의 논거와 토대를 이루며 확장되고 있다. 이 우정은 "거룩한 결합(*saincte couture*)"(I.28, 191)을 구축하며, 두 육체의 하나의 영혼끼리는 서로 무엇을 주고받는 행위조차 의미 없는 "불가분의" 관계가 된다.

그런데, 존재론적 변화를 겪은 몽테뉴와 라 보에시의 우정은 라 보에시의 죽음으로 또 다른 변화를 겪는다. 온전한 하나가 반쪽을 상실하게 된 것이다. 친구의 죽음은 지나간 시간 속에서 "우리들은 전체의 반쪽이었다(*Nous estions à moitié de tout*)."(I.28, 193)는 사실을 살아남은 자에게 더욱 더 각인 시키며 고통을 줄 뿐이다.

> 나는 이미 어디에서나 그의 반신(半身)으로 있기로 되어 있어, 그것이 버릇이 되어서, 나는 이제는 반쪽으로 밖에 살아 있지 않는 것 같다.[18)]

'반신' 그리고 '반쪽'으로 표현된 결합 은유는 두 사람이 나눴던 우정의 성격과 강도를 독자에게 절실히 잘 드러내 준다.

지금까지 간략하게 살펴본 몽테뉴와 라 보에시의 우정의 묘사 속에서, 독자라면 누구나 곳곳에서 '문학적 향기'를 맡을 수가 있다. 즉 사실에 근거한 이성적 글쓰기보다는 개념적 은유를 토대로 한 감성적 글쓰기가 두 사람의 '완전한 우정'을 '만들어 내는' 데 큰 수사적 힘을

니고 있다는 것을 알고 있다(*Je sçay que l'amitié a les bras assez longs pour se tenir et se joindre d'un coin de monde à l'autre*)."(III.9, 975)고 말해주고 있다.

18) "*J'estois desjà si fait et accoustumé à estre deuxiesme par tout, qu'il me semble n'estre plus qu'à demy.*"(I.28, 193)

발휘하고 있다. 몽테뉴의 이야기 재료는 순수하게 개인적 차원의 사실적 요소뿐만 아니라, 이미 오랜 시간 속에서 만들어진 이야기들과 접촉하면서 확장되고 정교화 되는 듯이 보인다. 따라서 몽테뉴의 우정 이야기를 읽으면서 다른 텍스트의 이야기들이 떠오르는 건 이상한 일이 아니다.[19] 아리스토텔레스의 우정관은 여기서 다른 고증된 요소들과 더불어 '자화상'을 더욱 더 윤색해 주고 문학적으로 만들어 준다. 이 고전적 우정관은 몽테뉴의 개인적 경험과 만나면서 증폭되고 세밀화 된다. 이상적인 우정에 개입하는 신성한 존재와 힘, 숙명적인 삶과 여정, 영혼의 완전한 결합과 융합 등, 우정의 묘사는 서정적인 수사와 낭만적인 문체를 통해 더욱 강화되고 있는데, 이러한 우정관은 아리스토텔레스의 우정관 뿐만 아니라 무엇보다 아우구스티누스(Saint Augustin)의 『고백록 Confessions』을 강하게 연상시킨다. 물론 친구와의 우정과 죽음, 종교적인 요소의 개입은 세밀한 점에서는 차이가 있으나 몽테뉴가 아우구스티누스를 읽었는지의 문제로까지 나아간다. 그러나 『에세』를 통해서 드러난 아우구스티누스는 몇 번 인용된 『신국 Cité de Dieu』 뿐이며, 『고백록』의 흔적은 발견되지 않는다. 몽테뉴가 『고백록』 읽었는지 혹은 읽지 않았는지의 문제는 사실상 확인할 수는 없는 문제이므로 무모한 일일지도 모른다. 따라서 학자에 따라 몽테뉴가 『고백록』을 읽었는지는 언제나 의견을 달리한다.[20] 몽테뉴는 이러한 지적에 대해 민감한 반응을 드러낸다. 몽

---

19) 앞서 살펴본 것처럼 「독자에게」는 성찬의 의식에서 그리스도처럼, 신비스러운 종교 의식을 연상하게 할 수 있다(Arasse, ibid., 165). 따라서 책을 쓰게 된 동기에 대해 자신의 사후에 친인척과 친구들을 위한 것이라고 밝혀 놓았지만, 이러한 생각 역시 '이는 내 몸이다'(이 책은 바로 나다), '나를 기억하여 이를 행하여라.' 등 성서라는 텍스트의 내용의 영향을 받은 것으로 해석할 수 있다.

20) 자세한 점은 Mathieu-Castellani(2000, Chap.VII) 참조

테뉴는 2권 10장 「책에 대하여 Des Livres」 에서 자신의 『에세』가 단순하게 남의 것을 나열하거나 인용하는 것이 아님을 강조하고 있다.

> 내가 이 직업의 대가들이 흔히 다루는 많은 사물들에 대해 말하는 경우가 있다는 것을 안다. 여기에 쓰는 것은 내가 순수하게 타고난 소질을 가지고 하는 시도이지, 결코 남에게서 빌려 온 재료를 가지고 하는 것은 아니다.[21)]

"나는 내 것만을 사용한다(*je n'use que du mien*)"(II.6. 376). 몽테뉴는 다른 텍스트가 자신의 정체성을 탐구하는데 매우 유용하다는 점을 부인하지는 않는다. 그러나 그것은 어디까지나 자신에 대한 성찰을 위한 것일 뿐이다.

> 벌써 여러 해 전부터 내 사색의 목표는 나 자신밖에 없었고, 나는 나 자신만을 살펴보고 연구한다. 그리고 내가 다른 일을 연구한다면, 그것은 바로 자신에 적응해 보기, 또는 적절히 말하자면, 내 자신 속에 적응하기 위해서 하는 일이다. 자기 자신에 대한 묘사만큼 어려운 묘사도 없으며, 그만큼 유용한 일도 없다.(...)[22)]

몽테뉴의 이러한 생각은 다른 텍스트들을 단순히 모방하고 복제하

---

21) "*Je ne fay point de doute qu'il ne m'advienne souvent de parler de choses qui sont mieus traictées chez les maistres du mestier, et plus veritablement. C'est icy purement l'essay de mes facultez naturelles, et nullement des acquises.*"(II.10. 407)

22) "*(...) Il y a plusieurs années que je n'ay que moy pour visée à mes pensées, que je ne contrerolle et estudie que moy; et, si j'estudie autre chose, c'est pour soudain le coucher sur moy, ou en moy, pour mieux dire. Il n'est description pareille en difficulté à la description de soy-mesmes, ny certes en utilité.*"

는 것이 아니라 자신의 이야기를 위해 창조적으로 재구성한다는 것을 의미하는 것으로 보인다. 여기서 함께 살펴보아야 할 문제는 무엇보다 몽테뉴의 가필과 수정작업이라는 계속된 글쓰기는 개인적 경험과 역사성을 현재의 시각에서 재구성하는 실천적 의미를 갖고 있다는 점이다. 「우정에 대하여」장에서 우리는 유의미한 가필의 흔적을 보르도판에서 발견할 수 있다. 28장의 전반적 분위기에서 느낄 수 있지만, 몽테뉴는 지적인 열등감을 느끼게 할 정도로 자신보다 연상인 라 보에시를 이상적인 인간의 모델로 삼고 있는데, 이는 무엇보다 가필의 과정을 통해 드러난다고 할 수 있다.

ⓐ [Si on me presse de dire pourquoy je l'aymois, je sens que cela ne se peut exprimer]

ⓑ [qu'en respondant: Par ce que c'estoit luy; par ce que c'estoit moy.]

보르도판에 가필된 부분은 ⓑ 부분이다. 그런데 여기서 ⓑ 부분 [par ce que c'estoit luy; par ce que c'estoit moy.]는 우리에게 시사하는 바가 매우 크다. 이 부분은 보르도 판을 살펴볼 때, 두 원인절인 [par ce que c'estoit luy]와 [par ce que c'estoit moy]의 가필이 시간의 차이를 두고 이루어 졌다는 것을 잉크 색의 차이가 드러내 주고 있기 때문이다.[23] 이는 단순한 해석을 넘어, 우정의 개념이 수정과 가필 작업이라는 시간의 축을 따라 변화된 그의 의식의 변화와 흐름 속에서 고찰되어야 한다는 것을 의미한다(Regosin, op.cit., 16, Legros, 2008, 각주 3참조). 몽테뉴는 이를 통해 현재의 서술 논리로 친구 라 보에시와 상호성과 평등성을 반영하고 있는 것이다.

---

23) 이 보르도 판에 대한 보다 명확한 컬러 이미지는 http://artflsrv02.uchicago.edu/images/ montaigne/0071v.jpg를 참조바람.

가필과 수정을 통한 보다 주요한 의식의 변화는 「독자에게」에서 발견된다. 「독자에게」는 "47살 생일 다음날, 1580년 3월 1일, 몽테뉴와 독자 사이에 맺어진 계약"(Nakam, op.cit., 205)을 선포하는 자리이다. 스타로벵스키(Starobinski, 1982, 28-29)에 따르면 이 날짜는 이전과는 단절된 새로운 존재로의 탄생을 알리는 것이며, 기독교적인 집단적 시간과 더불어 동시에 자전적인 개인적 시간을 정확히 노정시킨다는 의미에서 중요한 의미를 갖는다. 이때 몽테뉴가 언급하고 있는 '생일(anniversaire)'은 "의지적인 탄생(naissance volontaire)" (ibid., p.29)을 강화해준다. 이는 새로운 시간의 시작과 더불어 살아가야 할 남은 시간이 더 이상 '복종(servitium)'이 아니라 '자유(libertas)'임을 선언하고 있다는 것이다. 혹은 달리 표현하자면, 이 날짜에 독자 제위에 대해 "진심으로(*de bonne foy*)" 계약한 이 선언문은 '벌거벗음'과 '죽음'이라는 결코 거짓을 말할 수 없음을 드러내준다. 마치 창세기에 인간의 탄생처럼 작가의 탄생을 보게 되는 것이다(Nakam, op,cit., 205).

그러나 아래 <그림>에서 보듯이, 보르도판에 수기로 수정된 1580년이라는 해와 3월 1일이라는 날짜는 시각적으로도 좀 설명이 필요한 것으로 보인다. 아라스(Arasse, ibid.)는 이에 대해 의미있는 지적을 하고 있는데, 아래에서는 그의 논의를 중심으로 살펴보고자 한다.

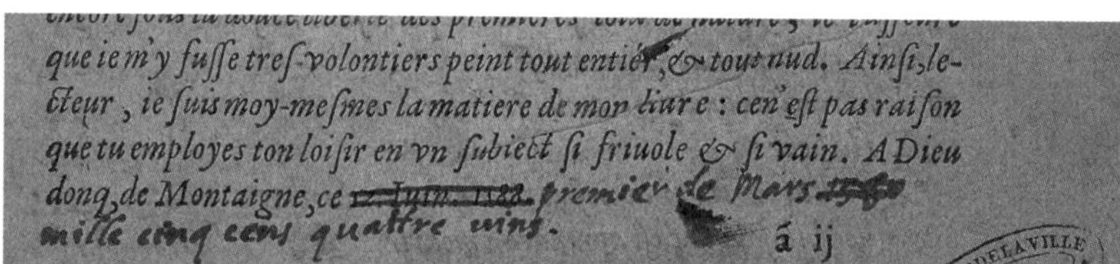
que ie m'y fuſſe treſ-volontiers peint tout entier, & tout nud. Ainſi, lecteur, ie ſuis moy-meſmes la matiere de mon liure : ce n'eſt pas raiſon que tu employes ton loiſir en vn ſubiect ſi friuole & ſi vain. A Dieu donq, de Montaigne, ce premier de Mars mille cinq cens quatre vins.
ã ij

[그림 1] 『에세』 보르도 판, 「독자에게」 하단[24]

24) 출처: http://artflsrv02.uchicago.edu/images/montaigne/0000b.jpg - The Montaigne Project (University of Chicago).

사실 이 날짜와 관련하여, 보르도판 '「독자에게」'에 남겨진 몽테뉴의 수정 흔적은 아라스의 주장처럼 크게 주목받지 못해왔거나 적절한 해석이 제시되지 못해왔다고 해도 과언이 아니다. 몽테뉴는 잘 알려진 바와 같이, "나는 덧붙이지 수정하지는 않는다(*J'adjouste, mais je ne corrige pas).*"(*III.9. 188*)고 하였지만, 보르도판에 남겨진 흔적은 명백히 이런 그의 주장을 무색하게 만들고 있는 듯이 보인다. 앞서 이미 살펴보았지만, <그림 1>에서 보는 바와 같이, 서문인 「독자에게」 말미에 몽테뉴의 서명과 더불어 연월일이 작성되어 있다. 그런데 보르도판에는 '1588년 6월 12일'이라고 인쇄된 날짜는 삭제를 위해 정확히 두 줄로 지워지고(«ce ~~12. Juin, 1588~~»), 이를 대체하라는 듯 «ce premier de mars mille cinq cens quatre vins»(천오백팔십년 삼월 일일)가 가필되어 있다. 문제는 이 날짜가 이미 초판에 찍힌 날짜를 다시 반복했다는데 있다.

아라스는 이 삭제를 통한 수정 행위 안에 『에세』를 관통하는 가장 근본적인 테마들 중 하나와 유리될 수 없는, 매우 의미적인 함의가 있다고 생각한다. 그것은 바로 글쓰기를 통한, 그리고 글쓰기 속에서 이루어진 '존재'의 탄생을 알리는 것이다. 그렇다면 이 존재는 『에세』와 관련하여, 그리고 『에세』의 저자인 몽테뉴와 관련하여 어떻게 규정할 수 있는가? 위의 그림에서 보이듯이 우선 몽테뉴는 숫자 «1580»이라고 수기한 것을 두 줄로 강하게 삭제 표식을 한 후, 문자로 풀어 다시 쓰는 수고를 했다는 것이다. 이는 아라스가 주장하는 바와 같이 "이 숫자(nombre)를 말(mots) 속으로 들어가게 하려는 의지"나, 혹은 "글쓰기를 통하여 이 날짜를 자기 것으로 만들기"(Arasse, ibid., 162)를 표지하는 것인지는 모르겠으나, 적어도 우리는, 우선 이 숫자를 보르도 판위에 적었다는 것과 다시 이를 삭제하고 그 대신 문자로 대체하였다는 것, 그러나 이러한 행위를 통해, 여전히 '1580년'이라는 특정한 해가 몽테뉴에게 특별한 의미를 갖는다는 것을 쉽게 짐작할 수 있는 것이다.

아라스는 이 날짜는 우연히 선택된 것이 아니라고 주장한다. 이 날짜는 앞서 언급한 것처럼 『에세』 초판의 날짜이지만, 이를 다시 반복함으로써 그 의미는 각별해 진다. 1588년과 1592년 사이에 몽테뉴가 이 날짜로 다시 돌아 온 것은 『에세』의 결정적인 탄생을 규정하는 것이었는데, 1580년 이미 '3월 1일'이라는 날짜를 선택했었던 것도 실상 몽테뉴의 생일을 고려해 볼 때 또 다른 의미를 내포한다고 보는 것이다. 다시 말해서 1533년 2월 28일에 태어난 몽테뉴의 생일과 『에세』의 기원에는 깊은 연관성이 발견된다는 것이다. 물론 2월 28일과 3월 1일 간에는 하루의 차이가 존재하지만, 아라스는 1571년, 몽테뉴가 성으로 돌아와 서재의 벽 하나에 써 넣었던 다음과 같은 내용의 라틴어 구절에서 또 다른 생각을 얻어낸다.

> 1571년 2월 28일, 서른여덟 번째 생일날, 미셸 드 몽테뉴는 오래전부터 법관직과 공직 생활에 싫증을 느끼고 있다가, 아직 건강이 허락할 때 은퇴하여 학식 있는 처녀들의 품에 안기노라. 남아 있는 날들을 이 품 안에서 평온하고 평화롭게 보낼 것이다.[25]

여기서 아라스는 3월 1일이라는 날짜가 새로운 존재의 탄생을 알리는 의미를 지니고 있다고 주장한다. 게다가 위 라틴어 인용문은 의도

---

25) « *L'an du Christ 1571, âgé de trente-huit ans, la veille des calendes de mars, anniversaire de sa naissance, Michel de Montaigne, las depuis longtemps déjà de la servitude du Parlement et des charges publiques, en pleines forces encore, se retira dans le sein des doctes vierges, où, en repos et en sécurité, il passera les jours qui lui restent à vivre.* »(Arasse, ibid., 162에서 재인용- 국역은 필자의 것임)

적인지는 모르겠으나 텍스트만으로는 몽테뉴의 정확한 생일 날짜와 관련하여 중의성을 띠고 있다(각주에 인용된 라틴어 번역문 참조).

'가필은 하지만 수정하지는 않는다.'는 그의 약속은 일견 지켜지지 못하고 있는 듯이 보이지만, 결과적으로는 다시 본래의 것으로 돌아갔다는 의미에서 그 약속은 지켜졌다고 할 수 있을지도 모르겠다. 그러나 이러한 과정에서 포착해 낼 수 있는 것은 1588년과 1592년 사이에, 『에세』와 관련한 몽테뉴의 태도가 어떤 변화를 겪었다는 점이다. 아라스는 몽테뉴가 1588년과 1592년 사이에 3권 9장 「허영에 대하여」에서 상보적인 성격의 두 가필 수정을 하게 되는데 이는 매우 유의미한 것으로 본다. 하나는 "지금의 나와 조금 전의 나는 확실히 둘이다(*Moy à cette heure et moy tantost sommes bien deux*)."(III.9.964)로 그의 초기 『에세』가 '천오백 팔십년이었음'을 상기시켜준다면, 또 다른 가필은 "내 책은 언제나 하나다(*Mon livre est tousjours un*)."(III.9.964), 즉 『에세』는 "그 작가와 동체(*consubstantiel à son autheur*)"(II.18. 665)라는 것이다. 아라스는 이러한 관찰을 통해 'Montaigne, Michel de Montaigne', 『에세』의 저자는 글쓰기를 통해, 글쓰기 속에서 생산된 "허구적 존재(être fictionnel)"에 다름 아니라는 것을 말해주는 것이라고 지적한다. 보르도판 「독자에게」에서 관찰되는 삭제 행위는 『에세』가 '고유명사'를 쟁취하는 과정을 보여주는 것이다. 1580년 '나(le «moi»)'는 사실상 'je의 고유명사' - 벵베니스트(Benveniste)의 의미에서 - 에 불과하였다면, 1588년, 저자는 'Michel, seigneur de Montaigne'로 몽테뉴는 표제에서 작위를 내려놓는다. 1588년과 1592년 사이, 우리는 같은 책 2장 「후회에 대하여 Du repentir」에서 마침내 «Moi, Michel de Montaigne»(805)라는 완전한 고유명사의 출현을 보게 된다. 아라스가 말한 '허구적 존재'는 사실 텍스트가 만들어낸, 텍스트 속에서 만들어진 존재이다. 달리 말하면 '글쓰기'를 통해 만들어진 모습이다. 몽테뉴는 끊임없이 가필과 수정 작업을 했다. 그 의미는 발화행위의 지소적 의미에서, 지금, 여기에서 존재하지 않는 지나간 과거의 자기 모습을 현재라는 시간 속에서 재구성하는 작업이었다. 이는 과거에 존재했던 나의 모습을 그대로 그려낸다기보다는 현재의 나의 의식에서 과거의 나를 기억과 언어로 재구성하여 새로운 존재를 목격하는 것이다.

4. 결론을 대신하여

다시 거울과 그림의 논의로 돌아가 보자. 거울에 비친 모습은 자기일까, 아니면 '나'와 닮은 누구일까? 자화상을 만드는 작업은 거울을 보고 있는 관찰 주체와 거울에 비친 주체의 모습, 그리고 회화로 재현되는 거울 밖 화포 위의 초상화 간의 관계이다. 이 관계는 거울을 매개로 연결되는 관계인데, 그리는 자와 그려지는 대상이 동일시되면서 동시에 구분된다는 역설을 갖는다. 동일시된다 함은 거울 속의 인물이 회화적 재현 대상과 같다는 것이고 구분된다함은 거울에 맺힌 상이 거울 밖 그림을 그리는 자의 허상이기에 결국은 관찰주체와 회화적 재현대상은 같을 수가 없다는 것이다. 우리는 거울 속에 비친 자기의 모습을 보면서 물론 본능적으로 '나다(*c'est moi*)'라고 자신의 정체성을 확인한다. '나다'라는 침묵 속의 말은 곧 거울 속 이미지에 명명하고 있지만, 사실은 자신을 대상화 해주는 하나의 이미지에 불과하다. 당연히 거울 이미지는 자기이자 자기가 아닌 운명이다(Marin 1999, 129-131).관찰하는 자와 허상으로 비춰지는 자, 그리고 회화적으로 재현되는 자가 같으면서도 다른, 바로 그 관계 속에서 드러나는 모습은 누구인가? 리쾨르에 따르면, “거울에 비친 나(le moi)와 그림 속에 재현된 자아(le soi) 사이에 그림을 그리는 예술과 행위, 자기 자신을 묘사하는 예술과 행위가 놓여 있다.”[26] 이는 다시 말하면 무엇인가를 만들어 내는 창조적 활동이자 허구적 세계를 구축하는 행위이다. 애초 거울 속에 비친 모습은 거울 앞에 선 나의 실재적인 모습을 반영하는 허상이고 이를 그림으로 재현해 낸 결과는 또 다른 존재의 탄생 혹은 재구성이라고 할 수 있다. 시간과 더불어 화포에 고정된 나의 모습은 미학적 해석이 담아낸 ‘만들어진 나’이다.

그렇다면 ‘글쓰기’를 통해 드러난 자화상은 어떠한가? 몽테뉴는 현재에는 사라진 과거의 나의 모습을 자신의 기억에 의지하여 그려나간다. 무엇보다 기억에 문제가 있던 몽테뉴에게 과거의 기억도 그의 편은 아니었다. 과거의 나는 현재의 나에 의해서, 현재의 나는 과거의 나에 의해서 서로 영향을 미치면서, 글 쓰는 나 몽테뉴는 자신을 그려내려는 의지와 좌절을 그대로 보여준다. 시간의 흐름 속에서 몽테뉴의 자아는 끊임없는 내화를 시작해 나간다. 열려 있는 이 대화는 고정되지 않았고 늘 과정 중에 있다. 그래서 늘 움직이는 무엇이다. 몽테뉴에게 글쓰기 행위는 자신과 자신의 삶을 충실히 텍스트에 옮겨 놓을 수 있게 했다기보다는 오히려 그 자신을 규정하는 데로 이른 것으로 보인다. 내가 책을 만들었다기보다는 책이 나를 만들었다는 몽테뉴의 이야기는 이를 잘 말해준다.

> 남을 위해서 나를 그려 가다가, 나는 첫 빛깔보다도 더 뚜렷한 색채로 내 속을 색칠해 간 것이다. 내가 내 책을 만들었는지 내 책이 나를 만들었는지 모를 정도로, 이 책은 작가와 동체이며 작가 자신만이 취급되고, 내 생명의 부분으로

26) “*Entre le moi, vu dans le miroir, et le soi, lu dans le tableau, s’insèrent l’art et l’acte de peindre, de se dépeindre.*”(Ricoeur 1994: 15)

되어 있다.[27]

결국 몽테뉴는 떠났지만 책을 통해 살아남았다. 그런데 그것은 독자의 존재가 있기에 가능한 것이다. (문학적) 자화상, 그것은 닮음의 재현이지만 거울의 비친 허상과 더불어, 거울을 보는 사람마다 달라진다. 언제나 그것을 바라보거나 읽는 사람들이 존재한다는 것이다. 『에세』라는 '잉크 거울'에 있어 사실과 진실, 혹은 허구는 이 거울을 바라보는 수용자, 즉 독자의 판단과 믿음의 간극에 달려있다. 진실이냐 거짓이냐의 차이는, 혹은 진실한 거짓과 거짓된 진실 간의 차이는 책을 읽는 독자가 얼마만큼 작가의 글쓰기 욕망을 수용할 수 있는가에 달려있단 것이다. 몽테뉴가 「독자에게」에서 신뢰와 관련한 독자의 역할을 명시적으로나 암묵적으로, - 어떻게 보면 지나치리만큼 – 그토록 강조한 이유는 바로 여기에 있다고 해도 과언은 아니다. 이러한 의미에서 몽테뉴라는 한 사람의 고백의 진실 자체, 즉 글쓰기와 삶의 일치는 사실 중요한 것이 아닐지도 모른다. 그것은 개인의 역사적 사실로서 확인이 불가능할 수도 있겠지만, 몽테뉴라는 개인을 있는 그대로 보여주는 것이며, 결국 책으로 살아남은 저자의 이야기는 동시대의 사람들뿐만 아니라 현재와 미래를 사는 사람들에게 '잉크 거울'이 되어 독자인 우리를 비추고 '나는 누구인가'를 묻고 있다고 하겠다. 그것이 『에세』라는 책의 존재이유이자, 우리가 『에세』를 읽는 이유이기도 할 것이다.

---

27) "*Me peignant pour autruy, je me suis peint en moy de couleurs plus nettes que n'estoyent les miennes premieres. Je n'ay pas plus faict mon livre que mon livre m'a faict, livre consubstantiel à son autheur, d'une occupation propre, membre de ma vie.*"(II.18. 665)

참고문헌

몽테뉴,『몽테뉴 인생에세이』, 손우성(역), 서울, 동서문화사, 2005.

서종석,「완전한 우정과 낭만적 사랑: 몽테뉴의 <우정에 대하여>에 나타난 우정의 개념」,『프랑스학 연구』, 61, 2012, 99-123.

Arasse, Daniel, «Montanus Fingebat»: sur une rature de Montaigne, *Esprit*, 325, 2006, 160-171.

Beaujour, Michel, *Miroirs d'encre: Rhétorique de l'autoportrait*, Paris, Editions du Seuil, 1980.

Legros, Alain, Peinture-Peintre(s), in *Dictionnaire de Michel de Montaigne*, Nouvelle édition revue, corrigée et augmentée, publié sous la direction de Philippe Desan, Paris, Honore Champion Editeur, 2007.

Legros, Alain, Nous deux, mais c'était lui ou moi (M. et/ou La Boétie), *Genesis*, n° 29, 2008, 159-164.

Maclean, Ian, *Montaigne philosophe*. Paris, Presses Universitaires de France, 1996.

Marin, Louis, L'écriture de soi: Ignace de Loyola, Montaigne, Stendhal, Roland Barthes, Paris, Presses Universitaires de France, 1999.

Mathieu-Castellani, Gisèle, *Montaigne ou la vérité du mensonge*, Genève, Droz (coll. « Les Seuils de la Modernité », vol.4), 2000.

Montaigne, Michel de., *Les Essais*, edition de 1595, etablie par Jean Balsamo, Michel Magnien et Catherine Magnien-Simonin, Paris, Gallimard, <Bibliotheque de la Pleiade>, 2007.

Montaigne, Michel de., *Les Essais*, éd. Villey-Saulnier, Paris, Presses Universitaires de France, « Quadrige », 2004 (1965).

Ricoeur, Paul, Sur un Autoportrait de Rembrandt in *Lectures 3-Aux Frontières de la Philosophie*, Paris, Éditions du Seuil, 1994, 13-15.

Regosin, Richard L., *The Matter of My Book: Montaigne's 'Essais' as the Book of the Self.* London: University of California Press, 1977.

Starobinski, Jean, *Montaigne en mouvement*, Paris, Gallimard, 1982.

Tournon, André, *Montaigne: la glose et l'essai*. Edition revue et corrigée, précédé d'un Réexamen, Paris, Honore Champion Editeur, 2000.

VI 증거성과 기억의 내러티브

6

증거성과 기억의 내러티브
- 박완서의 자전소설 「그 산이 정말 거기 있었을까」를 중심으로

안 미 경

1. 들어가는 말

자전적 글쓰기는 일반적으로 '작가 사신의 삶을 회고적으로 기술한 글'이라고 정의된다. 실제 삶을 텍스트로 옮겨내는 자전적 글쓰기는 자신의 경험에 대한 객관적 기록인 동시에 사실에 대한 작가의 주관적인 해석이 포함된다. 즉 작가는 회상, 재기억, 재발견의 과정을 거쳐 작가의 관점에서 본 자신의 과거를 재구성한다고 할 수 있다. 그런 이유로 자전적 글쓰기에 있어서의 사실성은 허구와는 구별되지만 많은 자전문학들이 사실과 허구의 애매모호한 경계선상에 있다는 평가를 받기도 한다. 자전적 글쓰기에서 이야기하는 허구의 문제는 실제 경험과 언어의 재현사이의 관계에서 생겨날 수 있는 문제라 할 수 있다.

자전적 글쓰기는 작가이기 전에 한 인간으로서 자신의 삶에 대한 증언이기에 작가는 내면 가장 깊은 곳에서 진실성을 찾고자 자신과의 대화를 하고 이에 대한 산출물로 글쓰기가 이루어진다. 그러한 과정에서 작가는 실제 경험에 대한 회상과 재기억 과정을 거쳐 과거의 기억과 경험을 언어로 재구성하게 된다. 이와 같은 경험의 서사화 과정에서 작가가 사용하는 서사화 원리와 언어전략은 무엇일까? 작가는 경험을 산출하는 원리로 '거리두기 원리'를 사용한다. 자신의 경험에 대한 '거리두기' 즉 '객관적으로 바라보기'가 이루어질 때 현재 자신의 모습을 성찰할 수 있고 작가의 자신에 대한 객관적인 성찰이 과거 경험과 연결되고 미래의 자신의 모습을 구성하면서 서사화가 이루어지는 것이다(장유정 2013).

경험의 서사화 원리로서의 '거리두기'를 가능하게 하는 언어적인 전략으로 작가는 '증거성(evidentiality)'을 이용할 수 있다. 증거성(evidentiality)은 작가가 정보를 얻은 방법과 정보의 출처를 나타내는 언어 전략이다(Aikhenvald 2004). 자전적 글쓰기에서 증거성은 과거 경험들의 재구성물인 서사가 작가의 직접 경험에 의한 것인지, 혹은 간접 경험(타인으로부터 들은 정보 혹은 추론)에 의한 것인지를 나타낸다. 자전적 글쓰기에서의 서사 원리인 과거 경험과의 '거리두기'를 가능하게 하는 증거성 표지에는 간접 경험을 나타내는 보고 증거성(reportative evidential), 인용(quotative), 그리고 추론에 의한 증거성(inferential evidential) 표지가 있다.

본 연구는 경험의 서사화 원리와 언어적인 전략으로서의 증거성을 분석하는 것을 목적으로 한다. 2장에서는 '자전적 글쓰기'의 정의와 과거 기억의 내러티브로서의 글쓰기에 대해 살펴본다. 3장에서는 '증거성'의 개념과 경험의 서사화와 증거성의 관계에 대해 소개한다. 4장에서는 경험의 서사화에 있어서의 서사원리와 언어적인 전략, 즉 서사화에 있어서의 증거성의 역할을 박완서의 자전소설 『그 산이 정말 거기 있었을까?』를 중심으로 논의하고자 한다.

2. 자전적 글쓰기

2.1. '자전적 글쓰기'의 정의

프랑스의 문학이론가 Philip Lejeune(1989: 178)의 고전적인 정의에 따르면 자서전은 "한 실제 인물이 자기 자신의 존재를 소재로 하여 개인적인 삶, 특히 자신의 인생사를 중점적으로 이야기한 산문으로 쓰인 과거 회상형의 이야기"라고 한다. '자서전(autobiography)'의 어원을 살펴보면 자아를 뜻하는 autos, 삶을 뜻하는 bios, 글쓰기를 뜻하는 graphe로 구성되어 있다. 이 'autobiography(자서전)'란 단어는 옥스퍼드 대사전(The Great Oxford Dictionay 1809년 판 quartely review)에 실린 Robert Southey(1809)의 인용문에 최초로 기록되어 있다. 하지만 이 자서전이란 개념은 Southey의 인용문 이전, 즉 18세기 말 유럽의 곳곳에서 발견된다. 영국의 여류시인 Ann Yearsley 시집의 서문에서도 발견되며, 1789년 출간된 구스타브 폰 히플의 책에도 Selbstbiographien란 단어가 등장한다. 또한 1759년 판 Deutsche Monatsshrift에도 Über Selbstbiographien이란 제목이 등장하는데 이 Selbstbiographien 또한 자서전을 의미한다(문지희 2012).

자전적 글쓰기는 'life writing', 'self-writing', 'personal document', 'egodocument', 'life narrative' 또는 'autobiographical writing'등으로 쓰이며 자서전, 회고록, 편지, 에세이, 여행기등 자기 반영적 글쓰기를 아우른다. Anderson(2001: 5)에 따르면 자전적 글쓰기는 그 개인의 성향과 인간적 가치에 근거를 두었기에 형식적이고 기계적인 방법이 아니라 '건강한 이성'을 바탕으로 평가되어야 한다고 주장한다. 또 다른 한편으로 자서전이 어떠한 형식이나 객관적인 울타리를 벗어난다면 비평가들의 객관적인 잣대와 평가조차도 적용될 수 없는 문제에 봉착하게 된다. 이러한 이유에서 자서전을 둘러싼 장르 비평가들은 다른 문학작품들을 접근할 때와 마찬가지로 장르적 규약과 형식적 틀을 제고하려 했는데, 그 대표적인 예로 Philip Lejeune(1989)의 [자서전의 규약 le Pacte autobiographique (The autobiographical Pact)]을 들 수 있다.

〈자서전의 규약 le Pacte autobiographique 〉

1. 언어적 형태: a) 이야기 b) 산문으로 되어있을 것
2. 주제: 한 개인의 삶, 자아의 주체성이 드러난 이야기
3. 작가의 상황: 작가와 화자의 동일성
4. 화자의 상황: a) 화자와 주인공이 동일, b) 이야기가 과거 회상적일 것 (Lejeune 1989: 4)

이와 같은 다양한 형태의 자아반영적 글쓰기를 아우르는 좀 더 포괄적인 개념의 용어의 필요성이 대두되는 가운데 Smith and Watson (2001: 3)은 'life writing'이란 용어가 인간의 삶을 재현하는 여러 종류의 논픽션들을 두루 아우를 수 있다고 주장한다. 자신의 삶을 다룬 글은 자서전적이 되며 다른 이의 삶에 대해 적은 글은 전기적이 되는 것이다. 이와 같이 자기반영적 글쓰기의 다양한 형식들을 '자전문학' 또는 '자서전적 글쓰기'라는 용어로 일컬을 수 있을 것이다(문지희 2012).

2.2. 기억의 내러티브

자전적 글쓰기에 있어 언어와 기억의 한계성은 중요한 부분을 차지한다. 물론 이들은 포스트모더니즘의 영향을 받은 것이기도 하다. 자

전적 글쓰기에 있어서의 사실성은 허구와 분명히 구분된다. 그럼에도 불구하고 많은 자전문학들이 사실과 허구의 애매모호한 경계선상에 있다는 것 또한 주지해야 할 부분이다. 자전적 글쓰기에서도 언어적, 수사학적 요소가 중요한 부분을 차지하며, 기억의 선별 과정과 편집, 그리고 삶에 대한 해석의 문제 또한 수반되는 것이다(문지희 2012).

자전적 글쓰기에서 작가는 자신의 판단기준에 근거해 중요하다고 생각되는 것을 선별하고 감추고 싶은 것은 숨기기도 하고 자신의 경험을 재해석해 낸다(Spacks 1976). Howarth도 또한 자전문학은 실제적 인생에서의 일련의 경험들을 새로 구성한 문화적 창조물에 근사하다고 지적한다. 실제적 인생에서는 일련의 경험들이 형성하는 총체적 그림에 대한 이해없이 어렴풋하고 산발적인 인과관계들만이 남을 뿐이다. 하지만 글을 쓰는 과정에서 실제적 삶과 어느 정도는 닮았으나 새로 조립되고 구성되어진 새로운 인공적 생산물로 재탄생하게 되는 것이다(Howarth 1980: 86).

앞에서 살펴본 Lejeune의 자서전의 규약에 따르면 자서전은 '이야기가 과거 회상일 것'이라는 조건이 있다. 그러나 자전작가가 글을 통해 독자와 소통하려는 내용은 자신의 과거의 상황이나 현상이 아니라 작가가 가진 현재의 상황이다. Renza에 의하면 개인의 역사가 반추되어질 수 있는 유일한 시발점은 바로 '현재'이기 때문에 작가는 과거에 의미를 가지지 못했던 사건들을 편집하고 해석하여 의미를 부여하는 것이 현재라고 주장한다(Renza 1980; 문지희 2012).

이와 같이 자전적 글쓰기는 회상, 재기억, 재발견의 과정을 포함하며 동시에 작가의 관점에서 본 자신의 과거의 재구성과도 관련되어 있다. 자전문학 이론가인 Olney는 그의 논문에서 자전 작가가 이야기하고자 하는 실제 현재의 삶과 현재의 삶을 재편집하고 재구성하는 과거 기억의 무한한 '능력' 간의 관계성을 밝히고 있다(Olney 1980:

240-241). 그러나 자전적 작가에 의해 기억되고 재창조 되는 이러한 과정은 마치 그러한 과거의 삶이 처음부터 현재 또는 미래의 어떤 목표를 향해 움직이는 것처럼 방향성과 목적성을 나타나게 된다. 그 때문에 기억은 '현재'로 탄생하는 '과거의 서사적 형성과정'이라고도 할 수 있을 것이다(문지희 2012: 63).

Gusdorf(1980)는 자전문학에 있어 사실성이 전해주는 진실보다는 개인의 진실성(personal truth)이 더 중요하다고 주장한다. 즉 자전적 글쓰기는 한 인간의 자신에 대한 증언이기 때문에 작가의 내면 가장 깊은 곳에서 작가는 진실성을 찾고자 하는 자신과의 대화를 하고 이에 대한 산출물이 글쓰기이기 때문이다. 모든 예술작품은 내면적 영역이 외부적 범위로 투영되는 것으로 보면 예술작품의 가치는 내러티브의 문학적 정확성을 증명하는 것이 아니라 내면적이고 개인적인 중요성을 얼마나 잘 표현하는가 하는 '개인적 진실의 상징물'로 간주 되는 것이다(Gusdorf 1980: 44).

Gusdorf는 또한 "스토리텔링, 예술작품의 창작 그리고 상상의 기술은 독자로 하여금 어떠한 현상을 그들이 제시하는 관점으로 받아들이게끔 설득하는 힘이 있다"고 주장한다(Gusdorf 1980: 44, 문지희 2012 재인용). 이에 대해 Bruner는 다음과 같이 자전적 글쓰기의 구성에 대해 언급한다:

"이 세상엔 유일무이한 진실이나 불변의 정확성이나 신빙성을 담고 있는 자전문학이란 존재하지 않는다. 자전문학은 단순히 실제 삶을 참조하거나 기호화하는 것이 아니기 때문이다. 이러한 관점에서 삶은 자전적 글쓰기를 통해서 창조되거나 만들어진다는 것이다. 이러한 방법으로 경험을 만들어가게 되며 다시금 그것을 재형성하고 재구성하게 된다. 형성하고 재구성하는 과정은 '해석'을 동반한다. 모든 형태의 '해석'작업처럼 우리가 자신의 삶을 어떻게 구성하는가

하는 것 또한 의식적 또는 무의적인 의도와 해석적인 기제를 동반하며 문화와 언어의 사용으로 습득된 의미를 벗어날 수 없게 된다." (Bruner 1993: 38, 문지희 2012: 66 재인용.)

일반적인 자전적 글쓰기가 '형성' 또는 '변형' 되었다는 사실을 받아들이게 된다 할지라도 그것이 모든 자전문학이 완벽한 거짓이거나 진실 되지 않게 구성됨을 의미하지는 않는다. Portelli는 독자는 자전적 이야기는 틀린 것일 때도 있단 사실을 알고 있지만 이 '틀린' 이야기가 심리적으로는 '진실'일 수도 있다고 말한다: "이러한 의미에서의 '진실'은 실제적인 사실만큼이나 중요 할 수 있다"(Plummer 2001: 401). 자전문학의 '내용'적인 측면만으로는 진실을 담아 내기에 충분하지 않을 수 있다. 그 속에 담겨있는 '내용'을 진실로 만드는 것은 바로 그 내용을 담아내는 '컨텍스트'라고 할 수 있기 때문이다.

앞에서 살펴본 바와 같이 자전문학에서 이야기하는 허구의 문제는 실제 경험과 언이의 재현사이의 관계에서 이야기하는 문세라 할 수 있다. 삶과 그것을 재현되는 언어 사이의 관계는 분명 속해 있는 문화와 사회의 영향 아래에 있게 된다. 작가의 삶을 구성하고 정체성을 형성하고자 하는 자전적 목적론은 그러한 목적론을 반영하는 자전적 '그림'에서 인간의 실제 삶을 구성하는 본연의 부분임과 동시에 중요한 역할을 한다. 즉 자전적 글쓰기는 작가 자신의 과거의 경험을 문학적으로 되살리고 화자의 자아정체성을 형성하는 근원적인 형태라고 볼 수 있다(문지희 2012).

3. 경험의 서사화와 증거성(evidentiality)

3.1. 경험으로부터의 거리두기와 증거성

자전적 글쓰기에서 경험을 서사화하는 것은 객관적 현실반영 즉, 자신의 경험을 바탕으로 주체의 인식내용을 구성하면서 이와 동시에 서술의 중개성을 갖는 것이라고 볼 수 있다. 그 경험은 글 속에 무질서하게 나열되는 것이 아니라 일정한 틀에 의해 걸러지고 재조명되면서 재구성되는 과정을 거친다. 이 과정에서 중요한 전제로 작용하는 것이 경험적 자아와 서술적 자아의 분리이다. 인식의 주체가 한발 물러서서 '서사적 거리'를 확보하는 순간 '이야기 세계'라는 객관적 서사물이 나타나고 그 인식의 주체는 서사적 '중개자'가 되는 것이다(장유정 2013).

자전적 글쓰기에서 경험의 서사화 전략은 앞서 언급한 '거리두기'를 통해 화자로서의 '나'가 인물로서의 '나'를 바라보고 인물의 경험들을 기억하고 회상하는 일일 것이다. 그런 후에 경험들을 다시 반추하여 의미를 부여하는 일이다.

박완서의 경우 『그 많던 싱아는 누가 다 먹었을까』와 『그 산이 정말 거기 있었을까』에서 자신의 경험을 소설로 형상화하면서 거리를 두고 그러한 경험들을 기억하고 회상하고 재구성한 것이다. 박완서는 『그 많던 싱아는 누가 먹었을까』의 서문에서 다음과 같이 말하고 있다:

> 이런 글을 소설이라고 불러도 되는 건지 모르겠다. 순전히 기억력에만 의지해서 TJ 보았다. 쓰다 보니까 소설이나 수필속에서 한두 번씩 울겨 먹지 않은 경험이 거의 없었다. 그러나 그때그때의 쓰임새에 따라 소설적인 윤색을 거치지

않은 경험 또한 없었으므로 이번에는 있는 재료만 가지고 거기 맞춰 집을 짓듯이 기억을 꾸미거나 다듬는 짓은 최대한으로 억제한 글짓기를 해보았다. (중략) (장유정 2013: 186.)

이와 같이 자신의 경험을 거리를 두고 형상화하는 과정에서 필요한 언어적인 전략이자 장치로 '증거성(evidentiality)'을 들 수 있다. 사전적 글쓰기에서 작가는 증거성 표지를 이용해서 자신의 경험을 객관적으로 서사화 하는 것이다. 작가의 과거 경험과 언어의 재현사이의 관계 즉 작가가 경험을 어떻게 재구성 하는지를 실제 자전문학을 바탕으로 논의하기에 앞서 '증거성(evidentiality)'에 대해 살펴보자.

3.2. 증거성(evidentiality)이란?

3.2.1. 범언어학적인 측면에서의 증거성

증거성은 언어학의 전통에 있어서도 비교적 최근에 등장한 범주이다. Swadesh(1939)가 최초로 증거성(evidentiality)이란 용어를 사용하였으나 그는 증거성을 독립적인 범주로 간주하기보다는 기존의 연구방법으로 해결하기 힘든 예외적인 현상으로 언급했다. 일반적으로 Jakobson(1971)의 슬라브어에 관한 연구가 증거성을 체계적으로 분석한 최초의 연구라고 여겨진다. Jakobson의 연구는 크게 두 가지 측면에서 증거성의 연구에 기여했다. 첫째, Jakobson은 증거성을 법(mood)과 분리된 하나의 독립적인 범주로 인정하였다. 이는 최근까지 증거성 연구에서 가장 논쟁의 중심이 되어온 주제, 즉 증거성을 독립적인 문법 범주로 인정할 것인가 아니면 양태(modality) 범주에 포함시킬 것인지를 다룬 점에서 의의가 있다. 둘째, Jakobson은 아메리카 인디언 언어이외의 다른 언어에서도 증거성이 존재한다는 사실을 밝혔다. 그의 연구 이후에 증거성은 특정 언어유형의 예외적인 현상이 아닌, 일반 언어학의 연구대상으로 인정받게 되었으며 최근까지 언어학자들의 많은 관심을 받고 있는 분야이다(김진웅 2012).

최근의 증거성의 연구방식이 과거와 차별되는 부분은 증거성 표지를 기술적으로 분석하는 데에만 그치지 않고, 증거성 체계 전반을 어느 범주에서 다루어야 할 것인가를 논의하는 점에 있다. 전통적으로 증거성을 양태의 일종으로 설명하는 연구자들(Izvorski 1997; Matthewsonet al. 2007)이 있고, 화행이론(speech acts)을 바탕으로 설명하는 연구자들 (Faller 2002)이 있으며, 전제나 시제를 바탕으로 증거성을 설명 할 수 있다고 주장하는 견해들도 있다. 증거성 연구가 각광을 받는 배경은 문맥 의존 의미론(Dynamic Semantics) 등 의미론에서 언어를 형식화하는 방법이 정교해 지는 것과 연관이 있다. 형식 의미론의 영역이 확장되면서 의미론과 화용론의 경계가 무너졌고, 과거에 화용론의 영역으로 간주되었던 현상들까지 형식의미론에서 다루기 시작하면서 증거성 연구가 더 활발해진 것 또한 주지해야 할 부분이다.

먼저 한국어이외에 증거성이 나타나는 언어를 살펴보자. Tibeto-Burman어 계통의 언어로 남중국 라오스, 미얀마 태국등에서 사용되는 언어인 Akha와 같은 언어에서는 증거성 표지가 거의 모든 문장에서 표면적으로 그리고 의무적으로 나타난다.

Akha에 나타난 증거성 표지들의 예는 다음과 같다:

(1) Nɔ -màq àjɔ́q-àŋádi-e.'

you-Pl. he-OBJ. beat-NONSENSORIAL

'You(pl) will beat him'

(2) Nɔ -màq àjɔ́q-àŋádi-ŋá.

you-PL he-OBJ. beat-VISUAL

'You(pl) will beat him (I see it now)'

(3) Nɔ -màq àjɔ́q-àŋàdi-nja.

'You(pl) will beat him (I guess so from the sound of beating)

(Thurgood 1986: 214, 김진웅 2012: 103 재인용)

범언어적관점에서 살펴보면, 증거성 표지는 통사단위에서 독립적 지위를 가지는 경우가 드물다. 증거성 표지는 인칭이나 시제와 동시에 나타나는 경우가 일반적이고 양태를 나타내는 조동사나 부사의 단위에서 나타나는 경우도 흔하다. 위의 예문에서 (2)와 (3)의 예문은 정보의 원천이 감각기관을 경유했음을 증거성 표지를 통해 드러낸다. 즉 (2)는 시각적으로, (3)는 청각적으로 화자가 정보를 획득하였음을 보여준다. 반면 (1)에서는 정보의 원천이 감각과 무관하다는 사실을 보여주는 증거성표지가 의무적으로 나타난다. 이처럼 몇몇 언어들에서는 정보 원천의 부재마저도 증거성 체계 내에서 자리 매김하고 있다. (김진웅 2012: 104)

3.2.2. 증거성 표지

화자는 발화를 할 때 그 발화가 어디에서 비롯된 것인지를 나타내고자 한다. 이와 같이 화자가 정보를 얻은 방법과 정보의 출처를 나타내는 것을 '증거성 표지하기(evidentiality marking)'라고 한다(Aikhenvald 2004; Aikhenvald & Dixon 2003; Aikhenvald & LaPolla 2007; Anderson 1986; Chafe & Nichols 1986; Willett 1988; Johanson& Utas 2000). 이 증거성(evidentiality)을 나타내는 방법들은 다양하다. 예를 들어 영어는 단일어 혹은 몇몇 단어로 구성된 어휘구문으로 증거성을 나타낸다 (예) I hear, people say, it looks like, apparently). 'I hear'는 그 구문 뒤의 정보가 화자가 타인으로부터 들었다는 것을 의미하며 'it looks like'는 화자의 추측이나 추론에 의한 것이라는 것을 의미한다.

영어의 증거성 표지와는 달리 한국어는 문법적 형태소를 통해 증거성을 나타낸다. 예를 들어, 화자가 '밖에 날씨가 춥대'라고 말했다면, 청자는 '밖에 날씨가 춥다'는 정보 외에도 '-대'라는 표지를 통해 화자가 '날씨가 춥다'는 정보를 타인의 보고를 통해 알게 되었음을 뜻한다. 그러나 같은 정보가 '-네'와 같은 증거성 표지를 통해 전달되었다면 청자는 화자가 현재 밖에 날씨가 춥다는 정보를 직접경험을 통해 얻었다는 사실을 알 수 있다. 또한 '밖에 날씨가 추운가봐'라는 문장은 '-보다'라는 추론을 나타내는 형태소와의 결합을 확인함으로써 정보의 출처가 추론에 의한 것임을 알 수 있다.

위에서 살펴본 바와 같이 같은 정보의 출처와 습득 방식은 문장의 끝에 제시되는 문법적 형태소를 통해 전달되는데, 바로 이러한 표지들을 통틀어 '증거성표지(evidential marker)'라고 한다(송재목 2009, 2011; Aikhenvald 2004). 이와 같이 문법화된 증거성 표지를 사용하는 언어는 한국어를 포함해 터키어, 일본어, 투유카어, 티베트어, 불가리아어 등으로, 전세계 500여 가지 언어를 연구대상으로 한 Aikhenvald(2004)에 따르면 세계 언어의 1/4에 증거성 표지 체계가 있다고 한다. Aikhenvald는 정보의 출처를 상세하세 분류하여 범언어적 증거성 표지 체계를 아래와 같이 제시하였다:

〈Aikhenvald의 증거성의 유형〉

1) 시각(visual): 눈으로 보이는 정보

2) 비시각적 감각(non-visual sensory): 청각, 후각, 미각, 촉각에 의한 정보

3) 추론(inference): 시각적, 유형의 증거 (tangible evidence) 또는 결과를 바탕

으로 한 정보

4) 가정(assumption): 추론을 제외한 논리적 추리, 가정 혹은 일반 지식을 바탕으로 한 정보

5) 전문(hearsay): 보고의 주체가 알려지지 않은 채로 전해들은 정보

6) 인용(quotative): 보고의 주체가 알려진 채로 전해들은 정보 (Aikhenvald 2004: 63, 김진웅 2012 재인용)

한국어에는 직접 경험의 증거성 표지와 보고표지, 추측표지가 존재한다(송재목 2011). 직접 경험표지는 화자가 발화 내용을 직접 경험함으로써 얻었음을 나타낸다(직접 보거나 들음, 혹은 화자의 내적 경험). 한국어의 '직접 경험' 표지는 경험의 시기가 발화시점인지, 발화시점 이전인지에 따라 '현재의 직접 관찰'을 나타내는 표지 '-네'와 '과거의 직접 관찰'을 나타내는 표지 '-더'로 나누어진다(송재목 2007). 문장의 끝에 '-더'를 사용했을 경우(예) '밖에 날씨가 춥더라'), 화자가 '밖에 날씨가 춥다'는 정보를 발화 시점 이전에 직접 관찰했다는 의미이고 '-네'를 사용했을 경우(예) '밖에 날씨가 춥네')는 현재의 발화 시점, 발화 장소에서 직접 관찰하고 있음을 의미한다. '-대'는 화자가 현재 전달하고 있는 내용을 화자가 직접 관찰하거나 간접적인 지식에 의존해 추론하는 것이 아니라 다른 사람에게서 전해 들었다는 의미로 한국어의 보고 표지로 사용된다(송재목 2011). 추측표지의 경우로는 '-것 같다'와 '-ㄴ가보다'가 있다(예) 밖에 날씨가 추운가봐)(김동욱 2000).

이와 같이 한국어에서는 '-다고 해(-대), -다고 한다(단다)'등의 '타인에 의한 보고' 혹은 '인용 (quotative)'를 나타내는 증거성 표지, '-나 봐, 것 같다'와 같이 '단서를 통한 추론, 추측'을 의미하는 증거성 표지, '-네, -더'와 같이 '현재나 과거의 직접 경험'을 나타내는 증거성 표지를

통해 정보의 출처나 방법을 나타낸다. 이러한 정보 출처는 증거성 표지 외에도 어휘를 통해 표시되기도 한다. 주로 동사와 같은 어휘를 통해서 정보의 출처를 나타내는데 예를 들어, "엄마가 시장가시는 걸 봤어."라고 하거나 "엄마가 시장가셨다고 들었어." "엄마가 시장가셨다고 생각해."와 같이 '보다', '듣다', '말하다', '생각하다'와 같은 동사들이 정보의 출처를 나타내기도 한다.

문법화된 증거성 표지를 사용하지 않는 영어나 독일어와 같은 언어들에서는 앞에서 살펴본 바와 같이 정보 출처가 이러한 동사들을 통해 선택적으로 표시되기도 한다. 이에 비해 증거성표지가 발달된 한국어나 일본어, 터키어 등의 언어에서는 증거성표지의 사용은 선택적이기 보다 의무적이고, 어휘의 사용은 오히려 선택적이다 (Aikhenvald, 2004; Papafragou, Li, Choi, & Han 2007).

이러한 증거성 표지나 정보 출처 관련 어휘는 전달하고 있는 정보 습득 방식과 출처에 따라 개인적 경험(personal experience), 직접 관찰(direct perception), 타인의 보고(reported or hearsay), 추론(inference), 추측(conjecture)등의 범주로 나뉜다(Davis, Potts, & Speas 2007; Speas 2004; Willett 1988). 그리고 이러한 범주들은 상대적으로 전달하는 정보의 확실성에 따라 아래와 같이 보다 확실한 범주에서 상대적으로 확실성이 약화되는 순서로 증거적 위계 (evidential hierarchy)를 이룬다:

개인적 경험(personal experience) 〉〉

직접적 증거 (direct perception) 〉〉

타인의 보고 (reported evidence) 〉〉

추론이나 추측 (inference) (Willett 1988)

개인적 경험은 화자 본인의 내적 경험을 뜻하는데 '아프다', '따뜻하다'와 같이 화자 본인의 내적상태로부터 나오는 자기 자신에 대한 보고이기 때문에 증거성표지 범주 중 가장 확실한 정보이다. 직접적 증거는 직접 보거나 들은 것을 뜻하며 이는 화자 본인의 감각기관을 통하여 얻은 정보이기 때문에 단서를 통해 추론한 것이나 타인에게 전해 들은 것보다는 더 확실하지만 개인적 경험에 의해 얻은 정보보다는 덜 확실하다(최영은, 이화인, 장나영 2010).

4. 경험의 내러티브에서의 증거성의 역할

4.1. 박완서의 자전적 글쓰기

작가가 그가 처한 시대적 상황과 그의 사적 배경의 불가분한 관계에서 경험한 사회 역사적 토대를 비탕으로 작품을 창작하고 허구적 상상력을 보탠다는 것은 주지의 사실이다. 특히 작가의 전기적 사실이 작품의 중요한 창작 재료로 사용된다는 것은 이미 널리 알려진 바이다.

박완서 소설은 자전적 요소가 많이 드러난다. 박완서는 '소설'이란 기억력에 의해서 쓰는 것이라고 주장해 왔으며 자신의 소설에 한번도 거짓말을 쓴 바 없다고 알게 모르게 외쳐 왔다(김윤식 1996). 박완서는 1970년 장편 『나목』으로 데뷔한 이래로 30여년 동안 줄곧 세계와 개인의 관계를 규명해내는 데에 천착해 왔다. 박완서는 우리사회가 안고 있는 구조적 모순과 부조리를 누구보다 끈질기게 다루어 온 작가로서 특유의 신랄한 필치와 사실적인 묘사, 정밀하고 정확한 삶의 단면제시로 한국사회가 당면한 문제적 현실에 대한 비판에 남달리

탁월한 감각을 발휘해 왔다. 그는 자타가 인정하는 두 편의 자전소설 『그 많던 싱아는 누가 다 먹었을까』와 『그 산이 정말 거기 있었을까』를 내놓았다. 『그 많던 싱아는 누가 다 먹었을까』는 박완서가 태어난 고향에서의 어린시절에서부터 대학에 입학하고 6.25를 체험하게 되는 스무살 때까지의 삶이 고스란히 기록되어 있다. 『그 산이 정말 거기 있었을까』는 1951년 1.4 후퇴때부터 시작하여 1953년 결혼할 때까지의 이야기이다. 여기에는 6.25전쟁동안 스무살 처녀가 겪었던 참혹한 체험이 회상되어 있다(최선희 2008).

이와 같이 박완서의 작품세계가 다른 작가들의 작품세계와 구별되는 가장 두드러진 특징은 바로 그의 글쓰기가 작가 자신의 자전적 체험을 반복적으로 형상화하는 데에 바탕을 두고 있다는 점이다. 특히 작가, 작품, 작중화자가 상호 긴밀한 결속력을 갖고 있으며 그의 일련의 작품 활동은 자전적 체험의 재구성으로 얻어진 결과물이다.

박완서의 작품이 그러하듯이 자전적 글쓰기는 과거의 경험과 기억을 재구성한다. 다시 말해 자전적 글쓰기는 경험을 문학적으로 재현하고 자아정체성을 형성하는 가장 근원적인 형태라 할 수 있다. 그러므로 실제경험과 언어의 재현사이의 관계를 분석함으로써 작가의 의식세계와 숨은 의도성을 파악할 수 있다. 과거의 기억과 경험을 재구성하는 데 있어 작가는 증거성 표지(evidential marker)를 사용한다. 본 연구에서 박완서의 대표적인 자전소설 『그 산이 정말 거기 있었을까』를 중심으로 증거성이 서사를 구성하는데 어떤 역할을 하는지, 다시 말해 작가가 경험의 재구성을 위해 증거성을 어떻게 의도적으로 이용하고 있는지 살펴보자.

4.2. 내러티브 구성에서의 증거성의 역할

4.2.1. 화제 제시 및 전환

앞에서 살펴본 바와 같이 작가는 자전소설에서 기억의 회상 및 재구성과정을 거쳐 텍스트에 언어로 옮긴다. 작가는 텍스트에서 화제를 전환하거나 제시할 때 증거성 표지를 이용한다. 아래 인용문을 살펴보면 박완서는 일사후퇴 후 힘겹게 살아가고 있는 몇몇 가정의 모습을 그리고 있다가 '시장'으로 화제 전환을 함에 있어 증거성을 이용한다. 화자는 '영천시장엔 한 귀퉁이에 제법 시장까지 선다고 했다'라는 문장으로 화제를 전환하고 있는데 이 문장에서 '-다고 했다'라는 보고 증거성 표지(reportative evidential)가 쓰고 있다. 앞 단락으로부터의 화제 전환에 있어 '영천시장엔 한 귀퉁이에 제법 시장까지 섰다'라는 화자의 단언(assertion)이 아니라 '영천시장엔 한 귀퉁이에 제법 시장까지 선다고 했다'라고 타인으로부터 들은 정보라는 것을 나타냄으로써 화자는 이 새로운 화제와의 '거리두기' 즉 객관화를 꾀하고 있는 것이다.

> 일사후퇴 후 달포가 되면서 각자의 자리에서 죽은 듯이 움츠리고 있던 사람 사는 모습이 별수 없이 그 모습을 드러내기 시작했다. 정희네하고 좀 더 왕래가 잦아졌다는 것 외에는 길에서 인민군외의 민간인과 만나지는 일은 좀처럼 생기지 않았는데도 분명히 우리가 손댄 일 없는 집들이 사람 손을 탄 흔적을 보이기 시작했다(중략) 어떤 집은 대문이 활짝 열린 채 여러차례 분탕질을 하고 남은 잡동사니가 더러운 내장처럼 무참하게 안마당까지 꿰져 나와 있는 걸 가다가도 훤히 들여다 볼 수가 있었다.
>
> **영천시장엔 한 귀퉁이에 제법 시장까지 선다고 했다.** 아무리 공화국의 하늘 아래라 해도 사람사는 세상인 이상 먹어야 사는 것 다음으로 참을 수 없는 것

이 사고 파는 일이라는 건 흥미있는 일이었다. 그러나 그 사고 파는 일 때문에 식량이 될 만한 것 다음으로 식량하고 바꿀 수 있는 것에도 도심이 동하지 않을 수가 없게 되는 것 같았다. 시장에서는 현금거래보다는 물물 교환이 훨씬 위험 부담이 덜하다고 하는데 양식가진 이가 가장 선호하는 것은 뉴똥이나 양단 등 값비싼 본견으로 만든 한복이나 은수저 그리고 팔목시계로부터 괘종시계까지 각종 시계들이라고 했다. 금붙이는 물론 더 좋겠지만 그런 건 피난 가는 이들이나 갖고 갈 수 있는 물건이지 남아있는 가난뱅이들에겐 가당치도 않거니와 더군다나 빈집을 털어서 나올 만한 품목도 아니었다. (『그 산이 정말 거기 있었을까?』 p. 43)

화자는 또한 화제 전환 뿐만 아니라 새로운 화제를 제시 할 때에도 보고 증거성 표지(reportative evidential)를 사용한다. 아래 인용문을 보면 화자는 '-라는 거였다' 라는 보고 증거성 표지(reportative evidential)를 통해 '일선장사'라는 새로운 화제를 제시하고 있다. 화자는 '일선장사'라는 정보가 올케에게서 들은 정보라는 사실을 나타내기 위해 보고 증거성 표지를 사용했을 수도 있다. 그 사실을 이 자전소설에서 그대로 기록한 것일 수도 있다. 하지만 화자가 '일선장사'를 새로운 화제로 도입할 때 '여자가 이 바닥에서 돈을 벌려면 일선장사만한 게 없었다'라는 단언(assertion)을 통해 화두를 제시하는 것이 아니라 보고 증거성 표지를 이용한 간접경험 형식을 빌려 화제를 제시한 것은 화자와 새로운 화제 '일선 장사'와의 거리감을 드러낸 것이라고 볼 수 있다. 이와 같이 화자는 '일선장사'와 자신과의 거리두기를 함으로써 일선장사에 대해 보다 더 객관적으로 묘사할 수 있고 독자의 신뢰도 높일 수 있는 것이다.

올케가 알아본 바에 의하면, 여자가 이 바닥에서 돈을 벌려면 **일선 장사만한**

게 없더라는 거였다. 기지촌의 양색시를 목표로 보따리 장사 나가는 걸 올케는 일선장사라고 했다. 일찌거니 그 쪽으로 장삿길을 터서 기지촌 사정에 훤하고 단골도 수월찮이 확보하고 있는 아주머니들 하고 다 이미 같이 다니기로 약조가 돼있고 블라우스나 속치마 브래지어 따위를 양색시 취향으로 만드는 집에서도 무조건 밀어주겠다고 했다는 것이었다. (『그 산이 정말 거기 있었을까?』 p. 63)

아래의 인용문에서도 화자가 새로운 화제를 제시할 때 보고 증거성 표지(reportative evidential)를 사용한 예를 확인할 수 있다. 화자가 미 8군 PX의 매상을 화두로 제시할 때 보고 증거성 표지(reportative evidential) '-다고 했다'를 쓰고 있다. 화자가 가족들의 생계를 부양하기 위해 미군 PX에서 일을 하고 그로 인해 가족들이 밥을 굶지 않는 현실을 다행이라 여기면서도 미군에 빌붙어 살아가는 인간들과 그들이 던져주는 은덕에 영육을 채워가는 현실을 안타까워 하고 있다. 그러기에 화자는 미군 PX 매상에 관한 스토리를 소개할 때 자신과의 거리감을 두고 싶었을 것이다. 화자는 보고 증거성(reportative evidential)을 이용한 간접경험으로 화제를 제시함으로써 직접적인 경험이나 단언으로 표현하는 경우와 비교하여 화제와의 객관화를 꾀할 뿐만 아니라 심리적인 거리감을 드러내고 있다. 이와 같이 화자는 새로운 화제를 제시하거나 화제를 전환할 때 보고증거성 표지를 이용하여 그 화제와 거리두기를 함으로써 화제를 좀 더 객관적으로 소개하고 독자의 신뢰도 얻을 수 있는 것이다. 이 뿐만 아니라 그 화자와의 심리적인 거리감을 표현하기 위해 의도적으로 간접경험으로 표현하기도 한다.

처음에 듣기로는 다달이 미군들의 월급날부터 일주일 후가 **가장 매상이 많**

> **이 오른다고 했다.** 그 말대로라면 내가 취직한 초열흘경은 파리를 날려야 하는 동안인데 나날이 매상이 급상승을 하고 있었다. 그건 허 사장도 미처 예측을 못 한 일이어서 공장이 며칠씩 밤을 꼬박이 샌다는 소식이었다. 12월달이었다. 허 사장이 파자마부의 경영권을 따내서 입주한게 불과 5개월전이라니 크리스마스 경기라는 걸 처음 실감하는 거였다. (『그 산이 정말 거기 있었을까?』 p. 212)

다음 장에서는 화자가 내러티브에서 다양한 증거성 표지를 이용하여 화자의 심리와 의도를 어떻게 표현하는지 알아보자.

4.2.2. 화자의 심리적인 거리감 표현

화자는 타인으로부터 들은 정보를 암시하는 보고 증거성 표지나 추론이나 추측을 나타내는 증거성 표지를 이용해서 발화와의 심리적인 거리감을 나타낸다. 아래 인용문을 살펴보면 기지촌의 양색시를 상대로 행상을 하는 '일선장사'에 관한 이야기를 전개해 나갈때 올케에게 들은 정보라는 것을 나타내는 보고 증거성 표지를 사용한다. 화자는 단언이나 직접적인 경험을 나타내는 언어적인 표현은 피하고 타인 즉, 올케에게 들어서 알고 있는 정보라는 것을 암시하는 '-없더라는 거였다' '-라고 했다', '-다고 했다는 것이었다'와 같은 보고 증거성 표지를 그 단락이 끝날 때까지 계속 사용한다. 화자는 올케가 미군 기지촌의 양색시를 상대로 일선장사를 하기 위해 어머니와 아이들을 두고 집을 비우는 것을 탐탁지 않게 생각한다. 하지만 화자는 올케가 가장으로서 생계를 꾸려가고 있기에 일선장사를 나가지 말라고 말릴 수도 없는 상황이다. 화자는 이 '일선장사'에 대한 자신의 심리적인 거리감을 무의식적으로 혹은 의도적으로 '-일선장사만게 없더라는 거였다' '-일선장사라고 했다', '-무조건 밀어주겠다고 했다는 것이었다' 와 같은 보고 증거성 표현들을 이용해서 나타내고 있는 것이다.

올케가 알아본 바에 의하면, 여자가 이 바닥에서 돈을 벌려면 **일선 장사만한 게 없더라는 거였다.** 기지촌의 양색시를 목표로 보따리 장사 나가는 걸 올케는 **일선장사라고 했다.** 일찌거니 그 쪽으로 장삿길을 터서 기지촌 사정에 훤하고 단골도 수월찮이 확보하고 있는 아주머니들 하고 다 이미 같이 다니기로 약조가 돼있고 블라우스나 속치마 브래지어 따위를 양색시 취향으로 만드는 집에서도 **무조건 밀어주겠다고 했다는 것이었다.** (『그 산이 정말 거기 있었을까?』 p. 43)

아래 인용문에서는 화자가 미 8군 PX 초상화부의 점원으로 근무할 때 화가들과의 관계를 서술하고 있다. 화자와 화가들은 서로 상부상조하고 칭찬을 해 주는 척하지만 서로의 이익에만 몰두하고 서로를 배려하지 않는 상극관계이기도 했다. 그러기에 화자는 그가 근무하게 되자 '주문이 늘었을 뿐만 아니라' 화가들의 그림이 '빠꾸 당하는 횟수도 훨씬 줄었다'는 화가들의 말을 신뢰하지 못한다. 그러므로 화자와 화가들 간의 거리감과 화가들의 말에 대한 화자의 불신(신뢰에 있어서의 거리감)이 '-다고 했다'라는 보고 증거성 표지(reporatative evidential)를 통해 드러난 것이다.

내가 말문이 열린걸 다행스러워하는 화가들은 기회 있을때마다 나를 추켜세워 주려고 애썼는데 이군이 있을때보다 주문이 늘었을 뿐만아니라 '**빠꾸**'**당하는 횟수도 훨씬 줄었다고 했다.** 그림을 찾으러 와서 트집잡는 걸 설득하지 못하면 다시 그려 줄 수 밖에 없게 되는데 그걸 빠꾸당한다고 해서 화가들이 가장 싫어하는 거였다. 싫어할 수 밖에 없는게 그림을 두 번 세 번 다시 그려준다고 해서 공전을 두 세번 받을 수 있는 건 아니기 때문이다. 화가들은 나를 추켜세우는 척하면서 한편으로는 모양을 내면 더 손님이 모일거라느니, 퍼머를 하면 훨씬 섹시해 보일거라느니 하고 압력을 넣는 것도 잊지 않았다. 화가들하고 나하고의 관계는 그들이 있음으로써 내 일자리가 있고 내가 잘해야 그들이 한 푼이라도 더 받을 수 있는 상부상조하는 관계이면서도 서로에게 불이익이 되는 건 조금도 참아주지 않으려고 벼르는 상극하는 관계이기도 했다. (『그 산이 정말 거기 있었을까?』 p. 212.)

아래 인용문을 살펴보면 화자는 자신이 처한 상황에 대한 회피나 거리를 두고자 하는 마음을 증거성 표지를 이용해 나타내고 있다. 아래 인용문에서 올케와 화자는 양식이 있는 곳을 찾아 남의 집 담을 넘다 올케가 넘어져 발목을 쥐고 일어나지 못하고 앉아서 울고 있는 상황이다. 화자는 이런 비참한 상황에서 집안의 가장이자 대들보인 올케가 다치기라도 할까봐 걱정을 한다. 그리고 '올케의 발목은 삐지도 부러지지도 않았나보다' 라는 문장에서 올케가 발목을 다치는 상황이 벌어지지 않기를 간절히 바라는 화자의 마음이 드러나 있다. 올케의 발목이 삐지거나 부러지는 상황과 화자의 심리는 상당한 거리감이 있다. 화자는 그 심리적 거리감을 '올케의 발목은 삐지도 부러지지도 않았나보다'라는 추측을 나타내는 증거성 표지를 이용하여 표현하는 것이다. '올케의 발목은 삐지거나 다치지 않았다'라는 단언적인 표현보다 추측을 나타내는 '올케의 발목은 삐지도 부러지지도 않았나보다'라는 표현이 더 간접적이고 화자의 개입이 적은 것이다. 다시 말해 '발목이 삐지거나 다치지 않음'이라는 명제에 대한 화자의 심리적인 거리감을 '-보다'라는 추측을 나타내는 증거성 표지를 이용하여 나타내고 있는 것이다.

밖에서 담까지 기어오르기는 식은 죽 먹기였다. 담밑에 튼튼한 쓰레기통이 놓여 있었다. 그러기에 마당으로 뛰어내리기에는 발목이 시큰할 정도로 좀 벅찬 높이였다.(중략) 올케는 엉덩방아로 찧은 자리에 주저앉아 발목을 틀어쥐고 일어나지를 않았다. 나는 더럭 겁이 났다. 엎드려서 그녀의 발목을 주무르기 시작했다.(중략)올케가 푹 하고 웃으면서 내 등 뒤로 자신의 상체를 꺾었다. 그녀의 젖가슴이 내 등을 짓눌렀다. 처음에 나는 그녀가 터져 나오는 폭소를 참느라 가슴이 그렇게 간헐적으로 경련하는 줄 알았다. 안심이 되어선지 나도 웃음이 나려고 했다. 얼마나 우스우냐 말이다. 늙은이도 아니고 스무살 밖에 안 된 계집애가 내손은 약손이라니 그러나 이윽고 나는 내 목덜미가 흥건히 젖어오는 것 느꼈다. 그녀는 울고 있었다. 소리가 없어서 더욱 태산 같은 울음이었다.

올케의 발목은 삐지도 부러지지도 않았나보다. 곧 부스스 일어나 말없이 양식이 있을만한 데를 뒤지고 다녔다. 나도 곧 올케가 하는 대로 충실한 공범자 노릇을 했지만 아무것도 찾아내지 못했다. 완전히 공친 날이었다. 그러나 재수 나쁘다고 생각하진 않았다. 그날 올케하고 나 사이엔 육친애나 우정보다 훨씬 더 속깊은 운명적인 연민같은 게 심금에 와 닿았기 때문에 그 밖의 것은 그닥 중요하게 여겨지지 않았다. 밖에서 잠긴 문을 안에서 따긴 더 어려웠으므로 우리는 다시 담을 넘어 나왔지만 미리 발돋음할 만한 것을 충분히 마련하고 그 짓을 했기 때문에 거뜬했다. (『그 산이 정말 거기 있었을까?』 pp. 40-41.)

5. 맺음말

자전적 글쓰기는 작가가 자신의 경험을 서사화한 글이다. 작가는 자신의 경험을 반추하고 재구성하는 과정을 통해 객관적으로 현실을 반영하고자 한다. 다시 말해 작가는 자신의 경험을 바탕으로 주체의 인식내용을 구성하면서 이와 동시에 서술의 중개성 및 객관성을 확보하고자 하는 것이다. 화자는 경험의 서사화 전략으로 인물, 발화, 상황으로부터의 '거리두기' 혹은 '객관화하기'를 시도한다. '거리두기'를 통해 화자는 인물로서의 '나'와 '경험'들을 객관적으로 바라보고 다시 반추하여 의미를 부여하는 것이다.

이와 같이 자신의 경험과 거리를 두고 형상화하는 과정에서 필요한 언어적인 전략이자 장치가 '증거성(evidentiality)'이다. 자전적 글쓰기에서 화자는 증거성 표지를 이용해서 자신의 경험을 객관적으로 서사화 할 수 있다. 박완서의 자전적 소설 <그 산이 정말 거기 있었을까>의 서사화 원리를 분석해 보면 경험을 텍스트에서 언어로 재현할 때 '거리두기' 원리에 바탕을 둔 증거성을 이용하고 있는 것을 발견할 수 있다. 자신의 경험에 대한 '거리두기'가 이루어질 때 현재 자신의 모습을 성찰할 수 있고, 이러한 성찰이 과거의 경험과 연결 될 때 서사화가 가능한 것이다.

자전적 글쓰기에서 작가는 텍스트에서 화제를 전환하거나 제시할 때 증거성 표지를 이용한다. 작가는 단언(assertion)이 아니라 '타인으로부터 들은 정보'를 암시하는 보고 증거성 표지(reportative evidential)를 이용함으로써 새로운 화제와의 '거리두기' 즉, 객관화를 꾀할 수 있다. 작가는 이와 같은 화제와 자신과의 거리두기를 통해 화제에 대해 보다 더 객관적으로 묘사할 수 있고 독자의 신뢰를 높일 수 있는 것이다. 화자는 또한 보고 증거성 표지나 추론이나 추측을 나타내는 증거성 표지를 이용해서 인물, 발화, 상황으로부터의 심리적인 거리감을 나타낸다.

자전적 글쓰기는 작가이기 전에 한 인간의 자신에 대한 증언이다. 그렇기 때문에 작가의 내면 가장 깊은 곳에서 작가는 진실성을 찾고 독자가 자신의 경험에 기초해서 공감할 수 있는 목소리를 담아내고자 끊임없이 노력한다. 그러한 경험의 서사화과정에 '거리두기'의 언어적인 전략으로 이용된 증거성은 독자에게 진정성 있는 목소리로 다가갈 수 있는 조력자가 될 것이다.

참고문헌

김윤식. 1996. 기억과 묘사-박완서론. 작가와의 대화. 문학동네, 34-43.

김경애. 2002. 증거표지와 정보의 출원. 論文集, 33, 51-58.

김진웅. 2012. 한국어 증거성의 체계: 유형론을 중심으로. 한국어 의미학 39, 101-124.

문지희. 2012. 자전문학, 그 혼종성에 관한 이론적 고찰. 외국문학연구 45, 53-84.

송재목. 2007. 증거성(Evidentiality)과 주어제약의 유형론. 형태론 9, 1-23.

송재목. 2009. 기획논문: 인식양태와 증거성. 한국어학, 44, 27-53.

송재목. 2011. 한국어증거성 표지의 중복실현. 비교문화연구, 22, 355-375.

이기갑. 2006. 한국어의 양태(Modality) 표현. 담화인지언어학회 학술대회 발표논문집, 67-83.

장유정. 2013. 경험의 서사화와 자전적 글쓰기 교육 연구. 국어교과교육연구, 22, 179-221

최선희. 2008. 박완서 소설의 자전적 의미. 한글말글학, 25, 171-199.

최영은, 이화인, 장나영. 2010. 정보 원천 표현에 따른 정보 확실성 이해의 발달. 한국심리학회지: 발달, 23(2), 109-124.

Aikhenvald, Alexandra Y. 2004. *Evidentiality*. New York: Oxford University Press.

Aikhenvald, Alexandra Y. & Robert M. W. Dixon. 2003. *Studies in Evidentiality*. Amsterdam: John Benjamins.

Aikhenvald, Alexandra Y. & Randy J. LaPolla. 2007. "New

perspectives on evidentials: A view from Tibeto-Burman." *Linguistics of the Tibeto-Burman Area* 30: 2.1-16.

Anderson, Lloyd B. 1986. "Evidentials, paths of change and mental maps: Typologically regular asymmetries." Wallace L. Chafe & Johanna Nichols(eds.). *Evidentiality: The linguistic coding of epistemology,* 273-312. Norwood: Ablex.

Anderson, Linda. 2001. *Autobiography*. London & New York: Routledge.

Aksu-Koc, A., Ogel-Balaban, H., & Alp, E. 2009. "Evidentials and source knowledge in Turkish." *New Directions for Child & Adolescent Development*, 125, 13-28.

Augustinus. 1961. *Confessions*. London: Penguin books.

Aydin, C. & Ceci, S. J. 2009. "Evidentiality and suggestibility: A new research venue." *New Directions for Child & Adolescent Development*, 125, 79-93.

Bruner, Jerome. 1993. "The Autobiographical Process." R. Folkenflik (ed.). *The culture of Autobiography: Constructions of Self Representation,* 38-56.

Davis, C., & Ceci, S. J. 2009. "The pragmativ Values of Evidential Sentences." *Proceedings of SALT 17*. Ithaca, NY: CLC Publications.

Du Plooy, Heilna. 1992. "Fabula en Sjuzet." T.T. Cloete (ed.). *Literere terme en teoriee*. Pretoria: HAUM-literer.

Eakin, Paul John. 1999. *How our lives become stories: Making selves*. Ithaca/London: Cornell University Press.

Faller, Martina. 2002. *Semantics and Pragmatics of Evidentials in*

Cuzco Quechua. Doctoral Dissertation. Stanford University.

Gudmundsdottir, Gunnthorunn. 1993. *Borderlines: Autobiography and Fiction in Postmodern Life writing*. Amsterdam & London: Rodopi.

Gusdorf, Georges. 1980. "Conditions and Limits of Autobiography." J. Olney (ed.). *Autobiography: Essays Theorctical and Critical.* Princeton, 28-48. New Jersey: Princeton.

Halbwachs, Maurice. 1992. *On Collective Memory*. Chicago: University of Chicago Press.

Izvorski, Roumyana. 1997. "The present perfect as an epistemic monal." *SALT 7.* Stanford University: CLC Publications.

Jakobson. 1971. *Selected Writing 2: Word and Language*. The Hague and Paris: Mouton.

Jaswal, V. K., Croft, A. C., Setia, A. R., & Cole, C.A. 2010. "Young children have a specific, highly robust bias to trust testimony." *Psychological Science*, 21. 1541-1547.

Lejeune, Philippe. 1989. *On Autobiography*. P.J. Eakin (ed.) Minneapolis: University of Minnesota Press.

Mandel, Barrett J. 1980. "Full of Life Now." *Autobiography: Essays Rheoretical and Critical*, 49-72. Princeton: Princeton University Press.

Matthewson, Lisa, Henry Davis & Hotze Rullman. 2007. "Evidentials as epistemic modals: evidence from statimcets." *Linguistic Variation Yearbook* 7, 201-254.

Matsui, T., Yamamoto T., & McCagg, P. 2006. "On the role of language in children's early understanding of others as epistemic beings." *Cognitive Development*, 21(2), 158-173.

Matsui, t., & Fitneva, S.A. 2009. "Knowing how we know: Evidentiality and cognitive development." *New Directions for Child & Adolescent Development*, 125, 1-11.

Olney, James. 1972. *Metaphors of Self: The meanings of Autobiography*. Princeton: Princeton University Press.

Olney, James. 1980a. "Autobiography and the Cultural Moment: A Thematic, Historical, and Biographical Introduction." *Autobiography: Essays Rheoretical and Critical*, 3-27. Princeton: Princeton University Press.

Olney, James. 1980b. "Some Versions of Memory/Some Versions of Bios: The Ontology of Autobiography." *Autobiography: Essays Rheoretical and Critical*, 236-237. Princeton: Princeton University Press.

Papafragou, A., Li, P., Choi, Y., & Han, C. H. 2007. "Evidentiality in language and cognition." *Cognition* 103, 253-299.

Plummer, Ken. 2001. "The Call of Life Stories in Ethnographic Research." P.P.Atkinson, S. Delamont, A.J. Coffey, & J. lofland (eds.). *Handbook of Ethnography*, 395-406. London: SAGE.

Renza, Louis A. 1980. "The veto of the Imagination: A theory of Autobiography" J. Olney (ed.). *Autobiography: Essays Theoretical and Critical*, 268-295. Princeton: Princeton University Press.

Smith, Sidonie & Watson, Julia (eds.). *Reading Autobiography: A Guide for Interpreting Life Narratives*. Minneapolis: University of Minnesota Press.

Spacks, Patricia M. 1976. "The Soul's Imaginings: Daniel Defoe, William Cowper." *PMLA*. 91(3), 420-435.

Speas, P. 2004. "Evidentiality, logophoricity and the syntactic representation of pragmatic features." *Lingua*, 114(3), 255-276.

Thurgood, Graham. 1986. "The nature and Origins of the Akah Evidential System". W.Chafe and J. Nichols (eds.), *Evidentiality: The Linguistic Encoding of Epistemology*, 214-222. Norwood, NJ: Ablex Publishing Corporation.

White, Hayden. 1989. "'Figuring the nature of the times deceased': Literary Theory and Historical Writing." R. Cohen (ed.). *The Future of Literary Theory*, 19-44. London: Routledge.

Willett, T. 1988. "A cross-linguistic survey of the grammaticalization of evidentiality". *Studies in Language*, 12(1), 51-97.

내러티브와 리얼리티

초판인쇄 2014년 7월 25일
초판발행 2014년 7월 31일

지 은 이 세미오시스 연구센터
발 행 인 김인철
발 행 처 한국외국어대학교 출판부
130-791 서울특별시 동대문구 이문로 107
전화 02)2173-2495~7
FAX 02)2173-3363
홈페이지 http://press.hufs.ac.kr
전자우편 press@hufs.ac.kr
출판등록 제6-6호(1969. 4. 30)
편집 · 디자인 (주)이환디앤비 02)2254-4301
인쇄 · 제본 현문자현 031)902-1424

ISBN 978-89-7464-940-1 94800 정가 17,000원
ISBN 978-89-7464-831-2 94080 (총서)

〈세미오시스 학술총서 04〉

*잘못된 책은 교환하여 드립니다.

HUiNE은 한국외국어대학교출판부의 어학 및 사회과학도서 Sub Brand이다. 한국외대의 영문명인 HUFS, 현명한 국제전문가 양성의(International+Intelligent)의 의미를 담고 있으며, 휴인(携引)의 뜻인 '이끌다, 끌고 나가다'라는 의미처럼 출판계를 이끄는 리더로서, 혁신의 이미지를 담고 있다.